Apollo

阿波罗

Fritz Graf

[瑞士] 弗里茨·格拉夫 著　沈琴 译

西北大学出版社
·西安·

项目支持

重庆市研究生教改重大项目
"双一流"背景下"古典语文学"课程体系建设与实践：
以重庆大学为例（yjg181001）

重庆大学"双一流"学科重点建设项目
"外国语言文学一级学科水平提升计划"

丛书中文版序

> "去梦想不可能的梦想……"

什么是神？传说，出生于古希腊凯奥斯岛（Ceos）的诗人西摩尼德斯（Simonides），曾在公元前 6 世纪受命回答过这个问题。据说，一开始，他认为这个问题很好回答，可思考越久，他越觉得难以回答。若当初果真有人问过他这个问题，我也不相信他曾经得出了令人满意的答案。当然这个传说，很可能是后人杜撰的。但是，关于西摩尼德斯及其探求规定神性构成要素的传说，可追溯至古代，表明关于定义"神 – 性"有多难甚或不可能，古人早就心知肚明。

本丛书试图处理的正是西摩尼德斯面对的问题，丛书采取的视角不是作为宽泛概念的"神"或"神性"，而是专注于作为个体的神圣形象：对于这些神祇和其他存在者，丛书将其置于"诸神"和"英雄"的总体名目之下。

丛书始于一个梦——这个梦符合一位对难以捉摸的超自然

存在者感兴趣的人。做这个梦的人,就是劳特里奇出版社前编辑凯瑟琳(Catherine Bousfield),她在2000年前后的一个夜里做了这个梦。凯瑟琳梦见她正在看一套丛书,每本书的研究主题是一位"奥林波斯"神,作者是研究这位神祇的专家。醒来后她确信,世上一定已经有了这样一套丛书——她肯定在哪里见过这些书,或许在某家书店橱窗里,或在某家出版社的书单上。但在查询书单和询问同事后,她才逐渐意识到,这套丛书并不存在,而只存在于她的梦中。

当凯瑟琳与其他人,包括主编理查德(Richard Stoneman)分享她的梦时,得到的回应都一样:这套书应该已经有了。理查德和凯瑟琳朝着实现这个梦前进了一步,他们问我是否有兴趣主编这样一套丛书。我"毫不迟疑"地接受了邀请,因为,当时我正在研究一位特殊的古代神祇雅典娜,以其作为探索古代文化、社会、宗教和历史的工具。我欣然承担了此项任务,并开始为拟定的书目联络资深作者。我的邀请得到的回复都是满满的热情和"我愿意"(yesses),他们都表示有兴趣撰写某一本书,然而——尽管所有人都确信这套丛书是"好事",可将诸神和英雄作为独特对象来研究的做法,在学术界到底已经过时了。

当时学者的兴趣,大多在于古人在宗教事务上的作为——譬如,他们举行仪式时,以及在献祭活动中的做法——对这种崇拜的接受者，他们都没有多大兴趣。在为更"普通的"读者撰写的文学作品中，情况则全然不同，有些极好的"畅销书"和"咖啡桌边书"，展现了个别神祇与众不同的特点。我主编这套书的目的，就是要将处在学术边缘的诸神引入中心。

诸神在学者中失宠有一个原因，就是认为独特实体不是学术研究的可行主题，因为——尽管"畅销的"文学作品可以传达此主题——毕竟世上没有一样事物就是某一位神或英雄的某种"曾经之所是"。无本质要素，无连贯文献，无一致性格。相反，在艺术家和著作家笔下，任何一位神都呈现出千姿百态。每个群体都以截然不同的方式构想诸神；连每个家庭也是如此。的确，每个人都能与一位特殊的神建立属己的联系，并按照其特殊生活经验来塑造他。

在更早期阶段，学术界以一个假设作为出发点：每个神都具有其自己的本质和历史——对他们的宗教崇拜，的确千变万化、捉摸不定，尽管古代的多神教并不就是真正的多神教，在任何意义上也不存在多不胜数的神祇。古代宗教好像是由一组一神教构成的——这些一神教平行而不以任何有意义的方式相互重叠，就像对于古希腊人而言，有一个"宙斯宗教"，有一个"雅典娜宗教"，有一个"阿芙洛狄忒宗教"，如此等等；地中海和古代近东的其他文明中的宗教也是如此。譬如，对于罗马人而言，可以有一个"朱诺宗教"，也有一个"马尔斯宗教"，如此等等；在苏美尔人（Sumerians）当中，有一个"伊南娜宗教"（Inanna religion），有一个"恩基宗教"（Enki religion），有一个"马耳杜克宗教"（Marduk religion），如此等等。

这套丛书并不试图回到这种过于单一地理解古代诸神的方式。这种观点出自一种一神教，这是犹太－基督教看待古代宗教的方式。相反，这套丛书试图迎接挑战，探究一种宗教观念模式，其中的诸神内在于世界，诸神可以无处不在处处在，而且往往不可见，有时候也会现出真容。

丛书传达了如何描述诸神才对人类有益的方式，他们描述诸神的典型方式就是将其描述得像人类一样——拟人化，具有人类的形象和行为方式。或者，如丛书所记录的那样，人们也会以非人类的动物形象或自然现象来设想诸神。譬如，阿芙洛狄忒，她常被描绘为伪装成一个女人，有理想的体形，带有一种特别令人渴望的女性美，但也以石头的形象受到崇拜；或如雅典娜，她能够显现为一个披甲的女人，或显现为一只猫头鹰，或显现在橄榄树闪烁的微光中，或显现出一道犀利的凝视，作为 glaukopis［格劳考皮斯］：意为"眼神犀利的"，或眼神闪耀的，或灰眼的，或蓝绿眼的，或猫头鹰眼的，或就是橄榄色眼的。可能的译法之广泛本身就表明，有不同方式来传达古代表现任何神圣事物的某种特点。

总之，诸神能够无处不在，也被认为变化多端，但也仍然能够清晰地描述他们。丛书的另一个目标，就是要把他们当成截然不同的实体来把握，而且任何对显而易见的连贯性的观察，都需要以违背分类一致原则的宗教实体为背景。这也正是他们何以是诸神的原因：这些存在者能够具有表象，也能够活动在人类的世界中，但他们却是具有力量和魔力的实体，他们能显现，也能消失不见。

尽管现代西方人将诸神——或上帝——理解为超验全知和道德正直，他们也常常为诸神故事中所记述的行为震惊：他们会背叛其他神，会虐待其他神，也会表现出妒忌，甚或有杀婴和弑亲这样的恐怖行为。

古代诸神只是看似为现代西方人所熟悉。由于基督教扎根之后所发生的事情，古代诸神不再受到崇拜。在全然不同的宗教观念模式下，那些形象能够安插进基督教化了的德性观念之中，继续发挥重要作用。

与此同时，他们不再被视为真实的存在者，这些形象中很多变成了文化作品的主流——譬如，在艺术中，在"高级"和"低级"文学作品中，还有在音乐中，从古典音乐伟大时代的歌剧，到摇滚歌队"安提戈涅放飞"（Antigone Rising），再到流行艺术家嘎嘎小姐（Lady Gaga）以维纳斯的形象出场，几年前，还有一位流行歌星米诺（Kylie Minogue），扮作维纳斯的希腊对应者阿芙洛狄忒。或者，从美国（嘎嘎）或澳大利亚（米诺）的西方流行音乐，到韩国流行音乐（K-pop），也都是如此：2019年，韩国"防弹少年团"（Korean boy band BTS）成员，各自戴着某个古代神祇的面具（金硕珍扮成了雅典娜，闵玧其扮成了赫菲斯托斯，郑号锡扮成了宙斯。接下来，金南俊是狄奥尼索斯，金泰亨是阿波罗，朴智旻是阿耳忒弥斯——最后——田柾国扮成了波塞冬）。

与此同时，对于一代年轻人来说，赖尔登（Rick Riordan）的佩西·杰克逊小说系列（Percy Jackson novels），创造了一个希腊诸神曾经存在过的世界，他们以伪装和被遗忘的方式活过了数世纪。

诸神和英雄仍然是现代的组成部分，西方文化受益于数世纪的古典传统，现代人能够感觉到与他们熟稔。丛书的另一目标是记录这些世纪的复制和挪用——正是这个过程，使古代的阿芙洛狄忒们、维纳斯们，等等，被误认为堪比曾生活在凡人中间的存在者——甚至连佩西·杰克逊小说系列，也依赖于一种理解：每个神都是一个连贯的实体。

丛书中文版的新读者，也许恰恰能以从前的读者所不具备的方式来理解丛书中的诸神和英雄。新读者也许更能理解一个诸神内在于其中的世界——在这个世界中，对于古希腊哲人泰勒斯（Thales）而言，诸神"内在于万物"。古代诸神——尽管对于现代西方人如此不寻常——能够进入每个人的梦。可以认为他们寓居于自然之境，或寓居于他们自己的雕像中，或居住在他们自己的神殿中。可以视其为人类的祖先，甚或视其为获得了神性的人类。

古代地中海和近东的诸神与中国诸神的亲缘关系，更甚于其与当代西方人的关系，当代西方人虽然继续在刻画他们，却不认为他们是这个世界所固有的诸神。

中国诸神，与希腊、罗马、巴比伦等文明中的诸神一样，数量众多；他们的确可谓不计其数。中国诸神与古典古代的众神相像，却与后来犹太-基督教西方的一神教体系不同，中国诸神可以是男神或女神。每个神，都像古代西方人的诸神那样，活动在很多领域之中。譬如，丛书中文版的读者所理解的赫耳墨斯，可能就像中国的牛头（Ox-head）和马面（Horse-Face），他是护送刚死的人到哈得斯神领地的神；作为下界的统治者，哈得斯——丛书未来规划中一本书的主题——堪比中国神话中的阎王（Yanwang）；赫拉作为天界至高无上的女性统治者，其地位可以联系天后斗姆（Doumu）来理解。万神殿中的诸神，也是人类的祖宗。希腊神宙斯，尤其可以当"诸神和人类的父亲"来设想。其他诸神——如赫拉克勒斯（Herakles / Ἡρακλῆς），这位声名卓著的神——也可能从前就是人类。

我很荣幸能介绍给大家一系列古代形象——女性的、男性的、跨性别的、善良的、恐怖的——这些形象无一例外耐人寻味，扎根于崇拜他们、讲述他们故事的人民的文化中。

丛书中的每一本书,开篇都首先提出值得以一本书篇幅来研究这个对象的原因。这个"为什么"章节之后的部分是全书的核心,探究古代刻画和崇拜这个对象的"关键主题"。丛书最后一章总结每个研究对象在后古典时代的"效应"(afterlife),有时候篇幅相对较短,如在《伊诗塔》(*Ishtar*)中;有时候则篇幅较长,尤其在《赫拉克勒斯》中,这是因为古代以降对研究对象的描述十分宽广。每本书带有注解的"参考文献",为读者指引深入研究的学术领域。

一言以蔽之,欢迎中国读者阅读"古代世界的诸神与英雄"丛书——欢迎你们来到一个由著作构成的万神殿,这些著作的主题是非凡而又多面的存在者,每位作者所要表现的就是他们的独特之处。此外,每位作者又都是其主题研究领域的专家,正如凯瑟琳所梦想的那样。

苏珊·迪西(Susan Deacy)
于伦敦
2023 年 1 月
(黄瑞成 译)

献给莎拉·艾尔斯·约翰斯顿

目 录

丛书前言：为何要研究古代世界的诸神与英雄？	001
致谢	008
插图目录	010
为什么是阿波罗？	001
导言：为什么要写一本关于一位神的书？	003
关键主题	009
一、荷马笔下的阿波罗	011
《伊利亚特》中的神	011
弓箭手、杀手和治愈者	022
阿波罗的节日与庇护所	031
荷马的阿波罗颂	043
小结	055

二、音乐家阿波罗 　　　　　　　　056

弓和七弦琴 　　　　　　　　　　　　056

MOUSIKĒ［乐］和古希腊社会 　　　058

七弦琴和长笛 　　　　　　　　　　　063

缪斯女神的领袖阿波罗 　　　　　　　067

颂歌 　　　　　　　　　　　　　　　071

神圣的诗人与受启发的人 　　　　　　077

毕达哥拉斯与萨满教 　　　　　　　　083

手持七弦琴的阿波罗 　　　　　　　　087

小结 　　　　　　　　　　　　　　　088

三、阿波罗神谕 　　　　　　　　090

阿波罗的预言 　　　　　　　　　　　094

阿波罗三大神谕的历史 　　　　　　　098

预言的方法 　　　　　　　　　　　　108

阿波罗的先知 　　　　　　　　　　　*111*

其他先知：卡珊德拉、赫勒诺斯、西比尔 　*132*

小结 　　　　　　　　　　　　　　　*136*

四、阿波罗，治愈神 　　　　　　*138*

神与瘟疫 　　　　　　　　　　　　　*138*

阿波罗（与）派翁 　　　　　　　　　*141*

治愈神阿波罗的其他形式 　　　　　　*146*

从希腊到意大利 　　　　　　　　　　*151*

蛮族的治愈者　　157
　　驱除邪恶之神阿波罗　　160
　　阿波罗与阿斯克勒庇俄斯　　165
　　治愈的概念　　172
　　小结　　177

五、阿波罗，青年人和城邦　　179
　　青年神和青年人1：剪头发　　179
　　青年神和青年人2：一个不幸的情人　　183
　　团体和组织　　186
　　始祖阿波罗　　189
　　阿波罗·德尔斐尼俄斯　　190
　　歌舞队与枯瑞忒斯　　193
　　阿波罗、入会和"Männerbund"　　195
　　伊奥尼亚与克里特岛的古老制度　　198
　　斯巴达的节日与青少年　　203
　　狼神阿波罗、多利亚的入侵与早期城市　　209
　　牧神阿波罗与复杂的理论　　213
　　历代的领袖阿波罗　　218
　　小结　　225

六、起源　　226
　　探索起源　　226
　　阿波罗的史前史　　232

迈锡尼前身	*241*
近东影响	*242*
小结	*247*

阿波罗效应 *249*

七、阿波罗余波盛行 *251*
古风晚期的寓言和其他学术解释	*254*
太阳神阿波罗	*260*
中世纪和文艺复兴时期的解释者	*265*
现代学术的开端	*273*
诗神阿波罗	*275*
阿波罗与狄奥尼索斯	*292*
阿波罗、艺术与考古学	*296*
小结	*305*

后记	*306*
扩展阅读	*310*
索引	*322*

附录：古代世界的诸神与英雄译名表	*343*
跋"古代世界的诸神与英雄"	*358*

丛书前言：为何要研究古代世界的诸神与英雄？*

正当的做法，

对于开启任何严肃谈话和任务的人而言，

就是以诸神为起点。

——德摩斯泰尼《书简》（Demosthenes, *Epistula* 1.1）

古代世界的诸神和英雄是很多现代文化形态的构成部分，例如，成为诗人、小说家、艺术家、作曲家和设计师创作的灵感源泉。与此同时，古希腊悲剧的持久感染力保证了人们对其主人公的熟稔。甚至连管理"界"也用古代诸神作为不同管理风格的代表：譬如，宙斯（Zeus）与"俱乐部"（club）文化，阿波罗（Apollo）与"角色"（role）文化：参见汉迪（C. Handy）

---

* 2005年6月，英文版主编苏珊（Susan Deacy）教授撰写了《丛书前言：为何要研究诸神与英雄？》，2017年1月，她修订了"丛书前言"，并保留原题名，2021年11月，她再次修订"丛书前言"，并删去题名。中文版采用最新修订的"丛书前言"并保留题名，酌加定语"古代世界的"，以示醒目。——中文版编者按

《管理之神：他们是谁，他们如何发挥作用，他们为什么失败》（*The Gods of Management: Who they are, how they work and why they fail*, London, 1978）。

这套丛书的关注点在于：这些古代世界的诸神和英雄如何又为何能够具有持久感染力。但还有另一个目的，那就是探究他们的奇特之处：相对于今人的奇特之处，以及古人感知和经验神圣事物的奇特之处。对主题的熟稔也有风险，会模糊其现代与古代意义和目的之重大区分。除某些例外，今人不再崇拜他们，但对于古人而言，他们是作为一个万神殿的构成部分而受到崇拜的，这简直是一个由成百上千种神力构成的万神殿：从主神到英雄，再到尽管具有重叠形象的（总是希望重叠！）精灵和仙女——每位主神都按照其专有装束受到崇拜，英雄有时会被当成与本地社群有关的已故个体。景观中布满了圣所，山川树木也被认为有神明居于其间。研究这些事物、力量、实体或角色——为其找到正确术语本身就是学术挑战的一部分——这涉及找到策略来理解一个世界，其中的任何事物都有可能是神，用古希腊哲人泰勒斯（Thales）的话说，亦如亚里士多德所引述的那样，这个世界"充满了诸神"（《论灵魂》[*On the Soul*, 411 a8]）。

为了把握这个世界，有帮助的做法可能就是试着抛开关于神圣之物的现代偏见,后者主要是由基督教关于一位超验、全能、道德正直的上帝的观念所塑造的。古人的崇拜对象数不胜数,他们的外貌、行为和遭遇与人类无异,只是不会受人类处境束缚,也不局限于人类的形象。他们远非全能,各自能力有限:连宙斯,这位古希腊众神中的至高无上的主权者,也可能要与他的两兄弟波塞冬(Poseidon)和哈得斯(Hades)分治世界。此外,古代多神教向不断重新解释保持开放,所以,要寻求具有统一本质的形象,很可能会徒劳无功,尽管这也是人们惯常的做法。通常着手解说众神的做法是列举主神及其突出职能:赫淮斯托斯/福尔肯[Hephaistos/Vulcan]:手工艺,阿芙洛狄忒/维纳斯[Aphrodite/Venus]:爱,阿耳忒弥斯/狄安娜[Artemis/Diana]:狩猎,如此等等。但很少有神的职能如此单一。譬如,阿芙洛狄忒,她远不止是爱神,尽管此项功能极为关键。譬如,这位神也是 hetaira("交际花")和 porne("娼妓"),但还有其他绰号和别名表明,她还伪装成共同体的保护神(pandemos:"保护全体公民"),也是航海业的保护神(euploia[欧普劳娅],pontia[庞提娅],limenia[丽美尼娅]①)。

正是有见于这种多样性,本丛书各卷书不包括每位神或英

---

① 在希腊语中,euploia 意为"安全航海女神",pontia 意为"海中女神",limenia 意为"海港女神"。——译注

雄的生平传记——虽然曾有此打算，而是探究其在古代多神教复杂综合体中的多重面相。如此规划进路，部分是为了回应下述关于古代神圣实体的学术研究的种种进展。

在韦尔南（Jean-Pierre Vernant）和其他学者建立的"巴黎学派"（Paris School）影响下，20世纪下半期，出现了由专门研究诸神和英雄，向探究其作为部分的神圣体制的转变。这种转变受一种信念推动：若单独研究诸神，就不可能公正对待古代宗教的机制，与此相反，众神开始被设想为一个合乎逻辑的关联网络，各种神力在其中以系统方式彼此对立。譬如，在韦尔南（J.-P. Vernant）的一项经典研究中，希腊的空间概念通过赫斯提亚（Hestia，灶神——固定空间）与赫耳墨斯（Hermes，信使和旅者之神——移动空间）的对立而神圣化：韦尔南《希腊人的神话与思想》（*Myth and Thought Among the Greeks*, London, 1983, 127—175）。但诸神作为分离的实体也并未遭忽视，韦尔南的研究堪为典范，还有他经常合作的伙伴德蒂安（Marcel Detienne），后者专研阿耳忒弥斯、狄奥尼索斯和阿波罗：譬如，德蒂安的《阿波罗，手中的刀：研究希腊多神教的实验进路》（*Apollon, le couteau en main: une approche expérimentale du polythéisme grec*, Paris, 1998）。"古代世界的诸神与英雄"丛书首批书目于2005年出版以来，在上文概括的研究立场之间开辟出了一个中间地带。虽然研究进路是以唯一又有所变化的个体为主题,作者们对诸神和英雄的关注,却是将其作为内在于一个宗教网络中的力量来看待的。

本丛书起初各卷中的"世界",主要倾向于"古典"世界,尤其是古希腊的"古典"世界。然而,"古代世界",更确切地说"古代诸世界",已然扩展了,这是随着以伊诗塔(Ishtar)和吉尔伽美什(Gilgamesh)为主题的各卷出版,还有期待中以摩西(Moses)和耶稣(Jesus)为主题——以及古希腊的安提戈涅(Antigone)和赫斯提亚(Hestia)主题、古罗马狄安娜(Diana)主题的书目。

丛书每卷书都有三大部分,对其研究的主题对象作出了具权威性、易于理解和令人耳目一新的解说。"导言"部分提出关于这个神或英雄要研究什么,值得特别关注。接着是本卷书的核心部分,介绍"关键主题"和观念,在不同程度上包括神话、崇拜、可能起源和在文学与艺术中的表现。本丛书启动以来,后古典时代的接受日益进入古典研究和教育的主流。这一接受上的"革命"让我确信,每卷书包括一个放在最后的第三部分,用来探究每个主题的"效应"(afterlives),极为重要。这样的"效应"部分有可能相对较短——譬如,《伊诗塔》一卷中的"后续效应"(Afterwards)一节——或较长,譬如,在《赫拉克勒斯》

（Herakles）中。各卷书都包括关于某个神或英雄的插图，并在合适的位置插入时序图、家谱和地图。还有一个带有注释的"参考文献"，指引读者作更进一步的学术研究。

关于术语需要进一步作出说明。"诸神与英雄"（gods and heroes）：丛书题名采用了这些阳性术语——尽管如希腊词 theos（"god"）也能用于女神，如此选择一定程度上也反映了古代的用法。至于"英雄"（hero），随着 MeToo 运动兴起，如今已成为一个性别中立的术语。关于纪元：我总是建议作者最好选择 BC/AD 而非 BCE/CE，但并不强求如此。关于拼写：本丛书古希腊专名采用古希腊语拼写法，广为接受的拉丁语拼写法除外。

如我在 2017 年第二次修订这个"前言"时说过的那样，我要再次感谢凯瑟琳（Catherine Bousfield），她担任编辑助理直到 2004 年，正是她梦（取其字面意思……）到了一套关于主要的古代诸神和英雄的丛书，时间 21 世纪初期的一个夜晚。她的积极主动和远见卓识，助力丛书直至接近发行。劳特里奇出版社的前古典学出版人斯通曼（Richard Stoneman），在丛书委托和与作者合作的早期阶段，自始至终提供支持和专家意见。我很荣幸能与继任编辑吉朋斯（Matthew Gibbons）在丛书早期阶段共事。艾米（Amy Davis-Poynter）和利奇（Lizzi Risch）是我近年极好的同事。当我为 2022 年以后的丛书修订"前言"时，我要感谢利奇的继任者玛西亚（Marcia Adams）。我也要感谢丛书诸位作者，正是他们每个人帮助建构了如何能够理解每个神或英雄的方式，同时为促进关于古代宗教、文化和世界的学术研究作出了贡献。

苏珊·迪西（Susan Deacy）

伦敦罗汉普顿大学（Roehampton University, London）

2021 年 11 月

（黄瑞成 译）

致　谢

我对本书中涉及的许多主题的思考,可以追溯到多年甚至几十年前。在这段时间里,我向许多同事和朋友学习,我曾经和他们讨论过某个问题,或者他们的研究帮助我形成了自己的答案。我要特别感谢简·布雷默(Jan Bremmer)、瓦尔特·伯克特(Walter Burkert)和菲利普·博若德(Philippe Borgeaud),我将永远铭记克里斯蒂妮·索维诺尔(Christiane Sourvinou)和迈克尔·詹姆森(Michael Jameson),并对他们表示无限的感激。感谢诺利达·多宾斯(Norita Dobyns)阅读了原稿,助我精简了语言,感谢善解人意、乐于助人的系列编辑苏珊·迪西(Susan Deacy)。我将这本书献给莎拉·艾尔斯·约翰斯顿,多年来,她一直是我生活和工作中的伴侣,给予我无限理解,有时也会给我一些启发。

我对古代作家的引用无须注释,如果没有特别标记,大部分翻译都由我自己译出。晚近的作家则需要更多的文献说明。罗伯特·W. 瑟维斯(Robert W. Service)引自《诗集》(*More Collected Verse*, New York: Dodd, Mead, 1955)。关于但丁(Dante),

引用了罗伯特和让·霍兰德（Jean Hollander）的翻译（New York: Doubleday, 2007），关于彼特拉克（Petrarch），引用了马克·穆萨（Mark Musa）的翻译（Indiana University Press, 1996）。里尔克（R.M. Rilke）的《早年的阿波罗》（*Früher Apollo*）和《古阿波罗残像》（*Archaïscher Torso Apollos*），引自斯蒂芬·科恩（Stephen Cohn）的译文；德文原版经汉堡岛屿出版社（Insel Verlag）许可重印，译文经曼彻斯特卡克耐特出版公司（Carcanet Press）许可出版。温克尔曼（Winckelmann）引自亚历山大·戈德（Alexander Gode）的英译本。

插图目录

（页码指原书页码）

xvii 图1：奥林波斯诸神中的阿波罗和阿耳忒弥斯，波塞冬在阿波罗的左侧。帕特农神庙壁缘的一部分，约公元前440年。雅典卫城博物馆。图片版权归维多/纽约艺术资源所有（页28）

图2：阿波罗和玛耳绪阿斯在比赛。公元前4世纪晚期的浮雕。雅典，希腊国家博物馆。图片版权归阿里纳利/纽约艺术资源所有（页38）

图3：阿波罗指导俄耳甫斯的头传达神谕。那不勒斯的阁楼红色人物把杯，约公元前430年。转自米内尔维尼的《那不勒斯简报》，新编第6册，第33页（页46）

图4：德尔斐的阿波罗神庙。西面图。图片版权归阿里纳利/纽约艺术资源所有（页58）

图5：克拉鲁斯的阿波罗庇护所，公元前4世纪末。从西面看地下室。图片版权归瓦尼/纽约艺术资源所有（页72）

图6：维爱神庙里的阿波罗，公元前6世纪晚期。罗马朱利亚公园博物馆。图片版权归埃里希·莱辛/纽约艺术资源所

有（页87）

图7：射杀尼俄柏一家。尼俄柏画师创作的阁楼红绘双耳喷口杯，约公元前460—前450年。巴黎卢浮宫博物馆。图片版权归阿里纳利/纽约艺术资源所有（页92）

图8：阿波罗在德尔斐净化奥瑞斯忒斯。欧墨尼得斯画师创作的普利亚红绘钟形调酒缸，公元前380—前370年。巴黎卢浮宫博物馆。转自富尔特文格勒和赖希霍尔德的《希腊陶器绘画》（慕尼黑，1904）（页100）

图9：阿波罗·卡内奥斯。麦塔庞顿的银币（stater/στατήρ），约公元前425年。作者绘图（页118）

图10：贝尔维德尔的阿波罗，公元前4世纪希腊原作的罗马复制品。梵蒂冈博物馆的比奥·克莱门蒂诺馆，图片版权归阿里纳利/纽约艺术资源所有（页147）

图11：阿波罗的诸多形式，出自文森佐·卡尔塔里，《古代诸神的形象》（威尼斯，1571年），第60页（页156）

为什么是阿波罗?

Why Apollo?

导言：为什么要写一本关于一位神的书？

希腊诸神，所有人都赞同，他们拥有圆滑、复杂且富有血性的人格，并非与那些崇拜他们的人类没有相似之处：如伯里克利（Pericles）或萨福（Sappho）或亚历山大大帝（Alexander the Great）。有大量关于亚历山大的书，关于萨福和伯里克利的书也不少；但是当我们去寻找描写奥林波斯神明的相关书籍时，会发现数量要比我们所预期的少很多。的确，卡尔·凯莱尼（Karl Kerényi）关于宙斯与赫拉、德墨忒耳或者狄奥尼索斯的专著，拥有广泛的读者群体，但是这位作者的兴趣被潜在的荣格式（Jungian）心理分析所塑造和限制，这种心理分析将诸神简化为某个原型的具象化；少数几本灵感来自弗洛伊德（Sigmund Freud）的书也存在着同样的问题。除了这些书，学者特别是英语学者一直不愿将专著献给一位神。法内尔（Lewis Richard Farnell）的《希腊城邦的崇拜》，将诸神作为关于崇拜的一种秩序原则，还有阿尔图尔·伯恩哈特·库克（Arthur Bernhard

Cook)的《宙斯》,远非一部关于众神之父的专著,而是一本关于奇特而罕见的崇拜仪式的汇编。从弗雷泽爵士(Sir James Frazer)和哈里森(Jane Ellen Harrison)的时代以来,研究希腊宗教的学者已经将自己的研究兴趣更多地集中于仪式而非神圣的接受者;神话——讲述神的传记——被认为是根据仪式创作的,因此,他们对神话的兴趣通常是次要的。

晚近的学术研究,强化了不愿聚焦于单独一位神的学术取向,似乎认为单独一位神与伯里克利和萨福没有本质区别。仪式(尤其是祭祀仪式)的社会功能和公共功能,仍然是研究的中心。献祭的接受者是次要的。进而,希腊宗教被理解为一个相当不稳定的整体:宗教的基础部分是城邦,即城市—国家;一些学者通过撰写论希腊宗教的著作来强调这一点。在两个不同城市的万神殿中,同一个神可能会具有两种完全不同的身份:在一篇经典论文中,英伍德(Christiane Sourvinou-Inwood)展示了佩耳塞福涅在洛克里(Locri)城邦中发挥的作用,在其他城邦中则是由阿耳忒弥斯或阿芙洛狄忒来实现这一作用的。按照韦尔南(Jean-Pierre Vernant)——这位巴黎学者的著作对于重塑希腊宗教研究具有重要作用——的指导,他认为一位神是由每座城市的万神殿中的所有其他神所决定的,就像在语言学中,一个特殊意义的音位,是由同一语言中的所有其他音位所决定的。因此，韦尔南没有描写赫耳墨斯神，他撰写了"赫耳墨斯与赫斯提亚"（Hermes and Hestia）——他们在角色和功能的复杂交互作用中定义了彼此。除了极少数例外，只有专注于古代艺术的咖啡桌读物才敢聚焦于一位神。

咖啡桌读物，也许在不经意间，提出了一个重要观点，每个希腊神都有一个独特且具有辨识度的形象，尽管一些地方神庙的形象可能具有奇特而不寻常的特征，但人们无论是在西西里岛（Sicily）、雅典（Athens），还是士麦那（Smyrna）的神庙里看到神的形象，通常同一位神看起来均相差无几：雅典人菲狄亚斯（Phidias）不仅在雅典卫城上创造了雅典娜的金象牙像，还在奥林波斯神庙中创建了宙斯像。神话也是如此。地方神话大多已失传，有些出现在铭文中或地方历史学家佚失的书籍残篇中，它们塑造了当地人思考和谈论他们的宙斯、雅典娜或阿耳忒弥斯的方式。尽管存在地方传统，但史诗作者所叙故事，及其随后在雅典舞台上的力量，远比地方故事强大。几个世纪以来，这些故事在希腊各个城市乃至更远的地方被反复传颂，也正是这些故事塑造了人们对神圣人格的想象。随着宗教娱乐的专业化，诸神相同的故事从一个城市传到另一个城市。希罗多德（Herodotus）已经强调了赫西俄德（Hesiod）和荷马在塑造泛希腊神话中的作用："他们为希腊人创造了神谱，赋予了诸神名字,定义了他们的领域和功能,并描绘了他们的形态。"

希腊人与所有其他崇拜者一样,不仅举行仪式,还想象着他们的祈祷和供奉的接受者,互相谈论着他们,远超城邦的界限,此外,希腊人还为他们造了神像。神像一方面是在地方神话和仪式所创造的力场中形成,另一方面是受到泛希腊的故事和形象的影响;从早期开始,随着时间的推移,泛希腊的影响力越来越强,而且往往占主导地位。鉴于此,应该可以写一部关于个体神灵的书。这项工作需谨慎考虑:人们必须牢记,与伯里克利不同,对于诸神而言,地方和泛希腊传统之间存在一种互动,它们在不同地方可能看起来有所不同。还有一个特征使神无法像人类一样统一:他们在希腊生活中扮演的多重角色和功能。这种多重性体现在众多的崇拜别号中(学术术语为Epicleses)。它们大多都在述说:雅典娜·普里阿斯(Athena Polias)是城邦守护神,宙斯·卡泰贝忒斯(Zeus Kataibates)是在闪电中"降临"的宙斯,即 katabainei;波塞冬·阿斯法勒奥斯(Poseidon Asphaleios)是平息地震、保卫城墙安全的神,即 asphaleia。这些别号展现了神所扮演的角色,它们是如此多样化,以至于我们几乎无法想象其背后的统一性:蛇神宙斯(Zeus Meilichios),"温和"的宙斯化身一条巨蛇,与统治世界的风暴神有何共同之处?

我的前五章展现了阿波罗神的多样性。他在一系列可描述的功能和领域中显示自己,这些功能和领域通常以特定的别号来标记,并以神扮演特定角色的故事来呈现。第一章集中论述了荷马和《荷马颂诗:致阿波罗》(*Homeric Hymn to Apollo*),这是对阿波罗神话和崇拜角色最早且极具影响力的叙述,其中心形象是弓箭手阿波罗。接下来的三章,每一章都侧重一个特定领域,在这些领域中,阿波罗的保护至关重要,而他本人也擅长于此:音乐、神谕和治疗(在这个领域,他被他的儿子阿斯克勒庇俄斯所超越)。第五章更为复杂:探讨了阿波罗作为青少年的保护神,以及在这个角色中产生的诸多政治角色。在绘制阿波罗的活动领域时,我甚至不会试图找到一个统一体,以作为不同角色的基础,当我与希腊诸神打交道时,亚里士多德将多样性简化为单一起源的做法,从未让我信服。相反,在第六章中,我将讨论过去学者试图找到阿波罗的地域和时间起源的不同理论,这一问题仍然没有明确的答案。最后一章将跟随阿波罗走过几个世纪,从罗马帝国到古代晚期再到当代。考虑到时间和篇幅限制,我的文章只能触及皮毛,而每位读者都可能会错过一些他认为重要的东西。虽然每个时代和地点都建立在前一时代的见解之上,但相较以前,一致性甚至更低了。

关键主题

Key
Themes

一、 荷马笔下的阿波罗

《伊利亚特》中的神

《伊利亚特》,荷马关于阿喀琉斯(Achilles/Ἀχιλλεύς)的愤怒及其可怕后果的史诗,开篇援引"宙斯(Zeus/Ζεύς)的计划"以解释其作者即将叙述的杀戮和痛苦。但于此意义上,在诸神中占据中心地位的并非宙斯,而是阿波罗,他的角色令人敬畏和恐惧,几乎没有我们当代古典主义通常赋予他的金色光芒。这个故事讲述了这一切如何发生,虽耳熟能详,但仍值得重述。在特洛亚(Troy/Τροία)被长期围困的某一时刻,阿波罗的祭司克律塞斯(Chryses/Χρύσης)在特洛德(Troad/Τρῳάς)某个地方,进入希腊人的营地,"他的金杖上擎着远射神阿波罗的神圣花冠"(《伊利亚特》,1.14)。希腊人在一次海岸突袭中绑架了他的女儿克律塞伊斯(Chryseis/Χρυσηΐς),他带来了"巨额赎金",希望他们归还女儿(《伊利亚特》,1.13)。

中年指挥官阿伽门农（Agamemnon/Ἀγαμέμνων）却粗暴地拒绝了，他让女孩睡在他的帐篷和床上——大家都认为这是一种鲁莽而不明智的行为，他的军队都清楚这一点；荷马非常明确地表示，祭司的神圣身份受到了侵犯，而不仅仅是年迈父亲的感情。被无情地斥责和恐吓后，老人离开了，他"沿着耳语的海浪线"走去，从特洛亚到伊拉克（Iraq）甚至更远的地方，对于女儿容易成为战士猎物的那些父亲而言，这是一幅可悲的景象。但是，由于克律塞（Chryse/χρύσην）在南部约 25 英里处，所以他没有沿着海岸回家，他一定是带着赎金乘船来的：他需要孤独的海岸，而不仅仅是悲伤。在视线之外，他向他的神阿波罗·鼠神（Apollo Smintheus/Ἀπόλλων Σμινθεύς）祈祷："让达那奥斯人〔也就是希腊人〕在你的箭下偿还我的眼泪。"阿波罗迅速作出反应："他从奥林波斯山的顶峰往下走，肩上搭着一副弓箭盒，愤怒的神在走动时，箭在他的肩上嘎嘎作响。他像黑夜一样抵达。"他在离希腊军队一定距离的地方坐下来，开始向他们的营地射箭；箭首先给狗和骡子带去疾病和死亡，然后给战士们带去疾病和死亡。"尸体在火中燃烧不息。"经过九天的极度恐惧之后，希腊人请教他们的先知卡尔卡斯（Calchas/Κάλχας），他透露了致命瘟疫的原因："因为阿伽门农羞辱了他的祭司。"阿伽门农不得不屈服；奥德修斯（Odysseus/Ὀδυσσεύς），伊萨卡岛（Ithaca/Ἰθάκα）上一位狡猾的外交官，被派去把女孩送回她父亲身边，并为神献上丰盛的祭品——一个百牲祭，照字面意思就是一百只动物。赔偿非常正式，奥德修斯将她交给了她的父亲，祭司克律塞斯在神的祭坛前，再次祈祷取消他的第一次祈祷，希腊人献上了他们的一百只羊，并在当天余下的时间里又进行了另一项祭祀活动："整整一天，年轻人都载歌载舞地敬拜神，唱着颂歌，为远射神跳舞：远射神倾听着，享受着。"他们在日落时分结束，然后晚上航行回家。当他们离开时，阿伽门农让军队履行他们自己的仪式，净化营地，并"在岸边向阿波罗敬献隆重的百牲大祭"（《伊利亚特》，1.316）。

这是整个《伊利亚特》中最详细的仪式规程；只有《奥德修纪》第五卷中涅斯托尔（Nestor/Νέστωρ）向波塞冬（Poseidon/Ποσειδῶν）献祭的描述与之相近——但描述的重点是仪式中正确的人类互动，而不是神。《奥德修纪》叙述者对人物的社交能力很感兴趣，而对任何神圣的存在或仪式性知识兴趣不大。然而在这里，神是核心，从一开始就强调了这一点。正是阿波罗挑起了阿伽门农和阿喀琉斯之间的战争，推动了《伊利亚特》的整个情节："诸神之中谁让他们在冲突中彼此对抗？是勒托（Leto/Λητώ）和宙斯的儿子：他对国王生气，就把疾病传给了军队，是一种邪恶的疾病。"（《伊利亚特》，1.8）

最初的角色反映了阿波罗在整个《伊利亚特》中的突出地位。他是诗歌的主要角色,除宙斯之外,没有其他神如他那样被经常提及。他是特洛亚人的主要保护神,因此,他在特洛亚卫城佩尔加莫斯(Pergamos/Πέργαμος)拥有自己的神庙(《伊利亚特》,5.44和7.83)。他保卫着自己的城邦,并经常帮助特洛亚的主要战士——不仅是弓箭手帕里斯(Paris/Πάρις)和潘达罗斯(Pandaros/Πάνδαρος),还有埃涅阿斯(Aeneas/Αἰνείας)、赫克托耳(Hector/Ἕκτωρ),只要他能做到;他还挫败了希腊英雄狄奥墨德斯(Diomedes/Διομήδης)、帕特罗克洛斯(Patroclus/Πάτροκλος)和阿喀琉斯的进攻。阿喀琉斯会发现自己死于帕里斯和福玻斯·阿波罗(Phoebus Apollo/Φοῖβος Ἀπόλλων)之手,这一点他很清楚(《伊利亚特》,22.359)。当帕特罗克洛斯鲁莽地攻击特洛亚城墙时,阿波罗站在高塔上保护他们,将帕特罗克洛斯推开(《伊利亚特》,16.700),几天后,当其他神离开战场返回奥林波斯山时,他转向城邦保卫城墙《伊利亚特》,21.538)。狄奥墨德斯打晕埃涅阿斯后,又在阿芙洛狄忒保护她失去知觉的儿子免受狄奥墨德斯攻击时伤了阿芙洛狄忒,阿波罗护住了他,驱走狄奥墨德斯,并将埃涅阿斯带至他的神庙,在此,阿波罗的母亲勒托和姐姐阿耳忒弥斯(Artemis/Ἄρτεμις)看护着这位受伤的英雄(《伊利亚特》,5.344)。当赫克托耳向一个希腊人挑战时,他承诺如果他获胜(《伊利亚特》,7.83),就把他的盔甲挂在阿波罗的神庙里,而他战胜帕特罗克洛斯无疑是拜神所赐(《伊利亚特》,16.787)。他不是一个容易应对的神:当狄奥墨德斯和帕特罗克洛斯试图反抗他时,他会把他们击退,最后用严厉的言辞威胁他们;当英雄阿喀琉斯没有立即认出他时,他会向阿喀琉斯大吼大叫。在为帕特罗克洛斯举行的葬礼上,弓箭手透克洛斯(Teukros/Τεῦκρος)因为没有承诺给阿波罗献羊的百牲祭而在射击比赛中失利,也就不足为奇了(《伊利亚特》,23.865)。然而,这种高傲的姿态只存在于他与人类打交道的过程中:当他的叔叔波塞冬——希腊人的坚定支持者,向他挑战时,阿波罗只是耸耸肩:"别告诉我,我已经疯到为了可怜的凡人而与你决斗了。"(《伊利亚特》,21.463)这位青年神太敬重他叔叔,或者说他受过良好教育,不能和自己的叔叔决斗。

在特洛亚战争期间,他的主要对手是他的姐姐雅典娜(Athena/Ἀθηνᾶ)。可以看到两人一次又一次互相对抗,且不仅仅是在战斗中。在为帕特罗克洛斯举行的比赛中,狄奥墨德斯凭着自己精湛的骑术在战车比赛中领先,这时阿波罗仍对他怒不可遏,将鞭子从他手中扔了出去,雅典娜看到后,立即拾起鞭子,递了回去,并折断另一辆战车的轭,从而助他取胜(《伊利亚特》,23.383)。当雅典娜的神庙建在特洛亚卫城上时,他们的激烈对抗就更加令人惊讶了,但有一次我们听说,赫克托耳命令他的母亲向女神祈祷并答应赠她一件礼物时,她拒绝帮助特洛亚人(《伊利亚特》,6.269—311)。

当然,雅典娜有其憎恨特洛亚人的理由——与合谋的赫拉(Hera/Ἥρα)同样的理由。多年前,在阿喀琉斯的父母佩琉斯(Peleus/Πέλευς)和忒提斯(Thetis/Θέτις)的著名婚礼上,不和女神厄里斯(Eris/Ἔρις)承诺将一颗金苹果送给最美丽的女神。赫拉、雅典娜和阿芙洛狄忒为此争夺,最终由他们选出的人类裁判无视赫拉和雅典娜许诺的智慧和权力,把票投给了爱神阿芙洛狄忒。裁判是帕里斯,特洛亚国王普里阿摩斯(Priam/Πρίαμος)的儿子,阿芙洛狄忒贿赂他诱拐了美丽的斯巴达(Sparta/Σπάρτᾱ)王后海伦(Helen/Ἑλένη),引发了特洛亚战争:毕竟,海伦嫁给了一位杰出的希腊国王。另一方面,阿波罗没有充分的理由喜欢特洛亚人或憎恨希腊人。只有另外一个故事将阿波罗和特洛亚联系起来:一代人以前,他和波塞冬曾为普里阿摩斯的父亲拉俄墨冬(Laomedon/Λαομέδων)做了一年的侍仆:波塞冬建造了特洛亚城墙,阿波罗守卫着拉俄墨冬的牛群,或者他们俩共同筑成了特洛亚城墙(荷马在这里有些前后不一致)。然而,拉俄墨冬拒绝支付他的神圣侍仆,相反,他威胁并赶走了他们。这让波塞冬始终耿耿于怀,于是成为他憎恨特洛亚人的原因(《伊利亚特》,21.446—460,也见7.452)。若有何区别的话,这个故事让阿波罗对特洛亚强烈而独特的偏爱更加难以理解。

因此,学者们试图寻找《伊利亚特》故事之外的原因,这个原因与阿波罗在希腊祭祀中的角色有关。他们通常给出的答案是历史性的:阿波罗最初不是希腊人,而是安纳托利亚人(Anatolian/Ανατολίτης),当特洛亚神话形成时,他在小亚细亚的起源仍然被人们铭记:这位神守护着他家乡的一座城市。然而,这个答案并不能令人信服。毫无疑问,《伊利亚特》本身将阿波罗与安纳托利亚(Anatolia/Ανατολία)联系起来,更确切地说是与安纳托利亚西南部的一个地区吕西亚(Lycia/Λυκίᾱ)联系起来。特洛亚人获得了由萨耳佩冬(Sarpedon/Σαρπηδών)和格劳科斯(Glaukos/Γλαυκός)领导的大批吕西亚战士帮助(《伊利亚特》,2.876);当格劳科斯被箭射中时,他向阿波罗祈祷:"住在富饶的吕西亚和特洛亚国土的神主啊!"阿波罗帮助了他(《伊利亚特》,16.514)。阿波罗不仅在特洛亚有一个庇护所,在吕西亚也有一个庇护所,即使在今天也众所周知。勒托富饶的庇护所位于吕西亚的主要城市克珊托斯(Xanthos/Ξανθός)附近,早在古代就广为人知,并且经过了深入发掘和研究。勒托的孩子阿波罗和阿耳忒弥斯也在那里占有一席之地。荷马有时也称阿波罗为 lykēgenés/Λυκηγενής：古代关于荷马的评论家（"注释者"）将其理解为"生于吕西亚的"，现代语言学家对此表示质疑，似乎也有道理。

保护特洛亚人的不仅仅是阿波罗，还有其他神，比如阿芙洛狄忒和阿瑞斯（Ares/Ἄρης），尽管没有人会把他们视为安纳托利亚神。阿芙洛狄忒与东方有联系，因为她的主要庇护所在塞浦路斯（Cyprus/Κύπρος）岛上的帕福斯（Paphos/Πάφος），但塞浦路斯不是安纳托利亚：这一点听起来像诡辩，它也不能解释希腊人可以将阿瑞斯理解为特拉克人（Thracian/Θράκης）的神，若他们谈论起他们的神的种族起源。更严重的是，从假设的起源来解释的思路，已失去学者青睐。这一点越来越明显，重要的不是起源，而是故事和仪式中的角色。通常，在文本或仪式中同时存在紧张和对立，已被希腊人表达为时间和历史序列的结果：起源的历时性理论充当了表达同步紧张局势的代名词。然而，沉迷于 19 世纪历史主义的现代学者对此非常重视。到目前为止，我们已经知道这些理论大多是错误的。最著名的例子是狄奥尼索斯（Dionysus/Διόνυσος）将狂欢（carnevalesque）和混乱带入希腊城市，破坏了井然有序、安全的日常城市生活秩序。公元前 5 世纪的雅典人说他在安纳托利亚长大，19 世纪的学者则认为他起源于特拉克（现代保加利亚［Bulgaria］）。这两种理论都与历史事实相悖：狄奥尼索斯神在青铜时代的克里特岛（Crete/Κρήτη）就已经受到崇拜。

在《伊利亚特》中，雅典娜对希腊人的保护被看作更广泛化身的一部分：雅典娜是许多希腊英雄的女保护神。在《伊利亚特》中，她特别珍爱阿喀琉斯和狄奥墨德斯；在《奥德修纪》中，她特别珍爱奥德修斯。在其他故事中，她保护了阿尔戈英雄（Argonauts/Ἀργοναύτης）首领伊阿宋（Jason/Ἰάσων），保护了杀死许多怪物的佩耳修斯（Perseus/Περσεύς）；另一个被她庇护的人是强大的赫拉克勒斯（Heracles/Ἡρακλῆς）——在奥林波斯宙斯神庙的浮雕上，她甚至帮他扛起了天空。这种关系可以从她扮演的青年男子的女保护神角色中得到解释，在大多数希腊城市中，十七八岁的青年男子，要担任城市边防警卫和常备军达一年后才成为正式公民。英雄是他们的神话原型。许多英雄都是青年男子，他们在成年之前就完成了自己的主要功绩，有时也通过这些功绩获得成年人的身份（通常是王权和妻子），比如伊阿宋和佩耳修斯：英雄的女保护神也是青年男子的女保护神。阿波罗和青年男子也有密切联系，但这些联系完全不同。很少有人说他是某个特定英雄的保护神。伊阿宋出海远航时呼唤他，并为保护航海者的阿波罗·昂巴特里俄斯

(Apollo Embaterios/Ἀπόλλων Ἐμβατήριος,"登船之神")献上一座祭坛,但阿波罗并没有保护他们,因为他保护青年男子:他赠予赫拉克勒斯弓箭,作为射手的守护神,伊阿宋则把他奉为希腊祭礼的守护神。阿波罗与青年男子之间的关系比较矛盾。一方面,他会在男孩们长大成人那一刻保护他们:与美丽女神和当地河流一起,当他们剪短头发作为告别少年时代的标志时,他接受了他们的头发(赫西俄德[Hesiod],《神谱》[Theogony 347])。但阿喀琉斯和帕特罗克洛斯仍然留着长发(《伊利亚特》,23.141),就像青年神阿波罗。《奥德修纪》的主要情节中,正是阿波罗保护了刚刚成年的忒勒玛霍斯(Telemachus/Telemachos/Τηλέμαχος)(《奥德修纪》,19.86)。同样,阿波罗神也要对青年男子的突然死亡负责,就像阿耳忒弥斯对青年女子的突然死亡负责一样。阿波罗所保护的忒勒玛霍斯,也可能成为他的牺牲品:至少求婚者们热切地希望,当他们开始察觉到他越来越独立时,阿波罗就会杀死他(《奥德修纪》,17.251)。求婚者是正在服兵役的年轻男子,但是他们过剩的雄性激素并没有用于竞选活动,而用在了奥德修斯宫廷的狂野派对上,目标是他的妻子(或在他们看来是寡妇)佩涅洛佩(Penelope/Πηνελόπη)。佩涅洛佩,奥德修斯忠实却遭到骚扰的妻子,则希望阿波罗能杀死他们之中最恶毒的安提诺奥斯(Antinous/

Ἀντίνοος）(《奥德修纪》，17.494）。奥德修斯为了满足她的要求，将在安提诺奥斯返回时首先射杀他，正如荷马在一个巧妙而详细的场景中描述的那样（《奥德修纪》，22.8—21）。在老普里阿摩斯叙述的神话中，忒拜（Thebes/Θῆβαι）的尼俄柏（Niobe/Νιόβη）女王嘲笑了勒托，她的孩子们为了报复射杀了尼俄柏的十二个孩子——阿耳忒弥斯射杀了六个女孩，阿波罗射杀了六个男孩（《伊利亚特》，24.602）。当特洛亚女王赫卡柏（Hecabe/Ἑκάβη）在哀悼她死去的儿子赫克托耳时，她惊奇地发现，尽管他的身体曾被阿喀琉斯残忍虐待过，但看起来并不像一个在战争中死去的人，相反，他看起来"像一个阿波罗用银箭轻柔地杀死的人"（《伊利亚特》，24.578①）。于一个年轻战士而言，阿波罗的庇佑似乎是一把双刃剑；雅典娜的保护则更加坚固。从这个角度来看，阿波罗是适合最终输掉战争一方的神，当阿波罗不得不离开他所在的一方时，其主要捍卫者赫克托耳便在诗歌中丧生。

---

① 这句话在 24 卷的第 758 行。——译注

阿波罗

弓箭手、杀手和治愈者

荷马笔下愤怒的神，带着他的弓和嘎嘎作响的箭袋，从奥林波斯山降临的暗黑形象，深深铭刻在人们的脑海里。阿波罗和他的姐姐阿耳忒弥斯都是弓箭手，也都好杀戮。阿耳忒弥斯的箭术通常用于狩猎：她是动物的女主人，捕杀动物和养育动物都是她的职责；当今的猎人仍然知悉养育和捕杀之间存在的密切关联。阿波罗也可以保护猎人，但并非常态；他的箭术是战士最致命的技艺。强大的猎户奥里翁（Orion/Ωρίων）受阿耳忒弥斯保护（并杀死）；阿波罗把他的武器送给了吕卡昂（Lycian/Λυκάονος）的儿子潘达罗斯（《伊利亚特》，2.827）和埃阿斯（Ajax/Αἴας）的兄弟透克洛斯（《伊利亚特》，15.441）——他们是特洛亚和希腊最出色的弓箭手，以及用弓箭杀死敌人和怪物的赫拉克勒斯。阿喀琉斯被杀时，阿波罗引导着弓箭手帕里斯的手，就像引导他厌恶的希腊弓箭手透克洛斯的箭远离赫克托耳一样（《伊利亚特》，8.31）。凡人弓箭手最好在射箭前向他祈祷：在帕特罗克洛斯葬礼的射箭比赛中，美里奥涅斯（Meriones/Μηριόνης）发誓向神敬献羊的百牲祭，而他的对手透克洛斯没有祈祷就直接射箭（《伊利亚特》，23.865）：这就解释了为何透克洛斯虽然被公认为箭术更好，但还是没有射中。我们看到神的介入如何帮助他挽回了颜面：透克洛斯是糟糕的崇拜者，而非糟糕的弓箭手。然而，祈祷和献祭并非总是奏效。佩涅洛佩的求婚者开始射箭比赛之前决定为阿波罗献上一只山羊，这场比赛将决定谁最终能娶到她（《奥德修纪》，21.265）。但这并未阻止他们的失败：阿波罗将胜利的美名赐予了看似不可能的竞争者，即乔装成卑贱乞丐的奥德修斯（《奥德修纪》，21.338，也见22.7）。

但在希腊战士意识形态的世界中，射箭是一件不确定的事情。用矛和剑作战直截了当，涉及直接的身体接触，需要同样多的勇气和训练。重装甲步兵，即身披重甲的战士，是理想的希腊战士。神话和崇拜中的多数英雄都是这样的战士，全副武装地在重装甲步兵封锁线上战斗是成年公民的义务和骄傲。弓箭手可能具有他人缺乏的特殊技能，他们当然也需要大量的训练，但他们很狡猾，不值得信任。矛盾的帕里斯是一个弓箭手，一个更喜欢卧房的战士："从战争中回来了吗？你应该在那里丧命，被一个真正的英雄，我的前夫击败！"阿芙洛狄忒把他赶出战场后，海伦这样致意她的绑架者（《伊利亚特》，3.428f.）。老谋深算的奥德修斯完全能够着重型盔甲战斗，但《奥德修纪》也将他塑造为弓箭手：欺诈和直接攻击一样，都是奥德修斯的战略。在《伊利亚特》中，另一位弓箭手特洛亚的潘达罗斯向墨涅拉俄斯（Menelaos/Μενέλαος）射箭，破坏了希腊和特洛亚人即将结束的停战协定。雅典娜说服了他：就像蠢蠢欲动的观众一样，她无须结束战争和叙述的停战协定。尽管他向阿波罗祈祷过，但还是没有射中墨涅拉俄斯，仅因雅典娜把箭转向了一个不重要的旁观者；尽管如此，破坏已经造成，战斗仍在继续（《伊利亚特》，3.88—147）。在希腊战争的现实中，弓箭手要么是男青年，要么是外邦人——克里特岛人或吕西亚人；在希腊城邦里，男青年几乎与外邦人一样被边缘化。再次强调，阿波罗是自相矛盾的；重装甲步兵的女神是雅典娜，她头戴盔帽，身穿胸甲，手握盾牌。

阿波罗的箭既隐秘又致命；突然和意外的死亡乃他们所为——从远处突然射来的箭是对突发瘟疫的贴切比喻，其结果和无法解释的原因一样可怕。早在对青铜时代的地中海东部叙述中，我们就听说有一位神用他的箭散播瘟疫。雷舍普（Reshep），青铜时代叙利亚（Syria/Συρία）万神殿中的瘟疫神，他的箭射出"疾病之火"；他在塞浦路斯也受到崇拜，被视为阿波罗。同样的观点甚至存在于旧约中。"我要把灾祸接连附到他们身上，用我的箭向他们射出：饥饿的折磨，灾祸的肆虐和瘟疫的痛苦"——这是神对其子民的愤怒之言（《申命记》，32.23f.）。这一形象的威慑力毫未减弱。

但是，传播疫病的人也能治愈疫病。在《伊利亚特》中，治愈术并非阿波罗的专长，但治愈瘟疫的却是他。这源于瘟疫的起源：当愤怒的神遣来疫病时，安抚他是唯一的治疗良方。荷马的祭司克律塞斯把这一机制讲得非常清楚。他的第一次祷告（"让达那奥斯人在你的箭下偿还我的眼泪。"［《伊利亚特》，1.42］）触发了瘟疫，第二次祷告（"让可怕的瘟疫远离达那奥斯人"［《伊利亚特》，1.456］）停止了瘟疫。在另一个案例中，治愈是阿波罗作为神的一般力量的结果：当吕西亚人格劳科斯被透克洛斯的箭射中时，他向他的神阿波罗祈祷，神立刻愈合他的伤口并恢复了他的力量。阿波罗也不是专业的治愈者。《伊利亚特》中，凡人和神灵之间都有治疗疫病的专家。希腊军队中有两名英勇的医生波达勒里奥斯（Podalirios/Ποδαλείριος）和玛卡翁（Machaon/Μαχάων），这两名"好医生"是阿斯克勒庇俄斯（Asclepios/Ἀσκληπιός）的儿子（《伊利亚特》，2.729—733），他们同时领导着一支军事特遣队。他们是高效的医者；但当特洛亚人攻击他们的营地，最迫切需要他们的时候，他们也自顾不暇：波达勒里奥斯在营帐中护理自己的伤口，而玛卡翁在战斗。阿喀琉斯必须使用从恩师智者马人喀戎（Chiron/Χείρων）那里学来的草药（《伊利亚特》，11.833）。在奥林波斯诸神中，堪与这些医者能力匹敌的是派翁

(Paean/Παιάν),他不仅治愈了狄奥墨德斯给阿瑞斯造成的创伤(《伊利亚特》,5.899),甚至治愈了被赫拉克勒斯的箭射中的冥王哈得斯(Hades/Ἅδης)(《伊利亚特》,5.401)。但荷马对阿波罗在人类或神灵之间的治愈作用缄口不言。在后来的神话中,他的儿子阿斯克勒庇俄斯从神圣的父亲那里继承了治愈能力,并慢慢取代父亲成为一名治愈者。荷马在《伊利亚特》中仅提到阿斯克勒庇俄斯是英勇医生的父亲,却从未提及其神圣起源;我们必须等到公元前6世纪晚期的《列女传》(*Catalogue of Women*)出现,才能完整地获知阿斯克勒庇俄斯的神话。另一方面,派翁也是一个令人困惑的名字:同名旧形的派阿翁(Paiawon/Παιάϝων),在迈锡尼(Mycenaean/Μυκηναϊκός)青铜时代的希腊是独立的神;荷马之后,派翁通常被用作阿波罗的别称。学者们一直在争论,荷马将派翁仍视为独立的神,还是阿波罗的一个方面,双方都没有定论,也许荷马的程式语言保存了一种与当代宗教现实严重不符的状态。

然而,要安抚愤怒的神并非易事;人们不能只是轻触一下开关。神的怒气必须通过服从和忏悔的仪式来平息。人类不仅需要祈祷,赔偿和精心的仪式感也很必要。这就解释了希腊人在克律塞庇护所举行的盛大仪式。百牲祭是一种引人瞩目且价格高昂的祭品,即使一百只动物的数字不能总是作字面解释,忏悔却总是可以用礼物的价值来衡量。在纯粹的人类层面上，人们不应该忘记在希腊仪式中，祭司会得到每只动物的大部分，不仅是舌（它是精品，非常有价值），还有腿和皮，而且售卖肉和皮又可以为祭司增加额外的收入。克律塞斯一定从百牲祭中获利颇丰，他的神亦如此。随后是持续近一天的跳舞和唱歌：这并非人类参与者的娱乐，而是对神的一种特殊形式的尊敬——颂歌也是"美丽而奇妙的东西"（希腊语为 agalma/ἄγαλμα［喜悦、荣誉］），就像以大理石或青铜制成的艺术品作为献给神的礼物一样。事实上，希腊化的城市会雕刻颂歌，有时还附上乐谱，并将它们置于阿波罗的庇护所。这并不是一种文学练习，而是一种记录方式，从而使颂歌的声音和音乐经久不衰：只要石刻尚屹立于庇护所，音乐和文字的美就会产生共鸣，短暂的音乐表演就将永垂不朽。

荷马明确地说，表演本身就是舞蹈和歌曲的结合，由青年合唱队 koúroi Akhaíōn/κοῦροι Ἀχαίων 进行展示。歌与舞的结合，即希腊的 molpé/μολπή［歌舞］，在希腊古风时期的合唱表演中广泛存在；然而，青年男性表演者，即 molpoí/μολποί 却与阿波罗的关系尤其密切，至少在古风时期的米利都（Miletus/Μίλητος），他们似乎扮演着重要的政治角色；这一点我们后面再讲。他们唱的颂歌是赞美诗，其形式几乎只与阿波罗有关：

他的儿子阿斯克勒庇俄斯，在很久以后，也会收到赞美诗。它的名字与颂歌的副歌有关，io Paian/Ἰὼ Παιάν 被理解为对神的一种仪式呼唤，即"yahoo Paian"。因此，至少在后来的赞美诗中，Paian/Παιαν 只是阿波罗的另一个名字，主要但不限于是作为一名治愈者出现。《伊利亚特》中，当希腊人希望从阿波罗那里获得医治时，κouroi/κούροι［青年团］就会唱他们的颂歌。人们可能会认为，这是假定阿波罗与荷马的神圣治愈者 Paion/Παιον 为同一人的前提：如果是这样，荷马当然不会这样说。

叙述是基于疾病起源的精确模型。疾病源于神的愤怒，而神的愤怒源于人类的犯罪；罪过必须纠正，神必须得到安抚和取悦。人类侍奉神与侍奉愤怒且强大的统治者或领袖并没有太大的区别；神的愤怒和人类的反应是模仿人类的经验。这一模型——人们倾向于称之为拟人化的"遵循人类形式"——既解释了瘟疫，也解释了个人疾病；它完全取决于谁犯了罪。许多神话，尤其是解释希腊城邦崇拜的神话（所谓病原学神话），都使用了集体犯罪模型。举个例子，当狄奥尼索斯的祭司们初次来到雅典时，雅典人拒绝向狄奥尼索斯致敬，于是狄奥尼索斯引发了一场传染性性病（一位学者对阿里斯托芬［Aristophanes/Ἀριστοφάνης］说，"他袭击了男人的生殖器，这种病无法治愈"，《阿卡奈人》［*Acharnians* 243］）；神谕命令他们崇拜狄奥尼索斯神，于是他们引入了他的节日，在这个节日中，男性生殖器模型的展示仪式，即phalloi/φαλλοi[生殖器]起到了核心作用。这种犯罪、惩罚和纠正的模式由来已久。在公元前14世纪的安纳托利亚，一场瘟疫席卷了赫梯（Hittite）王国，国王穆尔西利斯（Mursilis）二世恳求他的神："我现在已经在暴风神面前承认了我的罪过：真的，我们已经认罪了。"但他也请求宽恕："我跪在你面前大喊：'求你怜悯！'让瘟疫从赫梯的土地上消失吧。"约两千年后，安纳托利亚人在饱受疾病折磨时，仍然忏悔他们的罪行，并竖起昂贵的碑铭，常常以宽慰的口气说明所发生的事情。许多铭文保存至今，如出自公元2世纪的下列铭文："致宙斯·萨巴兹乌斯（Zeus Sabazios/Ζεύς Σᾰβάζιος）和米特·伊普塔（Meter Hipta/Μήτηρ Ἵπτα），特罗斐摩斯（Trophimos/Τρόφιμος）的儿子狄奥克勒斯（Diokles/Διοκλῆς）。在我捕捉了诸神的鸽子之后，我意识到自己已经受到了惩罚。我现在承认了神的力量。"在我们的案例中，纠正所涉及的并不是神，而是与之对应的人，即祭司克律塞斯。他纠正了阿伽门农的错误，于是希腊人完全承认了克律塞斯作为祭司的神圣地位，并满足了他的要求，即归还他的女儿。这就是为何精明的政治家奥德修斯选择了神的祭坛作为归还地。然而，安抚仪式总是与神有关：阿波罗得到了一个百牲祭，以及一天的赞美诗和舞蹈。如果另一个神引发了疾病，那么将使用另一种仪式：赞美诗。至少在此，不一定是治愈性颂歌，而是阿波罗的特定仪式诗。

但这个故事还使用了因果关系的第二种范式；我们可以称之为仪式主义。当奥德修斯和他的代表团在克律塞的庇护所为神庆祝时，希腊军队进行了一场净化仪式，并自己进行了献祭——另一个公牛和山羊的百牲祭。因此，他们也通过仪式结束了疾病和瘟疫期。这里使用的范式是一种污染和净化的范式。同样，这场瘟疫是阿波罗愤怒的结果，因为阿伽门农侮辱了阿波罗的祭司：鲁莽的人类行为扰乱了人神之间的和谐与和平。和谐与和平必须恢复，而仪式净化达到了这一目的。净化并不像我们可能会想的那样是一种传染病后的物理净化，而是一种仪式行为，旨在恢复人神之间的和谐。尽管如此，净化一词不仅仅是一个比喻：众所周知，污垢会破坏现有秩序，任何被认为会破坏既定秩序的物质都可以理解为污垢。在我的书房中，陶工车轮上的黏土是我感知井然有序的世界的一部分；同样的黏土从我的鞋子转移到客厅的波斯地毯上是污垢，因为客厅的秩序使得地毯上没有黏土的空间。混乱和污垢必须清除，秩序必须恢复。荷马没有解释希腊军队是如何做到这一点的；他给出的唯一细节是他们把 lymata/λυματα［污水］，即垃圾扔进了海里（《伊利亚特》，1.314）。在真正的净化中，垃圾仅仅是污垢。仪式净化是一种象征性的行为，它使用净化的形象来达到目的；在这里，"垃圾"是指用于吸收象征性污垢的物质——就好像用来净化地毯的海绵不仅会被洗掉，还会连同全部污垢一起被扔掉。结束仪式的献祭——在海滩上用公牛和山羊祭祀阿波罗——标志着人与被他们激怒的神再次沟通的时刻。通常在祭祀结束时吃的一餐展示了重新建立的和谐，人和神在餐桌上再次找到了他们的和平。荷马讲述了 kníse/κνίση［烧祭的气味］，即供养众神的祭品所产生的烟如何升上天空，从而使人神交流得以恢复。

阿波罗的节日与庇护所

庇护所和节日在荷马史诗中并不突出（就此而言，在赫西俄德笔下也不突出；尽管赫西俄德在《劳作与时日》［*Works and Days*］历法部分提到了一些节日）。但重要的是，阿波罗的几个庇护所都被荷马提及，并且，在荷马所述为数不多的神圣接受者的节日之中就有阿波罗的。

节日在伊萨卡岛举行，就在那天，奥德修斯乔装成乞丐来到佩涅洛佩的宫廷，公开了自己的身份并向求婚者们进行了复仇。叙述者即兴讲述了这件事。求婚者们聚集在奥德修斯的大厅里,献祭了"大绵羊和肥山羊,肥猪和一头群牧的母牛"(《奥德修纪》,20.250f.)。他们还调了酒,准备再来一顿丰盛的膳食。在外面的城市也发生着同样的事情:传令官们带着百姓祭穿过城市,来到"远射神"阿波罗的圣林,伊萨卡岛居民聚集于此(《奥德修纪》,20.276—278)。城市的节日持续了整整一天,市民们不知道的是,随着射箭比赛在宫廷里慢慢展开的戏剧性事件,终将决定佩涅洛佩未来的丈夫。没有一个求婚者能够引开奥德修斯的强力弓用作竞赛的武器。在大多数人的尝试失败之后,最恶毒的安提诺奥斯对此感到厌倦,并提议将竞赛推迟到第二天早上。他认为伊萨卡岛人民正在庆祝阿波罗节,求婚者也应该在这天余下的时间里大吃大喝,而不是进行无聊的运动竞赛。第二天早上,献祭阿波罗之后,还可以继续完成竞赛(《奥德修纪》,21.258—268)。

当然,事实并非如此。弓箭手阿波罗主宰了这一天,以一种出乎求婚者意料的方式——他们总是对自己的行为过于自信,宣称"阿波罗和其他不死的众神明恩允"(《奥德修纪》,21.356[①])。而奥德修斯仍然乔装成乞丐,他得到了这把弓,轻而易举地将弓弦拉满,然后用箭射中了作为靶子的12把斧头。他祈求阿波罗惠赐荣誉(《奥德修纪》,22.7),在身份暴露后,

---

[①] 这句话在21卷的第365行。——译注

便将武器转向求婚者,第一箭就射死了傲慢的安提诺奥斯。《伊利亚特》已经不止一次地教导一个成功的弓箭手应该先向阿波罗祈祷;我们知道奥德修斯不会失手——尽管佩涅洛佩还不知道乞丐的真实身份,但她也认为阿波罗可能会通过弓箭赐他荣誉(《奥德修纪》,21.338)。

奥德修斯决定命运的射箭发生在伊萨卡城举行阿波罗"远射神"节的那天是很恰当的,阿波罗是箭术的守护神,也是无声杀戮的大师;宫廷里的屠杀并没有引起外界的注意。然而,事情可能远不止如此。乞丐奥德修斯两次预示国王奥德修斯会在"lykábas/λυκάβας[太阳的这次运转中]"归返(《奥德修纪》,14.160—162,19.305—307),尽管语言学家仍在争论这个希腊词的含义,但其最有可能的翻译是"新月日"。新月日是所有希腊城邦阴历中的第一天,就像上弦月(waxing quarter moon)为第七天,这对阿波罗而言是神圣的,因为他有时也被称为努美尼奥斯(Noumenios/Νουμήνιος),即"新月之神"(《劳作与时日》[*Works and Days* 770])。也许这不是普通的新月日,而是阳历年的第一天,正如人们所说:国王的回归正好是新年伊始,是宇宙秩序得以恢复之时。但这样的解释过于发散了——这个想法具有启发性,但又难以证明,国王在当月第一天,在标志着阿波罗身份的日子和属于他的节日期间回归,为荷马所述故事增加了更多深意。节日并不像求婚者所认为的那样,只是欢乐场合:它们赋予世界秩序和意义。

伊萨卡的节日大概在城外的树林中举行。当荷马提到庇护所时,通常意味着在现实中具有对应物,当然,前提是它位于希腊世界的地理范围内。在奥德修斯被暴风吹到的地方,也有庇护所,比如斯克里埃(Scherie/Σχερίη)岛港口的波塞冬神庙(《奥德修纪》,6.266)或位于奥德修斯等待瑙西卡(Nausicaa/Nαυσικᾶ)归来的岛屿上的雅典娜圣林(《奥德修纪》,6.291f,321);在许多方面,童话似的斯克里埃反映了理想的希腊国家。然而,目前没有考古证据可以证实,阿波罗在伊萨卡岛上的圣林反映了该岛的地形和崇拜现实。荷马提到伊萨卡岛上的另一个庇护所,即仙女的神圣洞穴——奥德修斯在夜间到达时将他的宝物藏于此处(《奥德修纪》,13.103f,347f),这早就被探索并描述过。或者更确切地说,发现特洛亚的德国商人、业余考古学家海因里希·施里曼(Heinrich Schliemann)描述了伊萨卡岛上一个壮观的、带有古代崇拜痕迹的洞穴,他认为那就是奥德修斯藏宝的地方。他比地理学家斯特拉波(Strabo/Στράβων)更信任荷马,两千年前,斯特拉波写道:"诗人没有清楚地描述凯法利尼亚岛(Cephallenia/Κεφαλληνία)、伊萨卡岛和其他邻近地方;因此,评论家和历史学家的意见大相径庭。"

(《地理学》[*Geography* 10.2.10])无论叙事背后的现实如何，将阿波罗庇护所作为族群男性公民集会的场所都具有内在的意义，特别是节日时间正好处于新年的情况下。诗歌的仪式细节具有宗教和社会意义，当然，没有事实证明其真实性。

特洛亚在荷马的 imaginaire[幻想曲]中比费阿刻斯人（Phaeacians/Φαίαξ）的岛屿更为复杂。他的叙述背后一定有某种地形现实，否则施里曼不可能仅凭《伊利亚特》就成功找到这座城市。特洛亚卫城佩尔加莫斯还有另一个阿波罗庇护所，如我们所见，这是一座神庙，勒托和阿耳忒弥斯曾在此治愈埃涅阿斯。至少在青铜时代的特洛亚，我们不应期望能找到比雅典娜神庙更多的神庙痕迹。正如一位德国学者所坚持的，《伊利亚特》并非历史教科书。铁器时代的特洛亚，在公元前8世纪以伊利昂（Ilion/Ἴλιον）为名建立，其卫城有一座雅典娜神庙，但这个庇护所与荷马的叙述有何关系尚不清楚。它是否更早并且独立于此？叙述者是一个熟悉该地区的东希腊人，他是否描述了一个已知现实，包括女神奇特的坐姿，特阿诺（Theano/Θεᾱνώ）女祭司将祭品置于女神膝盖之上？或者——最极端的可能性——庇护所的建造是因为荷马的叙述才如此引人入胜吗？无论两者关系如何，都没有迹象表明存在相应的阿波罗庇护所。荷马的特洛亚城及其城市崇拜，与铁器时代早期的希腊殖民者在青铜时代引人瞩目的城镇废墟中建立的小规模定居点没有任何联系；重要的是这两个主要的神圣对手，雅典娜和阿波罗，上演着特洛亚人的悲剧。荷马时代，许多希腊城市的卫城都设有雅典娜庇护所，如希俄斯（Chios/Xíος）岛上的海港小镇恩波里奥（Emporio/Εμπόριο），克里特岛上气象堂皇的城市高廷（Gortyn/Γόρτυν），或雅典；然而，设有阿波罗神庙的城市就很少见了。

克律塞的阿波罗情况则不同，他的祭坛目睹了当地祭司的女儿克律塞伊斯的归还，克律塞斯也多次为他的庙宇盖顶，正如他第一次祈祷时所说的那样（《伊利亚特》，1.39）。因此，庇护所不仅仅是我们在伊萨卡听到的简单小树林：除了足以定义庇护所的祭坛之外，它还有一座（大概是木制的）带有茅草屋顶的庙宇，一位有地位和权力的祭司。荷马史诗并未提及太多祭司，除了克律塞斯，还有特洛亚的雅典娜女祭司特阿诺（《伊利亚特》，6.299），以及特拉克的伊斯马洛斯城（Ismaros/Ἴσμαρος）的阿波罗祭司马戎（Maron/Μάρων）——他"住在树木繁茂的圣林中"，并赐予奥德修斯酒酿帮助他逃离独目巨人波吕斐摩斯（Polyphemus/Πολύφημος）(《奥德修纪》，9.200f）——毕竟，据说马戎是狄奥尼索斯的孙子（赫西俄德［Hesiod］，《残篇》［*Fragment* 238］），而且任何希腊祭祀都离不开酒。特阿诺是特洛亚贵族首领安特诺尔（Antenor/Ἀντήνωρ）的妻子，她是一位典型的城市女祭司，也是当地贵族成员，由公民选举担任公职；公职需要与专业知识一样多的社会认同和威严。从后来的希腊公民宗教的角度来看，特阿诺代表了整个希腊世界中普遍存在的女祭司或祭司类型。特洛亚的两位祭司似乎也是如此，赫菲斯托斯（Hephaestus/Ἥφαιστος）的祭司达瑞斯（Dares/Δάρης）（《伊利亚特》，5.9f）和伊达山（Idaean/Ἰδαίου）的宙斯的祭司拉奥戈诺斯（Laogonos/Λᾱόγονος）（《伊利亚特》，16.604），属于城市的贵族，且他们的儿子在与希腊侵略者的战斗中牺牲。阿波罗的两位祭司似乎完全不同——更威严，更接近他们的神，并且完全忠于他。马戎，神的孙子，常住圣林，是一位献身于神圣仪式的专业祭司；克律塞斯侍奉他的神的时间也很长，并且多次为神庙屋顶盖过茅草。当克律塞斯首次出现时，荷马称他为 aretêr/ἀρετή，"强大的语言专家"，即祈祷和诅咒；他对阿波罗的祈祷顷刻变成了对希腊人的诅咒。这是一个非同寻常的词，通用的希腊术语是 hiereús/ἱερεύς，这个词指"从事神圣工作"的专家，正如 chalkeús/χαλκεύς，"铁匠"则是"作业于青铜"（chalkós/χαλκός［铜］）的专家。预言神阿波罗，是一位拥有强大话语权的神，也是一位依赖于专门祭司进行预言崇拜的神，我们即将看到，这些祭司毕生致力于为神服务。

克律塞斯在祈祷中称他的神为鼠神,这位神不仅是克律塞的主神,也是基拉(Killa/Κίλλα)和特涅多斯(Tenedos/Τένεδος)的主神。特涅多斯是特洛亚海岸附近的一个小岛,而基拉一定是斯特拉波未能找到的在他的时代之前就被遗弃的附近小镇。古代博学的荷马评论家向好奇的读者介绍了阿波罗·基拉俄斯(Apollo Killaios/Ἀπόλλων Κιλλαῖος),"基拉的神"。他的庇护所位于莱斯博斯岛(Lesbos/Λέσβος):名字源于伯罗奔尼撒半岛,它由英雄佩罗普斯(Pelops/Πέλοψ)建立,以纪念他的车夫基洛斯(Killos/Κιλλός),车夫在穿过该岛时突然死亡——一个年轻人的突然死亡,阿波罗被认为责无旁贷。但是,荷马指的可能不是这一庇护所——莱斯博斯岛更偏南,而克律塞斯似乎更注重当地。

无论如何,克律塞的阿波罗·鼠神庇护所在古代众所周知,至今仍然可见。它位于远离特洛亚西海岸的内陆,在特洛亚以南约25英里处。18世纪中期以来的早期旅行者——他们记得《伊利亚特》(或随身携带着这本书)——发现并记述了它。一些人甚至挖掘出了宏伟的列鼓和一些铭文,以证明在罗马帝国时代,的确有一位当地贵族保洛斯(Paulos)赞助了运动会:荷马的名望为这闭塞的小地方增添了几分魅力。除了希腊定居者在青铜时代就已经在神圣的地方建立了庇护所这一事实，目前的挖掘还没有发现其他任何引入注目的东西。有些地方的确可以长期保留神圣的记忆，即使没有实体上的崇拜延续。因此，没有必要假设荷马笔下的阿波罗·鼠神就是青铜时代的神。

但这个神是什么样的神呢？与许多别号不同，鼠神并未立即告诉我们："鼠神这一名字对于人种学家而言是一个困惑，并为人类学提出了一个有趣的问题。"（法内尔［L.R. Farnell］，《希腊城邦的崇拜》［*The Cults of the Greek States*］，vol. IV 164）。而且希腊人似乎对此术语也有疑问。但是，对解释的需求必定出现得很早，尤其是像荷马这样的作家，他的文字对希腊人的教育和自我定义非常重要：在古风和古典希腊时期，那些凭记忆背诵荷马史诗的吟诵者，已经被问及文本中陌生语词的含义。他们必须回答，毕竟，他们是公众人物。博学的评论家告诉我们，鼠神这个别号从当地方言老鼠一词衍生而来。后来有人继续说，这些当地人移民自克里特岛，那里的老鼠仍被称为 sminthos/σμίνθος。他们讲了两个故事来解释那令人厌恶却无辜的啮齿动物和希腊最崇高的神灵之一有何关系，但两种说法都站不住脚。根据第一种说法，克里特人在神谕的指引下移民到黑海，神谕告诉他们要建立一个庇护所和一座城市，在那里"生于大地的人"（gêgeneis/Γηγενεις）会袭击他们；他们一定是带着恐惧乘船离开了,因为"生于大地"是巨人们的标准遁词,他们的母亲是"大地"盖娅(Gaia/Γαῖα)。当他们后来在克律塞的海岸上过夜时,老鼠吃掉了他们武器上的所有皮革。因此,他们遭到了"生于大地"的生物出乎意料的攻打并被击败,于是他们理解了神谕,建立了城市和庇护所,并且,阿波罗是克里特岛的重要神灵,便将其献给了阿波罗·鼠神(斯特拉波[Strabo],《地理学》[*Geography*]13.604,出自以弗所[Ephesus/Ἔφεσος])的卡利努斯[Callinus/Καλλῖνος])。第二个故事讲述了阿波罗对当地一位祭司的愤怒,愤怒的神派遣老鼠到他的土地上,使土地荒芜。祭司的一位朋友安抚了神,让他射杀了老鼠,于是心怀感激的祭司创立了"鼠神阿波罗"的崇拜(荷马的注释者,《伊利亚特》,1.39,出自伊利昂的波勒莫[Polemo/Πόλεμο])。这两个故事都是由了解当地情况的人所述:伊利昂的波勒莫生活在公元前100年左右,来自继特洛亚之后的城市;而以弗所的卡利努斯是一位诗人,生活在公元前650年左右,居住在西小亚细亚南部海岸的一个重要城市。这座庇护所和荷马的故事一定在卡利努斯时代就已广为人知,而以弗所离他很近,他也去参观过了。然而,这两个故事都是为了解释这种崇拜而产生的,它们都出于sminthos/σμίνθος意指老鼠这一观点:我们无法确认这是否真实。我怀疑克里特岛人称啮齿动物为 sminthos/σμίνθος [鼠],但是特洛亚居民却不这样,他们说的是完全不同的方言,这就解释了引入克里特岛移民的叙述需求。因此,无论是古代崇拜神的人,还是荷马的听众,都很难理解 Smintheus/Σμινθεύς 这个词。由于这一地区有多种阿波罗崇拜,并且带有 –int– 的词属于比较古老的非希腊语言,因此,这一别号很可能是保留了一个被阿波罗取代的本土神灵的名字。

无论词源的准确性如何,希腊人都坚信它与老鼠有关。另一位当地作家告诉我们,庇护所里有圣鼠。当地人想要增强庇护所的形象时,他们就求助于其时代(公元前 4 世纪)最著名的雕塑家之一——帕罗斯(Paros/Πάρος)的斯科帕斯(Scopas/Σκόπας)。斯科帕斯为他们制作的不是一幅新的阿波罗像(那肯定过于昂贵),但至少有一只美丽的大理石老鼠置于现存神像的脚下(斯特拉波 [Strabo],《地理学》[*Geography*, 13.604]);帝国时期的当地钱币也用老鼠来表现神。因此,阿波罗被理解为灭鼠神,这至少是两个故事之一的暗含之义,并且它还与其他一些全能的神避开卑贱害虫的案例相关联。

对于现代人而言,现代欧洲早期通过啮齿类动物(鼠科动物而非老鼠)传播的毁灭性瘟疫的经历使他们变得更加明智,将瘟疫传给希腊人、杀死骡子、狗和人的鼠神阿波罗是不可抗拒的：荷马一定知道啮齿动物如何传播瘟疫，因此希腊人遭受虫害或瘟疫蹂躏时，必定会求助于他。然而，没有其他迹象表明希腊人知道这种联系，没有哪座城市遭受瘟疫侵袭时，求助于阿波罗·鼠神——一些城市请求德尔斐（Delphi/Δελφοί）或克拉鲁斯（Clarus/Κλάρος）的阿波罗神谕，而罗马人则建立起"医生"阿波罗·梅迪库斯（Apollo Medicus）的崇拜，这似乎更为明智。把阿波罗、老鼠和瘟疫联系在一起是我们一厢情愿的结果，看到阿波罗和简单的老鼠联系在一起，我们也许会感到惊讶。然而这种惊讶是现代的，就像对瘟疫传播方式的洞察一样。

除了这些在两首诗中发挥作用的地方神殿外，还有两个主要的希腊阿波罗神殿在得洛斯（Delus/Δῆλος）和德尔斐：《伊利亚特》和《奥德修纪》的叙述者都提到过。得洛斯岛的庇护所只出现在一个小插图中：奥德修斯总是充满魅力，他把纤瘦的瑙西卡比作他曾经在得洛斯岛上的阿波罗祭坛旁边看到的美丽棕榈树（《奥德修纪》，6.162）。德尔斐则更加显眼，尤其是因为它的石庙给习惯了木制建筑的同时代人留下了深刻印象：荷马两次提到福玻斯·阿波罗在"多岩石的德尔斐"的"石门槛"——一次提到了里面收藏的财宝（《伊利亚特》，9.404f）；第二次是阿伽门农"跨过石门槛获得神谕"（《奥德修纪》，8.80）。阿波罗的主要神谕在我们通过荷马的诗篇看到希腊世界的那一刻就建立，并且在整个希腊世界产生了影响。

荷马的阿波罗颂

阿波罗在得洛斯和德尔斐的崇拜是后来一篇《荷马颂诗：致阿波罗》（*Homeric Hymn to Apollo*）的中心主题。这首颂诗是希腊六音步颂诗的一部分，六音步颂诗可以分为两组：五首古风时期和古典时代早期的长颂诗，以及二十八首短颂诗，其中很多都不成熟。在某一时期，它们都被认为是荷马的作品，因为它们都是六音步诗，至少较长的颂诗语言或多或少与《伊利亚特》和《奥德修纪》的语言存在一致性。此外，它们都被视为希罗多德所述"荷马和赫西俄德将他们的神赐予希腊人"计划的一部分：它们对广为人知的希腊诸神形象作出了贡献，所以它们必定是荷马的作品。

《致阿波罗颂诗》是全集的第三首，也是唯一一首表达了作者本人的作品：他是"一个生活在希俄斯的盲人"（173）。雅典历史学家修昔底德（Thucydides/Θουκυδίδης）（约公元前400年）将此解读为荷马的自画像（《历史》[*Histories*]3.104），然而，一位近代的古代评论家不同意这种说法，并给出了确切理由："希俄斯的基奈索斯（Kynaithos/Κυναιθος），是首位在叙拉古（Syracuse/Συράκουσαι）第68届奥林匹亚盛会上背诵荷马史诗的人。"（据品达[Pindar]的评论员说，《涅嵋凯歌》[*Nemean Odes* 2.1]）出现在公元前504—前501年，对于颂诗而言太晚了，大多数学者认为它出现于同一世纪更早的时期。但这只是围绕这篇颂诗的两个困惑之一。另一个是它的结构：它整齐地分为两部分——得洛斯部分和德尔斐部分——事实上，它整齐到使大多数学者认为它是由两首最初独立的阿波罗颂诗组成的，或者第二部分是第一部分的延续；这两部分以一种惊人的方式相呼应。所有重要颂诗都与诗文中谈及的当地特定崇拜密切相关，颂诗最初必定在这种崇拜活动中进行表演——《致德墨忒耳颂诗》（*Hymn to Demeter*）提到了厄琉西斯（Eleusis/Ἐλευσίς）的神秘，《致阿芙洛狄忒颂诗》（*Hymn to Aphrodite*）讲述了特洛亚的地方家庭，《致赫耳墨斯颂诗》（*Hymn to Hermes*）述及伯罗奔尼撒半岛（Peloponnesus/Πελοπόννησος）上赫耳墨斯的运动竞赛。多数学者认为，得洛斯部分与阿波罗在得洛斯岛上的崇拜有关，而德尔斐部分与德尔斐有关，或可能与当地阿波罗·得利俄斯（Apollo Delius/Ἀπόλλων Δήλιος）和皮提俄斯（Pythius/Πύθιος）的崇拜有关。这种崇拜非常普遍。这两个部分的结合可能是其在阿波罗·得利俄斯和皮提俄斯的联合节日上的表演所致，比如萨摩斯岛（Samos/Σάμος）的僭主波利克拉特斯（Polycrates/Πολυκράτης），曾在公元前522年以该表演庆祝萨摩斯岛在他的统治下取得爱琴海岛屿国家中的优势地位。然而，最近一位翻译家在这首颂诗中发现了一种三分结构：在引言（1—50）之后，文本设置了从阿波罗在得洛斯（51—126）的诞生，到阿波罗在奥林波斯诸神中的首次亮相，其中还包括作者的自画像（127—182），再到主要的神谕圣地德尔斐（183—544）的大量基础故事。这将给波利克拉特斯理论带来一些值得商榷的地方，但并没有完全推翻它：颂诗仍然围绕着得洛斯和德尔斐两部分展开。

无论这些关于作者身份和起源问题的答案是什么，它们都对文本叙述的故事影响甚微；至于时间问题，保守估计应该是在公元前6世纪。颂诗是关于神最详尽的文学文献，他的神话故事，以及他的两个华丽雄伟的主要崇拜场所，均在神话叙述和许多直接赞美神的祷词部分得到体现。叙述以射手神进入奥林波斯山时强烈地唤起了人们对他的回忆开始，诸神正闲聚在此。他的突然到来甚至在同辈中也引起了恐慌："他一到，当场拉开闪闪发亮的弓，所有人都从座位上跳了起来。"诗人认为，这种情况绝不止一次发生，但神总是这样降临——他进入《伊利亚特》，满腔怒火，"如黑夜一般"，绝非巧合。只有坐在宙斯身旁的母亲勒托，冷静地拿走儿子的弓和箭袋，并将其挂在宙斯王座旁边的金钉上。随后,他的父亲用金杯为他盛了一杯酒,以示欢迎。他的箭术,对凡人而言是致命且出乎意料的,甚至令诸神也感到恐惧。与此同时,他显然是宙斯最宠爱的儿子,他的母亲的地位甚至超越了宙斯的法定妻子——经过合法婚礼的女神赫拉,至少在整个家庭的画面中是如此。诗人接下来的祷词集中在勒托身上,"神庇佑你,因为你诞下了两个光芒四射的孩子,阿波罗神和阿耳忒弥斯女神,阿耳忒弥斯女神生于奥提伽(Ortygia/Ὀρτυγία),阿波罗神生于得洛斯岛"(14—16)(图1)。在后续文本中,我们将会听到阿波罗向人类揭示他父亲的忠告:没有人比宙斯的宠儿更了解它。

这段祷词为第一个长篇神话故事作了铺垫:诗人即将叙述的是阿波罗在得洛斯的诞生。他一宣布这一主题,就又激动得忘乎所以。在一份长长的地理学目录中,他描述了阿波罗的势力范围:"你统治着所有人。"从克里特岛和雅典(Athens/Ἀθήνα)到爱琴海(Aegean/Αἰγαῖος)诸岛和伊奥尼亚(Ionia/Ἰωνία)诸城,希腊东部就是整个世界。然而,出乎意料的是,这份目录变成了孕有子嗣的勒托想留下来分娩但被拒之门外的地方名单。只有得洛斯岛轻易被说服:因为勒托强调,这是一个贫瘠多石且无法凭借其他方式获取名声的岛屿。得洛斯同意了,但也很谨慎:"他们说阿波罗将过于暴力,他是诸神和凡人中最强大的力量。"(67f.)难道他不会对如此没有吸引力的出生地感到失望,然后一脚踢沉这个岛?勒托发誓说,这里"将永远矗立着福玻斯的芳香祭坛及其庇护所"(87f.)——然而,关于得洛斯也有充分理由要求的神谕圣殿,却只字未提,尽管有阿波罗神韵,但得洛斯却没有神谕。不过,得洛斯也拥有远远超出勒托承诺的阿耳忒弥斯庇护所和勒托神庙,神庙至今仍以通向它的白色大理石狮子巷而闻名。而这些神殿可能是在颂诗之后出现的。

图1:奥林波斯诸神中的阿波罗和阿耳忒弥斯,波塞冬在阿波罗的左侧。帕特农神庙壁缘的一部分,约公元前440年。雅典卫城博物馆。图片版权归维多/纽约艺术资源所有(Apollo and Artemis among the Olympian gods, with Poseidon to the left of Apollo. Part of the Parthenon Frieze, ca. 440 BCE. Acropolis Museum, Athens. Copyright Photo Verdeau/Art Resource, NY)

然而，即使在得洛斯，分娩也需要时间。善妒的赫拉阻止了分娩女神埃勒提雅（Eileithyia/Εἰλείθυια）照顾她的情敌；经过九天的阵痛，埃勒提雅才终于来到勒托身边。勒托紧紧抱着一棵棕榈树，生下了孩子，"她身边的众女神高声呼喊着"，就像凡人母亲的同伴一样。同凡人婴孩一样，新生的神也要被洗净并包裹着。但是，一旦他吃了神酒和神肴，就会褪去裹在身体上的衣物，并召唤出自己神圣力量的属性："七弦琴和弯弓属于我，我将向人类揭示宙斯不变的忠告。"（131f.）音乐和射箭——同一根弦的行善和致命用途——属于他，还有预言，因为他与父亲非常亲近。然后他离开了，去看这个世界。

然而，诗人关于世界的叙述非常短暂。他的目光很快又回到了得洛斯和岛上的主要节日上，"伊奥尼亚人身着长裙，与他们的孩子和贤妻聚集于此。他们正在组织游戏，以拳击、舞蹈和歌唱向您致敬"（149f.）。我们再次聚焦于东希腊人：阿波罗，虽然是所有人类的神，但主要是伊奥尼亚人的主神，这些希腊人居于爱琴海岛屿中部和邻近的安纳托利亚西海岸，大概在北部城市福凯亚（Phocaea/Φώκαια）和南部城市米利都、普里埃内（Priene/Πριήνη）和米攸斯（Myous/Μυούς）之间。在得洛斯的年度节日上，他们庆祝、巩固和更新他们的城邦联盟，这些城邦在公元前6世纪都相当富有和骄傲，希俄斯就是其中之一，唱颂诗的盲诗人正是出自此地。比赛的主题具有悠久的阿波罗历史。当阿契亚（Acheans/Ἀχαιός）的年轻人在克律塞庇护所表演圣歌时，阿波罗已经钟爱唱歌和跳舞了，即 molpé/μολπή［歌舞］，因为他本身就是一位杰出的音乐家：每当诸神在奥林波斯山宴饮时，他的音乐和缪斯（Muses/Μοῦσαι）女神的歌声便为他们提供愉悦，这不仅是《伊利亚特》告诉我们的（《伊利亚特》，1.601—604）；这首颂诗也同样描绘了如此神圣的宴会，并补充说在奥林波斯山上，可爱的美惠三女神（Graces/Χάριτες）、年轻英俊的阿瑞斯和赫耳墨斯也在跳舞（193—201）。拳击是伊奥尼亚人在得洛斯形成的唯一一项格斗运动，也是阿波罗的另一项特权：正如阿喀琉斯宣称的那样，在帕特罗克洛斯的葬礼上，神会奖赏拳击比赛中"有毅力"的人（《伊利亚特》，23.660）。在希腊文化中，拳击和舞蹈一样，是年轻人的运动：这是"宙斯的儿子"狄奥斯库里（Dioscuri/Διόσκουροι）最擅长的运动，并且在锡拉岛（Thera/Θήρᾱ）（圣托里尼岛，Santorini/Σαντορίνη）的米诺斯（Minoan/Μίνως）壁画中，它已经被描绘为一项属于男孩的运动。

从得洛斯到安纳托利亚，穿过吕西亚，"可爱的墨奥尼埃（Maeonia/Μαιονία）和米利都，美丽的海上城市"（179），诗人让他的神走向德尔斐，或如他所说的"多岩石的皮托（rocky

Pytho)"（183）；神身着音乐家长斗篷，弹奏着他的七弦琴。德尔斐曾是音乐中心，其音乐比赛早已远近闻名。

在对神进行了新的祈祷之后，诗人开始讲述第二个神话，即阿波罗寻找神谕圣地的故事。他跟随离开奥林波斯山（确切位置在希腊东北部）的神，先向南走到攸卑亚岛（Euboea/Εὔβοια），然后向东走到后来的忒拜，"那里没有街道，也没有道路穿过盛产谷物的平原，只有森林"（228）：我们面对的是原始时代，没有农业或道路，尽管诗人描述的路线是遵循历史时期的主干道。有时阿波罗会停下来查探某地，有时是诗人暂停以添加冗长的描述；但神总是不满意，继续前行，直到他抵达特尔弗萨（Telphusa/Τελφοῦσα），一个拥有美丽泉水的静谧之地。他即刻就喜欢上了这个地方，打算建造"一座庙宇和一片繁茂的树林"，并开始打地基。然而，神圣之泉对于自己所在地即将成为阿波罗主要祭拜地的境况感到沮丧，因此想出了一条诡计。她提醒他，每天都会有许多马和骡子过来喝她充裕的水，更糟糕的是，许多战车和快马会干扰到未来庇护所的信徒。如果他爬上孤寂的山脉，到"帕耳那索斯山（Parnassus/Παρνασσός）山脊下"的克里萨（Krisa/Κρῖσα），他会过得更好。作为精明的心理学家，她敏锐地捕捉到阿波罗正在寻找一个安静的地方。神最终来到了特尔弗萨推荐的地方："克里萨位于帕耳那索斯雪山之下,在一个朝南的山坡上,陡峭的岩石耸立其上,下面则是深谷"(283—285),即使对现代读者而言,这一描述也具有启发性。他迅速打下神庙的地基,凡人建筑师特罗丰尼乌斯(Trophonios/Τροφώνῐος)和阿伽墨得斯(Agamedes/Ἀγαμήδης)为其筑起石头门槛,"无数民族的人用紧密相连的石头,建造了这座庙宇,这永远是一个奇迹"。这座希腊最早的石制庙宇之一的建筑成就给诗人留下了深刻印象。我们缺乏关于其外观的信息。公元前548年,这座神庙毁于大火,遗址发生了翻天覆地的变化。但是,建筑史学家仍然很欣赏那至少可以追溯到公元前7世纪的排水系统。它的工程质量很好地证明了与之配套的庙宇有多么令人震撼。

颂诗将阿波罗描绘为拓荒者:他把建筑和崇拜的文明力量带入了山野。另一些叙述则不同意,并给阿波罗和他的神庙都赋予了史前史。作为神谕的神祇,阿波罗的前身是忒弥斯(Themis/Θέμις),她是继"大地"盖娅之后的神(埃斯库罗斯[Aeschylus],《善好者》[*Eumenides* 2f.])。在特罗丰尼乌斯和阿伽墨得斯建造出石庙之前,这里最初是月桂树小屋,然后是阿波罗从希帕波利亚(Hyperboreans/Ὑπερβορέοις)带来的蜂蜡和羽毛建成的圆庙,最后是诸神建造的青铜神庙(品达[Pindar],《颂歌》[*Paean* 8];帕萨尼亚斯[Pausanias],《希腊志》[*Guide of Greece* 10.5—13])。我将回到这个有趣的史前时代,在此我要强调的是,颂歌的诗人并未讲述这样的故事。他的神过于强大,因此没有前身,而他所知的这座石庙也过于宏伟,以至于再塑造其他的建筑奇迹就会削弱它的成就和辉煌。

然而,神谕并不能即刻生效;阿波罗心烦意乱,且受到威胁。特尔弗萨远比这位青年神想象的还要狡猾,她使他陷入极大的危险。德尔斐并未被遗弃:一只怪物——一条巨大的雌蛇住在我们所知的卡斯塔利亚圣泉(Castalia/Κασταλία)旁。射手神轻松而迅速地杀死了她:诗人对这场他和他的观众都清楚结局的战斗并不感兴趣,而将注意力放在后续冗长的题外话即蛇的故事上。她在神话中享负盛名的主要原因是,她曾是怪物提丰(Typhon/Τυφῶν)的奶母。当宙斯从他的头上生出雅典娜时,赫拉就生下了提丰。受到轻视的妻子决定报复丈夫。毕竟,他不仅经常欺骗她,现在甚至还侵犯了她为他们孕育子嗣的特权。

这不仅仅是一种炫耀诗人才能的神话点缀。毕竟,提丰是宙斯王权的主要威胁,赫西俄德详细描述了提丰争夺权力之后的宇宙大战(《神谱》[*Theogony* 820—867])。在这个神话的后期版本中,宙斯甚至被他可怕的敌人抓住,动弹不得,赫耳墨斯不得不出手营救他(阿波罗多罗斯[Apollodorus],《书库》[*Library* 1.6.3])。阿波罗的胜利则相当优雅,与神相称。

与怒蛇（又称为龙）搏斗的神话总是处于混沌的原始时代到有序的现代的转折点上。所有与蛇搏斗的东方之源，来自巴比伦（Babylonian/Βαβυλώνιος）神话中年轻的主神马耳杜克（Marduk）与混沌母神提亚玛特（Tiamat）的斗争，这发生在天地创造之前；这首诗歌曾在巴比伦一年一度的新年庆典上被人吟诵。阿波罗神谕的基础也遵循着同样的模式：这是一种具有宇宙维度的神话壮举，标志着我们所知世界之始。难怪阿波罗和他的德尔斐神庙都没有先辈，而忒拜，希腊神话传统中仅次于特洛亚的最强大、最神奇的城市，当时还不存在；我们听说的唯一一座人类城市属于尚无法纪的弗列古安人（Phlegyans/Φλεγύης）(278)。

阿波罗射杀了蛇之后，并未掩埋尸体，而是让它在烈日下腐烂。这不仅是对横行无忌的怪物的适当惩罚，也为德尔斐的史诗名皮托提供了词源：希腊语的词根 púth/πύθ——意为"腐烂"，与我们的形容词"腐败的"相关。然后他向那阴险的泉水复仇，用一块巨石盖住她的水域，又在附近筑起自己的祭坛。自那天起，特尔弗萨就成了一股泉水，只能从一块大石头下面汨汨而出。

但庇护所仍未完工。阿波罗需要公仆来执行祭祀和宣告神谕。望向大海，他看到一艘克里特船正驶向伯罗奔尼撒，他化成海豚的样子，把惊慌失措的商人们赶进科林西亚（Corinthian/Κορίνθιον）海湾的德尔斐港克里萨，并命令他们在岸上为阿波罗·德尔斐尼俄斯（Apollo Delphinios/Ἀπόλλων Δελφίνιος）"海豚之神"建造祭坛，并在之后跟随他沿着陡峭的山路前往德尔斐。商人们并不乐意成为神圣的人，当他们看到神庙附近荒凉的山野时，他们反叛道："神啊，我们如何生存？请给我们解释一下：这个美丽的地方既没有田地，也没有港口。"（528f.）阿波罗既高兴又恼怒，答案很简单："你们每个人，右手执刀，要永远宰羊；它们会被大量备好，因为凡人将把它们献给我。"（535f.）德尔斐神庙的经济既不需要海上商业投资，也不需要农耕劳作，谁想向神寻求神谕，谁就必须先献上一只羊，而祭司们，正如我们所知，可以得到他们应得的肉和皮。神不仅是一个敏捷的射手和出色的建筑师，也是一个聪明的宗教企业家，他选择商人作为他在德尔斐的祭司是有原因的。把钱商赶出神庙的是基督，而不是阿波罗。

得洛斯和德尔斐是阿波罗在希腊世界的主要庇护所，在颂诗中，它们的存在几乎和神一样古老。但这两个地方都不太可能成为重要的庇护所，颂诗诗人很清楚：无论是一座小岛——不过是大海中的一块岩石，还是高耸崖边的小祭坛，似乎都不是为吸引熙熙攘攘的人群而建造的主要庇护所；在大城市或者至少是在容易到达的平原上——比如宙斯在奥林波斯山的庇护所，或位于两条主干道交汇处的特尔弗萨泉——可能是更显眼的选择。阿波罗也有他的城市神庙，比如特洛亚的神庙，但他也拥有远离城市、位于山顶或森林中的圣林。

小结

综上所述,荷马史诗中的阿波罗有很多特征,也有很多面孔。他是特洛亚城的保护者,曾帮助人们修建了特洛亚城墙,就像他在德尔斐建造他的神庙一样。他是青年男子的保护者,在他们从少年时期过渡到青春期时,他接收了他们的头发。但他也是一个敏捷而悄无声息的男性杀手,他的武器是弓,技艺是射箭,他同时也是拳击手和颇有造诣的音乐家,他的乐器是七弦琴,最喜欢的歌曲是伴着舞蹈的颂歌。他的庇护所通常在人类居住区之外,往往是一片神圣的树林,有一个祭坛,但没有庙宇;另一方面,希腊最古老、最宏伟的石庙之一就是他的神庙。最后,他是预言的守护神:他是宙斯最宠爱的儿子,正如雅典娜是宙斯最宠爱的女儿。因此他能接近宙斯的意志,并且将其传达给人类。

对于任何一个头脑清晰的人而言,这一大堆细节很难不让人感到困惑。早期研究希腊宗教的历史学家致力于一种进化论的模型,他们试图将数据从一两个基本功能开发成一个复杂的模型,但他们无法就细节达成一致。这种模型现在已经受到广泛质疑,而我们必须找出其中是否存在某种潜在的秩序。

二、音乐家阿波罗

弓和七弦琴

当阿波罗出生后不久，还留在得洛斯帮助他活下来的女神身边时，他就明确了自己的势力范围："让七弦琴和弯弓为我所有，让我向人类宣告宙斯的忠言。"（《荷马颂诗：致阿波罗》[*Homeric Hymn to Apollo* 131f.]）音乐——或更确切地说，对于希腊人而言，是 mousikē/μουσικη［乐］，器乐、歌曲和舞蹈的结合。在射箭和预言领域，颂诗作者看到了阿波罗的力量在发挥着作用。我们在第一章谈到了射箭，第三章我们将讨论预言，在本章，我们会讨论七弦琴，同时要意识到分割复杂的阿波罗世界非常棘手。颂诗本身把这三者结合了起来。阿波罗主要神谕的基础在德尔斐——或者更确切地说，在颂诗的观点中，那是他第一座最重要也是最独特的神谕圣殿——是第二个主题，以及他的出生。但弓和七弦琴同样重要。诗人两次向观众展示阿波罗进入奥林波斯山的画面，两次都强调阿波罗给他的同伴留下了深刻印象。在颂诗开头，阿波罗参加了奥林波斯山诸神的集会，他备好弓：诸神惊恐万分，"所有人都从座位上跳了起来"，但勒托平静地"收起箭袋，从他结实的肩膀上取下了弓，将它挂在他父亲旁边柱子的金钉上"。这是阿波罗显现的永恒场景，以神的力量来打动观众，神既是颂诗的收受者，又是颂诗的主题，它为青年神的胜利作好了准备——他可以轻易地射杀住在德尔斐山上的巨蛇。颂诗中第一次现身与第二个奥林波斯山场景形成了鲜明的对比，年轻的神第一次来到奥林波斯山，是在得洛斯降生后不久。他一进入会场，"不朽的心灵转向了七弦琴和歌声"（188），缪斯女神唱了一首关于神和人的颂诗。"美丽的美惠三女神和欢乐的时序女神，与和平女神、青春女神，还有宙斯的女儿阿芙洛狄忒一起，手牵着手跳舞。"（192—194），阿耳忒弥斯、阿瑞斯和赫耳墨斯也加入了他们。"但是福玻斯·阿波罗弹奏着七弦琴，迈着优美而高亢的步伐。"（200）

没有其他两种场景能如此不同：惊恐和畏惧与欢乐相映成趣，甚至将嗜血的阿瑞斯也变成年轻的舞者。欢乐和恐惧都属于这个神，并且紧密相连。阿波罗既是掌管突然死亡的神，也是掌管音乐喜悦的神。

MOUSIKĒ[乐]和古希腊社会

我们可以把奥林波斯山上壮丽的歌舞场面分为两种不同的活动：年轻男女的舞蹈，以及九位年轻女子的合唱表演。二者都在阿波罗的七弦琴指引下进行。他的音乐表演将它们联系在一起：它是歌唱文本、器乐和群舞的结合，希腊人称为mousikē/μουσικη[乐]，一些当代学者称为"歌舞"。

在希腊古风时期，和其他传统社会一样，这种唱歌、跳舞和演奏乐器的综合体不仅仅只是娱乐。它在早期希腊几乎普遍存在，从荷马的希腊生活图景中可以看出，神圣的铁匠赫菲斯托斯用其装饰了他为阿喀琉斯制作的新盾牌（《伊利亚特》，18.483—608）。神和叙述者从两个相对的城市开始——一个快乐的，一个不幸的。当不幸的城市遭到敌军的攻击时，快乐的城市会出现两个特征：正义和节日。在它的集市上，公民参加谋杀审判，正义得以伸张；还有，"那里举行婚礼和庆典"，伴随着新娘的游行和婚礼歌曲，"年轻的舞者旋转着，其中散发出长笛和七弦琴的声音"。后来，诗人描绘了一幅神圣图景，葡萄园里满是饱满成熟的葡萄，年轻男女正在采摘："在他们中间，一个男孩弹着七弦琴，甜美而充满希望，他用清澈的声音唱着美丽的丰收之歌（línos/λίνος［歌］），他们一起打着节拍，跟着他，唱着、喊着、跳着。"最后，还有一个跳舞的地方（khóros/χώρος［空间］），"例如代达罗斯（Daedalus/Δαίδαλος）在克诺索斯（Cnossus/Κνωσός）为有着美丽秀发的阿里阿德涅（Ariadne/Ἀριάδνη）建造的迷宫"。青年男女手牵手跳着舞，女孩们戴着花环，男孩们佩着金剑，他们的舞蹈复杂而精巧，"一大群人站在跳舞的地方，充满欢乐，其中有两个小丑引领歌舞（molpḗ/μολπή），在他们中间旋转"。

快乐的城市充满娱乐气息，在最后一个场景中，有一个观众、两个专业表演者，但这也是一种没有背景的表演场景，详述错综复杂的舞蹈动作——这是一段精湛的叙述。不过，这可能不仅仅是纯粹的娱乐和精湛技艺。青年男女未婚，但已为成婚作好了准备，他们的舞蹈展示了对婚姻的准备和渴望。于男性而言，这种舞蹈还表明他们作好了成为公民的准备：他们知道如何进行团体合作，并携带着自由公民的武器。收获的景象结合了认真的劳作——采摘葡萄——跳舞和唱歌。在葡萄园里工作的年轻人由年轻的七弦琴演奏者引领，像舞蹈合唱队一样协作。唱歌和跳舞表达了一年成功的喜悦和对新酒的期待，同时也有助于劳作。共同的歌声和有节奏的动作，使工人个体形成一个同质化的群体，统一并提高了他们的劳作效率，还能帮助他们忘记疲劳。丰收歌，如希腊的 línos/λίνος［歌］，在许多文化中都非常有名。在希腊神话中，他们的化身利诺斯（Linus/Λῖνος）是阿波罗和缪斯的儿子。美好的城市也由正义和合法的社会繁衍所统治：忒弥斯，神圣的正义女神，是婚礼仪式中召唤的神灵之一。婚礼歌，hyménaios/Ὑμέναιος［婚曲］，化身许墨奈奥斯（Hymenaios/Ὑμέναιος）神，他要么是缪斯的儿子，要么是阿波罗的儿子，或者更令人惊讶的是狄奥尼索斯的儿子：后者的家谱为他些微粗鄙的性格赋予了神话色彩。歌曲和舞蹈有助于庆祝活动，但同时它们还传递了一个社会信息：那些尚未婚配但已处于适婚状态的青年男子，将自己呈现为一个团结协作的群体，并展示出他们的健康体魄。

所有这一切都表明，在《致阿波罗颂诗》中，奥林波斯人的 mousikē/μουσικη［乐］有高度的社会关联性：诸神的行为反映了人类的关切。奥林波斯舞者是古希腊社会所期望的舞蹈的神圣化身。它是青年的特权（宙斯、赫拉或波塞冬仍是坐着的观众），呈现和谐与美，并唤起观众和参与者之间的情欲。舞池是适婚男女展示他们身体魅力和才能的地方，而在这些地方，婚姻是由在场的父母和参与的年轻人共同促成的。歌手们代表着希腊古风时期的诗歌表演：缪斯女神，宙斯和摩涅莫绪涅（Mnemosyne/Μνημοσύνη）的女儿，说出了这个群体自我定义中至关重要的东西：在奥林波斯诸神中，不朽的神灵与软弱而从属的凡人之间是对立的，而正是这种对立促就了颂诗表演。

正如神的入场，他的武器威严而华丽，预示着他将战胜德尔斐蛇，他在奥林波斯山上的音乐表演也符合所有伊奥尼亚人在得洛斯节上的描述。在此，颂诗的演唱者（"来自希俄斯的盲人"〔175〕）表演了他的作品；得洛斯的少女们赞美阿波罗、勒托和阿耳忒弥斯，"牢记并唱起关于远古男女的颂诗，吸引人类部落"。忒修斯（Theseus/Θησεύς）创立得洛斯节及其游戏，即Delia/Δηλια〔得利亚节〕，在希腊古风时期，这是定义伊奥尼亚人并塑造其凝聚力和身份的事件。在阿波罗、他的母亲和姐姐的保护下，"伊奥尼亚人拖着长袍"每年"与妻儿"聚会一次，献祭并表演"拳击、跳舞和唱歌"。这次聚会是得洛斯庇护所的辉煌。在公元前6世纪，颂诗被创作出来时，庇护所有三座庙宇，古老的阿耳忒弥斯神庙、近期的阿波罗神庙，以及宏伟的勒托庇护所，与众不同的是，勒托庇护所遵循了埃及（Egyptian）的游行道路模式，在入口道路装饰了一排白色大理石狮子。阿波罗的主要纪念碑不是神庙，而是祭坛，也就是著名的Keratôn/Κερατών〔角制坛〕或"多角坛"，据说是由阿波罗自己所建。它由无数祭祀神的山羊的左角建造而成，因此，其形制彰显着人类崇拜者的热情，就像奥林波斯宙斯神殿里的巨大灰坛一样。

得洛斯特有舞蹈的核心，是贯穿整个古代的geranos/γερανος[鹤]或"鹤舞"。根据得洛斯的神话，忒修斯带着从米诺斯（Minos/Μίνως）国王迷宫中解救的雅典青年归来时，首次表演了这个动作，据说，这一复杂的动作象征着穿过迷宫的路。

同样复杂的mousikē/μουσικη[乐]也体现在德尔斐的表演中；它的游戏Pythia/Πύθια[皮提亚]赛会之于德尔斐，就像Delia/Δηλια[得利亚节]之于得洛斯一样。最初每八年举办一次，比赛只包括表演颂诗——阿波罗颂，奖品是月桂花冠，可与得洛斯的棕榈花冠相媲美，在颂诗已是得洛斯赛会的一部分时，竞技活动尚未出现。古风早期，皮提亚赛会进行了重组；现在每四年举行一次，音乐比赛倍增，并根据奥林匹亚赛会的模式引入了田径运动，皮提亚赛会与奥林匹亚赛会由此出现了竞争。音乐表演包括弹竖琴、吹长笛、随竖琴而吟唱。最后一种，kitharôidia/κιθαρῳδία[竖琴演唱]，被认为是赛会中最精彩的比赛，因为它结合了音乐和诗歌创作：在整个古代世界，阿波罗本人经常被描绘成一个kitharôidos/κιθαρῳδός，即身着特定表演长袍的弹竖琴的歌唱家。

七弦琴和长笛

尽管皮提亚赛会增加了长笛演奏的项目,但长笛并不属于阿波罗的世界,他的乐器是七弦琴。《致赫耳墨斯颂诗》(*Hymn to Hermes*)讲述了这一切是如何发生的:小赫耳墨斯出行的第一天,就被一只乌龟绊倒,他杀死乌龟,并将其外壳变成了第一件弦乐器的主体。也正是在这次旅行中,他偷走了阿波罗的圣牛,宰杀了其中一头,从而创造了祭祀。骗子赫耳墨斯是一个广为流传的希腊神话人物,在大多数神话中,骗子也是文化的发明者,文化在希腊古风时期意指音乐和祭祀,这是公共庆典的特征。被发现时,赫耳墨斯的首次竖琴表演令他的哥哥阿波罗叹为观止,他迫切地接受了这把七弦琴,作为对他牺牲牛的补偿。当阿波罗要七弦琴时,他强调了新音乐的作用:"的确,欢乐、爱与甜蜜的睡眠可以同时获得。"他渴望将这种音乐散播到全世界。

在同一段中,阿波罗比较了长笛和七弦琴。他将自己描述为缪斯的助手,"他们热爱舞蹈和甜美的歌声,绽放的旋律和唤醒欲望的笛声"(451f.)。故此,mousikē/μουσικη[乐]在赫耳墨斯发明之前就已经存在,并且由阿波罗和缪斯女神掌管,但它唯一的乐器是长笛。然而,七弦琴却轻而易举地超越了这一切:"在青年宴会的巧手绝技中,没有一样能像它那样深深地打动我的灵魂。"(454)从那时起,七弦琴将成为阿波罗的乐器。长笛也被接纳了,毕竟,它是皮提亚赛会的一部分。七弦琴和长笛都是用来祭祀的,但在不同乐器的价值体系中,七弦琴的地位更高,且远高于长笛。

神话在关于创造者和表演者的故事中,表达了这种乐器的等级。在公元前6世纪末至前5世纪初,这种乐器的等级变得更加严格,这在神话中已有所阐明。七弦琴的创造者是赫耳墨斯,演奏者是阿波罗,长笛虽为雅典娜所创,却不为她所喜,成为玛耳绪阿斯(Marsyas/Μαρσύας)的乐器。玛耳绪阿斯要么是塞壬(Siren/Σειρήν),要么是萨蒂尔(Satyr/Σάτυρος),他不是希腊人,而是弗里吉亚人(Phrygian/Φρύγιος)。作为塞壬或萨蒂尔,他与狄奥尼索斯有着联系,只是部分的人类,更倾向于自然而非文化,塞壬或萨蒂尔都有着马尾和兽耳。作为弗里吉亚人,他不是希腊人,与伟大的女神库柏勒(Cybele/Κυβέλη)有着密切联系,据说他就是因为对她的狂热崇拜而发明了歌曲。此处可见的对立——七弦琴与长笛、文化与自然、阿波罗与狄奥尼索斯和库柏勒——在另一个故事中演变成了暴力冲突,这个故事早在公元前5世纪就已为人所知。当时玛耳绪阿斯向阿波罗挑战比赛音乐，阿波罗轻松获胜后，将玛耳绪阿斯活活剥皮，以惩戒他的傲慢（图2）。七弦琴的地位远高于长笛，甚至于挑战等级也成了犯罪。

图2：阿波罗和玛耳绪阿斯在比赛。公元前4世纪晚期的浮雕。雅典，希腊国家博物馆。图片版权归阿里纳利/纽约艺术资源所有（Apollo and Marsyas in contest. Relief, late fourth century BCE. Athens, Greek National Museum. Copyright Alinari/Art Resource, NY）

这些乐器之间对立的原因之一，在于不同演奏者受其乐器的本性所迫而表演。一位竖琴演奏者以他的七弦琴伴奏演唱了一段词：音乐从属于这些词。长笛演奏无法伴以词，至少这不能由同一个人实现，乐器必须独自讲述故事。阿尔戈斯（Argus/

Ἄργος）的萨卡达斯（Saccadas/Σακκαδας）是一位长笛演奏家，连续三次在皮提亚竞赛中获得第一名（在公元前586年、前582年和前578年），因其唤起神话事件的音乐作品（我们称为节日音乐）而闻名。他的器乐作品能用五个乐章讲述特洛亚之劫，或阿波罗与蛇的战斗。理解这一故事需密切关注乐，而理解竖琴的故事则需密切关注词。

从玛耳绪阿斯的神话中可以看到，七弦琴和长笛对立的强化是公元前5世纪文化和教育发展的结果，这两种乐器在皮提亚赛会中都是必不可少的。在教育方面，七弦琴是贵族乐器，每一个有教养的贵族都应该掌握它的演奏。公元前5世纪的雅典，贵族的价值降低，男孩们转向了更容易的长笛：关于赫拉克勒斯如何杀死他的七弦琴老师利诺斯的故事可能反映了这一变化。公元前5世纪末期还发展出一种新的音乐风格，柏拉图（Plato/Πλατών）等传统主义者认为这种风格放荡不羁，消解了音乐流派之间的固定界限：其无序性对社会而言是危险的，正如摇滚乐在早期被认为是危险的一样。这种新风格的倡导者是提莫忒乌斯（Timotheus/Τιμόθεος，约公元前450—前360年），他是一位竖琴演奏者，作为酒神颂的表演者而受到高度赞誉。酒神颂与狄奥尼索斯有关，而与阿波罗毫无干系。尽管提莫忒乌斯仍然弹奏七弦琴，但我们可以明显感觉到阿波罗音乐和狄奥尼索斯音乐之间的紧张关系。这将在我们后面探讨弗里德里希·尼采（Friedrich Nietzsche）的阿波罗史前史时得到详述。

缪斯女神的领袖阿波罗

在《致阿波罗颂诗》中，奥林波斯山上 mousikē/μουσικη［乐］的场景在古风时期的希腊文学中并不是孤立存在的，这证实了"歌舞"在古风希腊社会的重要性。从荷马到品达（公元前5世纪早期），诗歌描绘了阿波罗与缪斯女神一起在奥林波斯山上演奏的场景，这一场景总是发生在节日庆典上。《伊利亚特》第一卷，诗人描述了一场诸神的盛宴，美食伴随着"阿波罗持有的美丽七弦琴，还有用美妙歌声相和的文艺女神们"（1.604f）。至少两个世纪后，古典时代初期，诗人品达叙述了佩琉斯和忒提斯的婚礼："最优美的缪斯合唱队正在佩利翁山（Pelion/Πήλῐον）上歌唱，阿波罗在她们中间引领着各种旋律，用他的金拨子弹奏着七弦琴。"（《涅嵋凯歌》[*Nemean Odes* 5.23—25]）。在所有古风时期的希腊诗歌中，诸神的宴会和节日都伴随着阿波罗的音乐和九位缪斯女神的和唱。

这反映了希腊在整个古风时期的社会实践。乐师弹奏着七弦琴指挥合唱队进行歌舞表演，为贵族的男性宴会以及各种团体的宗教聚会助兴。在第一首《皮提亚凯歌》（*Pythian Ode*，公元前470年演出）的开头，诗人品达向七弦琴（phórminx/φόρμιγξ）致意，并将其音乐融入节日的背景中："金色的七弦琴，阿波罗和紫发缪斯的共同珍宝——在这辉煌的庆典开始之际，舞者的脚步会听命于你，每当你从颤动的琴弦中奏出引领合唱的序曲时，歌手们都听从你的指示。"但音乐的效果远不止营造节日氛围。七弦琴的旋律平息了宙斯的武器——火的雷电，还使他那雄鹰般的眼睛陷入沉睡。强大的阿瑞斯，也在沉睡中遗忘了他的武器，"它的力量还通过勒托之子的技艺和丰满的缪斯女神迷住了诸神的心灵"。品达轻而易举地越过了颂诗中阿波罗进入奥林波斯山的场景。

一位仰慕品达的学者称这段话为"有史以来对音乐最伟大的赞誉"，这段话在后来的文学中也引起了共鸣。这种共鸣深深植根于希腊节日生活的现实，远远超出舞蹈和竖琴音乐的表演。重大节日不仅展示了音乐和合唱表演，还暂停了几乎是永久性的城邦战争，这种战争是亚历山大大帝之前大部分希腊历史的特征。不仅仅是伟大的泛希腊节日，如奥林匹亚节、雅典的秘仪节（Mysteria/Μυστήρια），或皮提亚节可以受到暂时神圣休战的保护，地方节日也可以享受暂时的和平。品达笔下宙斯雷电的熄灭和阿瑞斯的沉睡，或阿瑞斯在《致阿波罗颂诗》

（*Hymn to Apollo*）中的纵情跳舞，都反映了希腊人理解节日的方式。围绕这些节日的休战不仅仅是允许使者和访客进出庇护所的一个实际问题。实用性是动机之一，但其背后是对这个节日的意识形态解读，它是一个从希腊生活的残酷现实中开拓出来的空间。仅以一个结合了神圣休战和音乐表演作为主要内容的地方节日为例——斯巴达（Spartan/Σπάρτης）的叙阿琴提亚节（Hyacinthia/Ὑακίνθια），即阿米克赖城（Amyclae/Ἀμύκλαι）的阿波罗节。

这一节日在斯巴达四英里外的阿米克赖庇护所举行。阿米克赖庇护所可以追溯到迈锡尼时代晚期，在斯巴达人到达欧罗塔斯（Eurotas/Εὐρώτας）河谷之前，它在古风时期就已经出名了；世代以来，它保存了奇特且非常古老的阿波罗形象，帕萨尼亚斯（Pausanias/Παυσᾰνῐ́ᾱς）说它"非常老旧，没有多少艺术气息"（3.19.2），它的外形似一根高大的青铜柱，头戴盔帽，手持长矛和弓。这一好战的形象立在祭坛形的基座上，据说里面有阿波罗挚友许阿辛托斯（Hyacinthus/Ὑάκινθος）的坟墓，他在投掷铁饼时误杀了许阿辛托斯。节日持续了三天，吸引了大批人潮。第一天献给许阿辛托斯，他通过祭坛上的青铜门接受了献祭；观察者们注意到他的男友悲恸的种种迹象——没有佩戴花环，没有携带面包或蛋糕到庇护所，也没有唱颂歌："每个人都井然有序地用餐，然后就回家了。"第二天献给阿波罗，这是向神献祭的日子，也是斯巴达人及其客人和奴隶享用丰盛大餐的日子。当地历史学家波利克拉特斯（Polycrates/Πολυκράτης）告诉我们，这一天举行了体育活动和音乐表演。

> 身着长篷的男孩弹着七弦琴，在长笛的伴奏下歌唱，他们用拨子拨动了七根琴弦，以抑抑扬格的韵律和高音来歌颂神……许多青年合唱队进入剧院唱传统歌曲，舞者则以传统舞姿在他们之间穿梭，伴着长笛和声乐。

其他年轻男子进行骑马训练，女孩们则举行比赛，并向阿波罗敬献一件新斗篷：他那圆柱一般的形象必定要在这一年剩余的时间里穿着这件斗篷。

这段描述让人想起了新年的节日，这无疑是斯巴达最奢华的节日之一。第一天怪异而黑暗的气氛，随着节日行为的逆转，增强了第二天的节日氛围：这里和其他地方一样，一种仪式的二分法意在标榜常态的中止，在神话中，就意味着一个伟大的神和一个已逝英雄之间的对立，这个英雄死于其挚友——神的失误。男孩和青少年的音乐表演是阿波罗节第二天的重心，他们将七弦琴、长笛、歌曲和舞蹈结合在一起：长笛和七弦琴之间的对立，似乎是在叙阿琴提亚节的传统完全建立之后发展起来的，正如德尔斐皮提亚的音乐比赛一样。我们古老的见证者强调了节日的奢华与富裕。但这个节日也阻止了斯巴达人参战，他们似乎经常避免军事行动——不仅在节日期间，在节日之前也是如此。阿波罗的节日魅力正是源于希腊节日生活的现实。

颂歌

在叙阿琴提亚节期间，就像在德尔斐的皮提亚节，得洛斯节和许多其他阿波罗的节日一样，男孩、青少年或男人的合唱队也会表演颂歌。《致阿波罗颂诗》（*Hymn to Apollo*）描述了阿波罗本人如何将颂歌引入德尔斐。当他带领克里特人上岸后，他们在那里为他筑了一座祭坛，献祭设宴：

> 阿波罗主神，宙斯的儿子，走在他们前面，手持七弦琴，一边演奏着美妙的音乐，一边迈着优美而高亢的步伐；克里特人跟随他敲打着节拍，一直到德尔斐，并唱着颂歌（iēpaiēona/ iηπαιήονα）——类似于克里特人的颂歌（paiēones/παιήονες），神圣的缪斯在他们心中注入了甜美的歌。
>
> （514—518）

在这个故事中，颂歌是克里特岛本土歌曲。颂诗中使用了两个密切相关的术语：第二个术语是后来的词 paiān/παιάν［治愈者］（雅典方言中的 paiōn/παιών）的荷马版，前者再现了独立存在或作为颂歌副歌的 iē paiān/ἰὴ παιάν 的崇拜呼喊。这种双重术语惹恼了一些学者，因为他们对歧义感到不适。由于荷马笔下的神 Paiēōn/Παιήων 是奥林波斯山的宫廷医师，他们就将 paiēones/παιήονες 理解为"治愈者的歌"。克里特岛人会唱这首歌，他们深知此为他们自己的神医之歌。这非常有趣，我们后续还会讲到。"歌舞"颂歌的克里特岛起源目前是最重要的线索。

随着时间的流逝，可能不满于从国外引进的颂歌概念，德尔斐人讲述了一个不同的故事。年轻的阿波罗准备射杀那只危险的怪物时，当地观众和他的母亲勒托都在鼓励他，或许他们喊着"射吧，派翁"（híe/ἧιε［去］，Paián/Παιάν［派翁］），用他的崇拜头衔称呼他，要么喊着"射吧，儿子，射箭"（híe/ἧιε［去］，paî/παι［孩子］，ión/ἰόν［箭］）。这个故事一定是在颂诗之后才创编出来的，而这个双关语听起来像是公元前5世纪知识分子喜欢用的词源之一。尽管如此，它与蛇的故事也有着重要联系。在近东和印欧神话中，屠蛇是宇宙维度的一个创始事件。在德尔斐，射蛇不仅是阿波罗主要神谕的创始事件，也是他的歌曲的创始事件。这使两者都具有宇宙维度的重要性：

毕竟，德尔斐庇护所包含着"地球的中心点"，即宇宙的中心；颂歌是属于这个中心的歌舞。

然而，这两个神话的并列指向了一个潜在的问题。近年来，部分学者研究了颂歌体裁后得出了相同见解：颂歌是一种特别模糊的体裁，其可靠特性是呼喊"iὲ παιᾶν/iὴ παιάν"，而这与希腊人本身相矛盾。他们对定义颂歌没有任何问题。第一个定义出现在品达第三首《挽歌》（Dirge）的开头："在适当时机，会有属于勒托那手持金杖的孩子的颂歌。"诗人将颂歌视为阿波罗和阿耳忒弥斯的歌，随后又将它们与其他歌对立起来，如狄奥尼索斯的酒神颂，许墨奈奥斯神的婚礼歌，以及缪斯女神美尔波墨涅（Melpomene/Μελπομένη）为她死去的儿子们唱的挽歌。品达的声音具有权威性，于是后来的语法学家借用这段话将颂歌定义为阿波罗的歌。

无论品达说了什么，或想表达什么，现实生活总是更混乱。他也许简化了现实以达到其目的，从而给挽歌一个有力的开头；他的歌从喜庆欢快的颂歌、酒神颂、婚礼歌再到挽歌，在挽歌复杂的乐章中，反对喜悦和悲伤，同时营造出一种荣耀的氛围，这是对已故贵族的挽歌的一部分。当我们看到古人对颂歌的评价，或者现存的歌曲本身时，我们会看到一幅复杂的画面。首先，我们必须区分作为歌曲的颂歌和作为呼喊的颂歌；两者都可以用希腊动词 paionízein/παιωνίζειν 描述，"唱 / 喊颂歌"。自发的呼喊 iē paiān/ἰὴ παιάν 表示惊讶或喜悦，很少表示沮丧，并且仅被男性使用（大多数希腊感叹词都有性别之分）。在更仪式化的背景下，它可用于祭祀。但这个感叹词与这首歌密切相关，因为它是歌曲的副歌，并为这一体裁命了名。派翁在不同情境下唱过颂歌：在战斗之前或胜利之后，在酒宴开始时，或在任何冒险开始之前，比如启航，或以滑稽模仿的方式出庭。派翁也在婚礼上唱颂歌，这又是一个不确定的开始。在所有这些情况下，副歌都可以被理解为是在祈求神的帮助。派翁，尽管这个神有不同的名字，希腊人称呼他们的神时，通常不用其全称，而是用别号来表达其个性和功能的特定方面，如宴会上的宙斯，或婚礼上的赫拉。但在绝大多数情况下，神圣的接受者要么是阿波罗，要么是后来的阿波罗之子——治愈者阿斯克勒庇俄斯。即使是在另一个神似乎就在眼前的仪式中，阿波罗也会在不远处。公元前 450 年左右，米利都城制定了一部冗长且复杂的神圣法律，规定了阿波罗·德尔斐尼俄斯的男性崇拜者团体活动，他们以 molpoí/μολποί 著称，即"歌舞队"。其中一项重要的仪式是他们从米利都到迪迪马（Didyma/Δίδυμα）的游行，在此期间他们献祭并进行表演："颂歌首先在城门前为赫卡忒（Hecate/Ἑκάτη）表演，为丢纳弥斯（Dynamis/Δύναμις）表演，随后在山顶的草地上为仙女们（Nymphs/Νύυφης）表演，继而在克拉多斯（Kelados/Κέλαδος）为赫耳墨斯表演，为菲利奥斯（Phylios/Ψυλίος）表演，在克拉伊特（Keraites/Κεραίες）附近，查尔斯（Chares/Χάρης）的雕像前表演。"这是一条神圣的游行道路，从米利都越过山口来到雕像前，这些雕像坐落在通往迪迪马庇护所的大门旁，和得洛斯一样，也是仿照了埃及的模式。这条道路上的不同圣地更像是歌舞队表演的标志，而非他们颂歌的接收者：他们表演颂歌，乃因他们是阿波罗的崇拜者。

因此，颂歌可以被理解为一种仪式表演，在面临危险和不确定的情况下向神致意；阿波罗的功能之一是扮演"抵御邪恶者"，阿历克斯卡奥斯（Alexikakos/Αλεξικακως）。这符合斯巴达人的传统，高廷的萨勒塔斯（Thaletas/Θαλήτας）阻止了斯巴达的瘟疫，他是著名的颂歌歌唱家。对于希腊人来说，不言而喻的是，请求帮助的颂歌可以在神给予善意回应时再次演唱，以此来感谢神：这诠释了获胜后的颂歌，或者瘟疫后希腊人为阿波罗·鼠神表演的颂歌。与此同时，颂歌也被视为一首节制和喜悦的歌曲，与狂野甚至是颠覆性的酒神颂相对立。颂歌在婚礼、厄琉西斯的秘仪节和泛雅典人节（Panathenaia/Παναθήναια）上的表演可能就是这种欢乐和喜悦性质的体现。然而，应该牢记的是，秘仪节和泛雅典人节也是祥瑞的新开端，雅典新年开始于泛雅典人节,以及在秘仪节中,丰收女神和复苏女神,即德墨忒耳(Demeter/Δημήτηρ)和佩耳塞福涅(Persephone/Περσεφόνη)拥有了全新的关系。希腊化时代,为国王和将军演奏的颂歌也有类似的丰富内涵:一方面,这些有权势的人被视为救赎和帮助的真正来源(或者是邪恶和毁灭,如果他们遭到反抗);另一方面,应该只有庄严而喜庆的仪式才最合适向其致敬。

因此,颂歌体裁并无明确界限,但有一个坚定的核心,即与拯救有关,与阿波罗或阿斯克勒庇俄斯有关。只有在这两位神的庇护所,我们才有保存了颂歌全部文本的铭文,为了让人们牢记这场演出,它们被记录在石头上(有些甚至带有乐谱)。颂歌在古风时期后有了新的发展:它延伸至阿斯克勒庇俄斯,他在公元前5世纪和前4世纪,成为比阿波罗更强大的治愈者;也延伸至国王和将军,他们是比任何奥林波斯神都更直接的救世主或威胁。但即使在那时,颂歌与阿波罗的维系也经常出现。大约在公元前375年,当北部伊奥尼亚小城埃律特莱伊(Erythrai/Ἐρυθραί)引入阿斯克勒庇俄斯崇拜时,城市议会通过了新神崇拜的规定:它将阿斯克勒庇俄斯崇拜与已建立的阿波罗崇拜紧密地结合在一起。在新的城市祭典中,双方都接受了献祭,条例规定"必须首先在阿波罗的祭坛上表演以下颂歌",将颂歌献给阿波罗，继而向阿斯克勒庇俄斯献上另一首颂歌。大约90年后，在公元前281年，议会决定在同一文本中增加第三位颂歌的接受者：塞琉古（Seleucus/Σέλευκος）国王被伊奥尼亚城市敬为新君主和残酷政权的解放者。至此，阿波罗和他的儿子阿斯克勒庇俄斯，还有作为城市救世主的神圣国王站到了一起。

神圣的诗人与受启发的人

我们已经看到，阿波罗不仅被视为神圣的音乐家，还被视为神话人物的父亲，而这些神话人物正是某类颂歌的化身：丰收歌化身为利诺斯，婚礼歌化身为许墨奈奥斯。品达在其第三首《挽歌》中，未将他们列为阿波罗的儿子，而是将他们列为唱挽歌的缪斯女神卡利俄佩（Calliope/Καλλιόπη）的儿子，因为他们英年早逝：

一首《爱利诺》（*ailinon*）唱给长发的利诺斯，另一首唱给许墨奈奥斯，当他的肌肤在新婚夜里首次被触摸时，他的最后一首颂诗被夺走了；还有一首唱给伊阿勒摩斯（Ialemus/Ἰάλεμος），他的力量被一种撕裂肉体的疾病束缚了。

据说，利诺斯年轻时被其祖父的猎狗咬死；许墨奈奥斯在狄奥尼索斯和阿里阿德涅的婚礼上演唱婚礼歌时逝去。伊阿勒摩斯是阿波罗的另一个儿子，他的歌曲是在他英年早逝后首次演唱的挽歌（iálemos/ἰάλεμος）。这么多音乐英雄的早逝有些令人惊惶，尽管我们早就指出，大多数英雄都英年早逝。人们不禁要问，这是否与希腊儿童或青少年合唱队的盛行有关。

在此名单中，品达添加了第四位英雄："奥厄阿革洛斯（Oeagrus/Οἴαγρος）的儿子……金色七弦琴弹奏者俄耳甫斯（Orpheus/Ὀρφεύς）。"俄耳甫斯也是缪斯女神卡利俄佩的儿子；品达在此将特拉克国王奥厄阿革洛斯作为他的父亲，但在另一段文本中，他声称"从阿波罗诞生了歌曲之父，广受赞誉的七弦琴演奏者俄耳甫斯"（《皮提亚凯歌》[*Pythian Ode* 4.176]）。比起神话的一致性，这首歌的直接目的更为重要：在前一段内容遗失的情况下，第二段是阿尔戈英雄的名录，关于"半神的航行"，品达强调了参与者的高贵，他们中许多人都是神灵的儿子，而他们的英勇事迹也增强了品达颂扬的胜利者，即一位昔兰尼（Cyrene/Κυρήνη）贵族的荣耀。

俄耳甫斯比他的三个（同父异母）兄弟埃勒莫斯、许墨奈奥斯和利诺斯要复杂得多，他只是和他们同样早逝。这个故事广为人知（尽管罗马诗人维吉尔［Virgil］和奥维德［Ovid］的完整叙述比较晚）。当他的新娘在婚礼当天被蛇咬死时，俄耳甫斯决定将她从冥界救回。他的歌声让他轻松接近并迷惑了哈得斯和佩耳塞福涅；他们把他的妻子还给了他，条件是他在她前面走向人间时不能回头。当然，俄耳甫斯回头了，被他的爱和她是否会跟随他的不确定性所驱使。由于未能遵守这一条件，他只好独自返回，逃到特拉克的旷野，并在那里被杀——他要么是被他的音乐魔咒所迷惑的特拉克人愤怒的妻子们所杀，要么是被女祭司，即作为阿波罗信徒的他所唾弃的狄奥尼索斯信徒们所杀。在整个希腊传统中，俄耳甫斯是主要的诗人，是希腊诗歌的鼻祖，这位七弦琴演奏者从阿波罗那里获得了技艺，也许还获得了七弦琴，他那强有力的歌声征服了冥界，征服了特拉克荒野的动物，甚至岩石和树木的力量。一张罕见的图像显示，他的头在阿波罗面前歌唱，向一位全神贯注的青年讲述文字——可能是他的儿子缪塞奥斯（Musaeus/Μουσαίος）（图3）。作为一名阿尔戈英雄，他的歌声轻而易举地超越了那些因被殴打而羞愧自杀的塞壬。艺术渐渐变成了魔咒，在希腊思想中，歌（ōdē/ᾠδή）与咒（epōdē/ἐπῳδέ）密切相关；罗马人甚至把两者均归为 carmina［**音乐**］。俄耳甫斯也被认为拥有神奇治愈能力的咒语。难怪地理学家斯特拉波嘲笑他是"一个巫师，因为他的音乐和预言，还因为他号召加入神秘崇拜"。

图3：阿波罗指导俄耳甫斯的头传达神谕。那不勒斯的阁楼红色人物把杯，约公元前430年。转自米内尔维尼的《那不勒斯简报》，新编第6册，第33页（Apollo supervising Orpheus' head that gives oracles. Attic red-figure cup in Naples, ca. 430 BCE. Reproduced after Minervini, *Bulletino Napoletano*, serie nuova 6, p. 33, tav. iv）

这里讨论的是狄奥尼索斯的神秘崇拜，俄耳甫斯在公元前6世纪晚期与之相连：这种崇拜承诺通过秘密加入获得死后的特权生活，还有谁能比这位歌手更适合指引穿越冥界呢？他自己去过冥界，并活着回来了，尽管没有带回他深爱的妻子。至此，阿波罗的儿子变成了狄奥尼索斯的先知，狄奥尼索斯的信徒们对他的死负有责任。在他的诗歌中，"坠入冥界"早在公元前5世纪就已为人所知。但这位诗人也提供了有关世界和诸神起源的信息：有几首神学诗是以他的名义创作的。在俄耳甫斯笔下，音乐诗歌（musikē/μυσικη）也不仅仅是娱乐——它不仅具有迷惑诸神、人类和自然的力量，还具有治愈性力量，此外其文字还传达了人类未知世界的信息，包括时空信息。

其他传奇诗人也与阿波罗有关。奥伦（Olen/Ὠλὴν），安纳托利亚西南部的吕西亚人，据说在公元前5世纪写了传统颂诗，并在得洛斯传唱；有些人甚至认为他是阿波罗在德尔斐的第一个先知。吕西亚与阿波罗关系密切：他的母亲勒托拥有这一地区的主要庇护所，即克珊托斯的莱顿（Letoon/Λητῶον）。阿波罗本人也还有一个别号，吕刻乌斯（lúkeios/λύκειος），古代和现代作家都将其理解为"吕西亚人"。阿波罗的另一个儿子菲拉蒙（Philammon/Φιλάμμων），是诗人兼七弦琴演奏者，他在德尔斐建立了少女合唱队，并且是第一批胜利者。他成为诗人和歌唱家塔米里斯（Thamyris/Θάμυρις）与欧摩尔波斯（Eumolpus/Εὔμολπος）的父亲，他们同俄耳甫斯一样是特拉克人；塔米里斯挑战缪斯女神，却输掉了比赛和生命；欧摩尔波斯移居厄琉西斯并建立了部族。直到古代末期，雅典人选择了厄琉西斯秘仪的大祭司：这与其他阿波罗主题的呼应是显而易见的。然后是阿巴里斯（Abaris/Ἄβαρις），他是希帕波利亚人，也是阿波罗的祭司，定期在北方过冬，他在阿波罗之箭的引领下来到希腊，有人称他可以御箭飞行。他预言了时疫，并在斯巴达进行了献祭，使他们永远免于瘟疫。古典时期的希腊人认为他是神谕和咒语的作者，后来，他名下出现了一些史诗，包括《净化》（*Purifications*）和《阿波罗来到希帕波利亚》（*Apollo's Coming to the Hyperborean*），以及一篇神学散文。伊斯坦布尔（Istanbul）海峡东北部普罗克奈苏斯（Proconessus/Προκοννήσος）的阿里斯特亚斯（Aristeas/Αριστέας），留有更好的记载：早在公元前6世纪初，希腊人就读过他的诗《独目人》（*Arimaspeia*），他在诗中叙述了如何被阿波罗附身，在化身乌鸦的仆人的陪伴下，远行至北，听说了那里的传奇人物，即与狮鹫战斗的独目人，还有希帕波利亚人，即"居住在寒冷北风那边的人"。当地一个保存在希罗多德的书中的传说（4.15），讲述了他如何死去，但后来在其他地方被看到，而他的尸体却已消失不见的故事。这位历史学家还讲述了阿里斯特亚斯如何出现在意大利南部的麦塔庞顿（Metapontum/Μεταπόντιον），并要求麦塔庞顿人为阿波罗建造一座祭坛，因为阿波罗在意大利人中只向他们显现过，"而他，阿里斯特亚斯，化成一只乌鸦陪伴着他"，其为阿波罗的圣兽——在希罗多德时代的麦塔庞顿广场上，祭坛、阿里斯特亚斯画像和旁边的月桂树丛依然清晰可见。

毕达哥拉斯与萨满教

还有一位圣人与意大利南部有联系，他在那里创办了自己的学校，他在这里也很重要：毕达哥拉斯（Pythagoras/Πῡθαγόρᾱς），姆尼西亚库斯（Mnesiarchus/Μνήσαρχος）的儿子，公元前547/546年波斯入侵后，他离开了萨摩斯岛，后在麦塔庞顿附近的城市克罗托内（Croton/Κροτών）定居。他是一位圣人（而非哲人），他将个人仪式实践、宗教教义和哲学思辨相结合，两代人之后，阿克拉噶斯（Acragas/Ἀκράγᾱς）的祭司、治疗师、巫师和哲学家恩培多克勒（Empedocles/Ἐμπεδοκλῆς）也是如此。毕达哥拉斯的信徒认为他是希帕波利亚的阿波罗（Hyperborean Apollo）的化身。传说有一天，他露出自己的金色大腿，证明了这一说法的真实性；他还遇见了希帕波利亚人阿巴里斯，遂拿走了阿巴里斯的箭，并让他成为自己的信徒。像俄耳甫斯一样，他也去了冥界，他的信徒们都以为他已经死了；一年后，他又回来了，为证明他的故事，他讲述了在这期间发生的一切。他的信徒们，即毕达哥拉斯学派，非常关注音乐，因为音乐既是数字和谐的宇宙相关性的典范，也是净化和治愈灵魂的一种手段：思辨和仪式、音乐实践和数学理论、我们思维方式的对立面，在这个世界上紧密地交织在一起。

有一段时间,学者们称这些人为萨满。但这个词已经过时,原因如下:首先,"萨满"一词最初属于西伯利亚(Siberia)北部通古斯(Tungus)地区一个很小且界定明确的区域。这些团体认为,专家可以与统治世界的力量沟通,还可以分派或阻止健康,或成功狩猎。在他入会时所获精神的帮助下,他在一次通往这些力量的狂欢旅程中做到了这一点。通过宗教史学家米尔恰·伊里亚德(Mircea Eliade)的研究,对萨满的狭隘定义被扩大到涵盖所有结合狂喜和治愈的宗教专家,其基本概念为,萨满教是一种大多数人类社会在同一时期共有的现象。这种假设及其潜在的进化概念存在很大的问题;它的作用发挥以清空术语的特殊性为代价。至于古风时期的希腊,则用了一个不太常用的概念来说明该术语。有人认为,在铁器时代早期的某个时候,当商业和殖民扩张打开了黑海北岸时,希腊人就接触到了欧亚萨满教文化,因此基于萨满教的故事甚至历史人物就进入了希腊。这些人物与希帕波利亚人和希帕波利亚的阿波罗之间的不断联系似乎证实了这一点:希帕波利亚人是"北风以外的人"。这一理论的问题是历史性和方法论的。尽管历史时期几乎一致——德涅斯特河(Dniestr)河口的奥尔比亚(Olbia/Ὀλβία)建于公元前 600 年左右,阿里斯特亚斯和阿巴里斯都出现在公元前 6 世纪——但我们不知道他们接触过的文化（俄罗斯［Russia］南部的斯基泰人［Scythians/Σκύθαι］）是否知道与西伯利亚通古斯人同样形式的萨满教：黑海北岸与西伯利亚之间的距离很远，联系也不甚清楚。但是，即使这可以被证明，显然，这些人物中也没有一个具有通古斯萨满教的重要社会作用，甚至毕达哥拉斯也不具备这个能力，而他是宗教教派的创始人和政治运动的领袖。早期希腊不存在萨满教。如果有人坚持这个说法，他就可以断言阿巴里斯、阿里斯特亚斯和毕达哥拉斯（还有恩培多克勒）多少受到了欧亚北部萨满教的影响，但这种影响的可能性确实很低。

那么，这些人究竟是什么人呢？为什么他们与阿波罗有联系？第一个问题比第二个问题更容易回答。不论他们是传说的还是历史的（即使当时被传说所覆盖），他们都是古代智者的例子，他们拥有关于仪式、预言和治疗的特殊知识，并通过狂欢的经验获得了这些知识。在阿巴里斯和阿里斯特亚斯的事例中，殖民地向北推进将故事锚定在一个虚构的北方，其描述基于旅行者关于黑海北部仙境的故事。阿里斯特亚斯的《独目人》回应了对那些遥远国度的故事的需求。阿里斯特亚斯的故乡普罗克奈苏斯和奥尔比亚都是米利都的殖民地，而米利都人是殖民运动的先锋。另一方面，毕达哥拉斯是意大利南部一个秘密团体的历史创始人，这个团体在政治上非常成功，它结合了一种以伟大女神的秘仪节为中心的神秘宗教与关于数学、音乐、宇宙论和治疗的哲学思考。同时代人认为他与阿巴里斯这样的人物非常接近，所以他们讲述的传说将两者联系得更为紧密。

阿波罗之所以被带入到这些人的故事中，一个重要的原因就是他与狂欢的经历密切相关。我们将在下一章中看到，他从一开始就与狂欢预言有关，无论是德尔斐的机构性预言，还是卡珊德拉（Cassandra/Κασσάνδρα）和西比尔（Sybil/Σίβυλλα）的个体性预言。同时，他还是音乐神和治愈神，至少在众人皆知厌恶狂欢的荷马史诗之外，阿波罗似乎是这些治愈者、诗人和奇迹创造者的神圣范本。他性格中狂欢的一面在故事中得到了阐述，这些故事将他与游历和外来者联系在一起。在这方面，他与狄奥尼索斯相似，人们把狄奥尼索斯称为"引进的神"。狄奥尼索斯被认为来自东方；在《酒神伴侣》（*Bacchants*）序言中，欧里庇得斯（Euripides/Εὐριπίδης）列出了他游历的地理名录，远至波斯（Persia）、巴克特里亚（Bactria）和阿拉伯半岛（Arabia）。被亚历山大征服之后，印度（India）也进入了这份名录：希腊人把狄奥尼索斯狂热崇拜带来的颠覆与东方文明中矛盾的喜悦和诱惑联系在一起。阿波罗则是由更严酷的东西构成，且遥远北方那些艰苦但同样神奇的土地更充分地表现了他的性格。与希帕波利亚人的联系并不仅限于阿巴里斯和阿里斯特亚斯。在德尔斐,神谕止于冬日,此时,阿波罗退居幕后,并由狄奥尼索斯接替。据说,阿波罗去了他的希帕波利亚。在得洛斯,庇护所里有两对希帕波利亚女子的坟墓,分别是阿尔该(Arge/Ἄργην)和欧匹斯(Opis/Ὀπής)、拉奥狄克(Laodice/Λαοδίκη)和叙佩罗凯(Hyperoche/Ὑπερόχην),她们都在那里逝去:前一对"随诸神"而来,后一对在勒托临产时为小岛送来圣物(希罗多德[Herodotus 4.34]);她们的崇拜是阿波罗与遥远北境关系的生动见证。

手持七弦琴的阿波罗

这一章主要论述古风时代的希腊。在这一时期,与阿波罗有关的音乐——文学——仪式现象具有惊人的统一性,而这种统一性在古典时期开始瓦解。忒拜的品达是最后一位"歌舞"诗人,阿克拉噶斯的恩培多克勒是最后一位结合了仪式智慧、医学、魔咒和哲学的圣人,他们是同时代的人,且都生活在雅典之外,而雅典正逐渐成为文化舞台的中心。在随后的几个世纪里,当文学从口头和表演转向读写和阅读(或至少是背诵)时,无论是在希腊化时代,还是在公元前1世纪中叶后希腊化诗歌的罗马复兴时期,音乐家阿波罗都变成了一个更狭隘的诗人和诗歌之神。共和国时期的罗马保留了一种较早的状态,因为它的诗人都隶属受智慧女神密涅瓦(Minerva)保护的文人公会。卡利马科斯(Callimachus/Καλλίμαχος)所著《起源》(Aetia,约公元前250年)的序言,可能是未来几个世纪里最具开创性的文本,其中提及阿波罗是年轻诗人的严师:

> 当我首次把写书板置于膝盖时,阿波罗·吕刻乌斯(Apollo Lycius/Απόλλων Λύκειος)对我说:"诗人啊,绵羊必须肥胖,但亲爱的,缪斯应该纤瘦。我命令你不要走有赛车的街道……而要走无人踏过的小径,即使它们很窄。"

因此,神自己证实了一种新的文学样式,他的声音将在共和国晚期和奥古斯都时期的拉丁文学中回荡。

小结

如此一来,文学和崇拜似乎就永远分离了。歌、舞和音乐表演、mousikē/μουσικη[乐]的统一性已经瓦解。在古风和古典时期的希腊社会,这种统一性受阿波罗的保护,并发挥了至关重要的社会作用；我们将看到，这种作用在古希腊政治中甚至比我们想象的还重要。与此同时，荷马史诗中的文学和崇拜已经处于某种紧张状态，荷马的诗歌并未向我们提供关于同时代制度的描述。他们对宗教的大部分领域保持缄默，如德墨忒耳的女性崇拜，或者狄奥尼索斯的狂欢崇拜；荷马诸神是虚构的，是合成体，正如荷马的语言，不是希腊人所说的任何方言。经过两章文学讨论之后，是时候谈谈阿波罗的崇拜了：这将是后面三章的主题。

阿波罗

三、阿波罗神谕

阿波罗一出生,他的职责范围就标定了——"七弦琴和弯弓"和"宣告宙斯的无误的忠告"(《致阿波罗颂诗》[*Hymn to Apollo* 131f.]),即 mousikē/μουσικη [乐]、射箭和预言。我们在前述章节中讨论了前两项,本章专门讨论第三项。预言——在西塞罗的狭义定义中(《论预言》[*On Divination* 1.1]),是获得"对未来的预见和知识"的仪式——在荷马时代并未发挥重要作用。当然,也有先知:在《伊利亚特》中随军而行的卡尔卡斯,奥德修斯的魂灵在冥界求教过的忒瑞西阿斯(Tiresias/Τειρεσίας),还有声称"听到永恒之神的声音"的特洛亚人赫勒诺斯(Helenus/Ἕλενος)(《伊利亚特》,7.53)。荷马时代有两个主要神谕:多多那(Dodona/Δωδώνᾱ)的宙斯神谕,"塞洛斯(Selloi/Σελλοί)人啊,你的先知住在那里,不沐脚,睡光地"(《伊利亚特》,16.234);阿波罗在德尔斐的神谕,即阿伽门农在此求问远征特洛亚的结果(《奥德修纪》,8.80)。但是,两部荷马史诗似乎都未意识到神谕在古代世界中发挥的重要且往往是决定性的作用,从希腊的古风时代到异教徒时代结束都是如此。

预言既关注当下,也关注未来:大多数情况下,让人们使用预言的往往是当下危机,而非未来事业。就像世界上大多数的社会成员一样,希腊人或罗马人可以选择几种不同的方式来寻求有关其问题的神圣建议。历史悠久的神庙通过仪式提供预言服务,他们大多数属于阿波罗。在某些情况下,请愿人会与神直接接触,通常是在梦中进行。在为他准备与神接触的特定仪式之后,他将在庇护所过夜,在通常称为"卧房"的地方,即 enkoimeterion/ενκοιμητήριον[躺着的地方],如果有需要,神庙的祭司会在早上帮助解梦。这种方法被称为"孵梦",拉丁语意为"睡"(*incubare*[**躺**]),在阿波罗的儿子阿斯克勒庇俄斯的治疗圣地被广泛使用。在基督教时代,当地圣徒开始取代异教的治愈神,这种方法因此得以保存。接触也可以是间接的,依赖于将人类请愿者与神灵联系起来的媒介,如德尔斐著名的皮提亚。人们认为这样的人类灵媒可以接近神的思想,因为她或他会被神灵附体。灵魂附身作为一种与超自然世界沟通的方式,几乎是一种全球性现象,尽管其具体形式和解释因文化而异。然而,有时交流也仅依赖于铭刻在许多签或纸上的神谕文本，请愿者抽签，要么就掷一个或多个骰子，以确定哪个答案是他的。有时，人类灵媒也会加入其中，如在罗马的普雷尼斯特（Praeneste/Πραίνεστος），即现代帕莱斯特里那（Palestrina）的命运女神福尔图娜（Fortuna Primigenia）的神谕中，就有个男孩为请愿者抽签。人们认为孩童更容易接近神，因此在古代，他们也是许多个人神谕崇拜的灵媒。

除了这些机构性的预言，还有"自由个体"的预言。专业的先知会检查祭祀动物的内脏，尤其是肝脏，来解释鸟类的飞行，或者知晓如何用一碗水、一面镜子抑或我们听闻的古代其他私人预言方法进行预言。预言出售者（chresmologoi/χρησμολόγοι）出售了书卷中收集的答案，他们宣称，这些答案出自著名且深受启发的先知，如西比尔。梦的解释者为那些似乎预示着未来事件的人提供咨询。几个世纪以来，越来越多的占星家向人们提供了他们的专业服务，这些服务游走于科学和宗教之间的微妙边界。有时，这些自由个体相当受人尊敬：他们与正规军或雇佣军的指挥官一起充当先知，为国王和皇帝出谋划策。然而，他们往往处于社会边缘，作为在城市间穿行的外邦人，他们向愿意为之付费的人出售服务，并通过其他有利的仪式为这些预言服务增益，如加入神秘崇拜，死后会有更好的生活；或施咒让敌人无法行动，吸引心仪的人；抑或帮助自己偏爱的车夫赢得比赛。

从认知的角度而言，预言利用了人类需要尽可能多地理解不断输入我们大脑的信息这一特点。这种比我们的动物竞争者更好地理解世界的能力给了人类最前沿的进化优势。最近，学者开始用同样的术语来解释宗教。简单地说，为了理解人脑必须处理的那些无法解释的（因此令人不安和恐惧的）信息，我们假设圣人灵媒介入了我们的生活。这些圣人灵媒的行为和反应与我们相同，但他们比我们更强大、更明智、更优秀。这一理论解释了为何在现代我们理性看来是随机现象的东西，在古代预言中会被理解为符号——这些符号大多是晦涩的，需要进一步解释，但绝非随机的。绵羊肝脏的形状、鸟类的飞行、危急时刻偶然听到的一句话、特定时间某些行星形成的星座，或者睡眠时大脑的活动都被视为迹象，在这些迹象下，神使将宣布未来事件或在危急时刻回答令人焦虑的问题。当预言不专注于随机自然事件时，它就在仪式进行过程中创造它们。掷骰子、抽签（在稚童或非理性动物的帮助下）、陷入迷幻状态、观察油在水面上形成的随机形态，这些随机形态为日常生活的理性因果关系打开一条裂缝，通过它，圣人的手或声音发出信号，为人类可能提出的多少有些紧迫性的问题提供答案。

阿波罗的预言

这一切都与阿波罗无必然联系,他不是古代世界唯一的神谕。如果有人认为诸神比人类知道得更多,那么任何神灵都可以揭示未来;同样的道理也适用于英勇的先知,甚至适用于所有已逝先祖。宙斯不仅在多多那接受咨询,还在他的奥林波斯山庇护所接受咨询,并且以埃及阿蒙(Ammon/Ἄμμων)的名义,在埃及东北部的锡瓦(Siwa)绿洲庇护所接受咨询。阿蒙在希腊人中声名远扬是因为他把来访的亚历山大视为自己的儿子——故此亚历山大的硬币上印有公羊角,而这只公羊是阿蒙的圣物。赫耳墨斯掌管着由偶然引导的神谕,比如那些依靠骰子或一个路人偶然话语引导的神谕。波奥提亚(Boeotian/Βοιωτοί)神和英雄特罗丰尼乌斯接待了地下的来访者,他们经过一段痛苦的冥界之旅才到达这里。英雄卡尔卡斯在他意大利南部的洞穴庇护所,为睡在祭品公羊皮上的人送去预言的梦。

但这些案例在数量、质量和影响上都不如阿波罗在预言中的作用。神自己也很清楚这一点。在《荷马颂诗:致赫耳墨斯》(*Homeric Hymn to Hermes*)中,初生的骗子赫耳墨斯试图敲诈他的哥哥以获得预言的礼物,阿波罗断然拒绝:"这是神圣的任命，无论是你，或是其他神都不得习之。只有宙斯的头脑知晓未来，我已承诺同意并郑重宣誓，在不朽的诸神中，只有我理解宙斯的意志。"（v. 533—538）预言属于且只属于阿波罗一人。随着时间的流逝，这一点日趋明显。在公元 2 世纪或 3 世纪，有人在迪迪马问阿波罗，为何过去有那么多神谕受到神圣泉水或从地上升起的蒸汽启发，如今却消失了。神本人回答说：

大地把一些预言收回她的地下怀抱；另一些则被持续的时间摧毁。到目前为止，赫利奥斯（Helios/Ἥλιος）留给人类光明的，只剩下迪迪马山谷中的圣水、帕耳那索斯山下的皮托，以及克拉鲁斯的泉水，那是发出预言之声的狭窄通道。

（波菲利［Porphyry］，《残篇》［*Fragment* 322 F.］）

目前只剩下三个主要的阿波罗神谕圣地，即迪迪马、德尔斐和克拉鲁斯仍在运作，而在过去，圣地数量要大得多。

但早在这一时期之前，几乎所有享誉国际的希腊神谕圣地都属于阿波罗，除了宙斯在多多那的神谕和后来在埃及锡瓦的神谕外。在整个希腊世界，存在许多小型的阿波罗神谕圣地，有时我们只能通过古代作家的著作或偶然发现的铭文来了解它。仅一段铭文就能证明，在希腊化晚期，特洛亚哥瑞内恩（Gryneion/Γρύνειον）美丽圣林中的阿波罗庇护所起着神谕的作用，有一段文本告诉我们，迈安德（Maeander/Μαίανδρος）河谷的希拉科姆（Hierakome/Ἱερὰ Κώμη，"圣村"）有阿波罗神谕："那里有一座庄严的阿波罗庇护所和神谕；据说先知们以一些优雅的诗歌来回应。"（李维38.43，在描述该地区的一次军事远征时）小神谕神，如波奥提亚神普托伊奥斯（Ptoios/Πτώιος），会被认同为阿波罗，具有神谕崇拜的土著安纳托利亚神也是如此。甚至梦境治愈者阿斯克勒庇俄斯也经常在其父亲阿波罗的荫庇下行事：在远古世界的几个庇护所中，阿斯克勒庇俄斯的崇拜后来被加入到古老的阿波罗崇拜中。

这种主导作用很难解释。毕竟，让世界运转的并非阿波罗的规划，而是宙斯。希腊人可以解释说，阿波罗作为宙斯最爱的儿子，可以接触宙斯的意志和计划，正如希罗多德的神谕（7.141）一样，或者像阿波罗亲自向弟弟赫耳墨斯解释为什么赫耳墨斯不能取代他哥哥的预言能力一样。但是，至少有些希腊人并不认为阿波罗只是简单地宣布了宙斯的忠告。一个赫吉斯波利斯人（Hegesipolis/Ἡγησίπολις）先在奥林波斯咨询了宙斯的神谕，然后去了德尔斐问阿波罗"儿子和父亲的意见是否一致"。讲述这个故事的是亚里士多德（Aristotle/Ἀριστοτέλης）（《修辞学》[*Rhetorics* 2.23 p.1398 b34]），他对阿波罗的反应只字未提。在19世纪末和20世纪初,历史学家从阿波罗作为乐神和诗神的角色的角度来解释他作为预言的角色,并为此构建了一部宏伟的部落史。"事实上,德尔斐神拥有药师、歌曲、预言、治愈、击败对手的隐形之箭,甚至月桂权杖的所有属性。"一位学者如是说。如今,药师——或者在近代被称为萨满,在希腊宗教中已经失去了作为解释范式的光环(如我们前一章所见)。相反,大多数神谕圣地都位于市郊和偏僻农田,即那些希腊人称为 eschátiē/ἐσχατιή[边缘]的地方。正是在荒野中,在人类活动文明的空间之外,人类最有可能遇见神。阿波罗活动的领域之一就是这片荒野,和他的孪生姐姐阿耳忒弥斯的领域一样——学者们称她为"(野生)动物的女主人",即 Pótnia therôn/Πότνια θήρων 和"荒野女神"。阿波罗在此狩猎,追求仙女,如河神的女儿达芙妮(Daphne/Δάφνη),为逃避他的求爱,变成了他的圣树月桂树(daphnē/δάφνη)。在此,他也负责训练年轻的城市战士,即青年男子。许多神话都说阿波罗的神谕圣地是与世隔绝的。被阿波罗诱拐到德尔斐成为他的祭司的克里特人,对他将他们带到荒山的孤独感到沮丧和震惊。迪迪马庇护所的基础传说讲述了阿波罗如何在米利都附近的"神圣树林"中诱骗了青年布兰库斯(Branchus/Βράγχος)(卡利马科斯[Callimachus],[*Fragment* 229]):布兰库斯获得了预言天赋和"神的圣杖",他成为布兰希达(Branchidae/Βραγχίδης)一族的祖先,古风时代的迪迪马先知就源于这一氏族。埃皮道鲁斯(Epidauros/Επίδαυρος)的阿斯克勒庇俄斯圣殿就建在这片未来医神出生的树林中,而在山顶上,矗立着一座孤独的阿波罗庇护所。

阿波罗三大神谕的历史

预言是一件很庄重的事情,小到农夫询问是否应该去牧羊,大到国王询问国家事务。根据希罗多德讲的一个故事(1.46—53),克罗伊萨斯(Croesus/Κροῖσος),公元前6世纪小亚细亚吕底亚(Lydia/Λυδία)富庶而强大的统治者,以超乎寻常的谨慎行事——毕竟,他正在计划进攻当时最强大的波斯帝国。因此,他首先测试了那些最著名的神谕:阿波罗在德尔斐和迪迪马的神谕、阿拜(Abae/Ἄβαι)在鲜为人知的福基斯(Phocis/Φωκίς)的神谕、宙斯在多多那的神谕、埃及的宙斯·阿蒙在利比亚(Libyan/Λίβυα)沙漠绿洲中的神谕、特罗丰尼乌斯在波奥提亚的勒巴得亚(Lebadeia/Λεβάδεια)的神谕,还有先知英雄安菲阿拉奥斯(Amphiaraus/Ἀμφιάραος)在阿提卡(Attica/Ἀττική)和波奥提亚边境的奥罗帕斯(Oropus/Ὠρωπός)的神谕。

他请求大家告诉他，他当时正在计划什么——但只有德尔斐的皮提亚和奥罗帕斯的安菲阿拉奥斯回答正确：国王准备用带铁盖的铁锅烹一只乌龟和一些羊羔。他为这一成功洋洋得意，向德尔斐献上了大量祭品和礼物，并向神请示了第二个至关重要的问题：能否与波斯王一战？神给出了一个著名的模棱两可的答案："当克罗伊萨斯越过哈吕斯河（Halys/Ἅλυς），他将摧毁一个庞大的帝国。"事实证明，那是他自己的帝国，而非克罗伊萨斯自以为的波斯帝国。

德尔斐的声名与衰落

尽管希罗多德看到了克罗伊萨斯在德尔斐慷慨的贡献，这个故事也可能是虚构的，但它彰显了德尔斐在古风时期的声名。德尔斐庇护所的古迹在古时就已经备受争议。神话中，阿波罗是继大地（盖娅）、忒弥斯，以及也许是福柏（Phoibē/Φοίβη）（无论她是谁）之后第三或第四位神谕神：这也许可以确定神谕建立在忒弥斯的情人宙斯的统治之前。但这样一个虚构的时期并不能反映任何真实的历史。铁器时代的庇护所没有铜器时代的痕迹：德尔斐必定是在铁器时代早期建成，大约是公元前900年到前700年之间。但正如荷马所展示的那样，它很快就对希腊世界产生了深刻影响，并被视为希腊在古风和古典时代最主要的神谕圣地。它早期建筑的辉煌令希腊人叹为观止。荷马的观众一定很欣赏德尔斐的石庙（"石头门槛"），这在几何时期的希腊任何地方都是不寻常的景象，在远离文明的孤山高处更是如此：难怪希腊人有时会认为阿波罗才是他们的工程师和建造者。在古风时期，这座孤石庙宇发展成为我们至今仍然可见的繁华神圣建筑群，即便它已然是废墟状态。一条宽阔蜿蜒的道路穿过雕像林立的森林，经过光彩夺目的建筑（希腊最强大的城市竞相建造的大理石宝库），直达宏伟的神庙平台，其前面有一个巨大的祭坛（图4）。如果有人在通向神庙的路上眺望风景，就会看到高耸于圣所之上的帕耳那索斯山，还可以看到下面的深谷和远海，以及从小港口通向那里的狭窄、陡峭而曲折的路。这些远景使人们再次意识到，走出小城市，阿波罗的文明力量能在早期希腊荒野中取得怎样的成就。所有这些辉煌都源于德尔斐在古希腊政治和宗教生活中发挥的核心作用。德尔斐神赞成在地中海周围的大多数殖民冒险。他批准了一些法律，如斯巴达宪法，所谓的"契约（Rethra/ῥήτρα）"，或如我们仍然拥有的殖民地昔兰尼的复杂仪式净化规则；他使宪法改革合法化，如克里斯提尼（Cleisthenes/Κλεισθένης）强加给雅典的民主革命。他在大小事务上都为希腊人出谋划策，比如如何从波斯人手中获救，以及应该授予谁在市政厅举行公共宴会的荣耀。他的建议对许多神话故事的结局至关重要,尤其是那些被搬上雅典舞台的故事,比如忒拜国王俄狄浦斯(Oedipus/Οἰδίπους)的故事或雅典国王埃勾斯(Aegeus/Αἰγεύς)想要儿子的故事。

图4:德尔斐的阿波罗神庙。西面图。图片版权归阿里纳利/纽约艺术资源所有(Temple of Apollo in Delphi. View from the west. Copyright Alinari/Art Resource, NY)

因此,许多心存感激的城市、国王和贵族向德尔斐送去精美的礼物,并在家中为阿波罗·皮提俄斯设置献祭或节日,这也就不足为奇了；这些礼物向经常光顾庇护所的国际信众展示了捐赠者的慷慨和财富。皮提亚赛会，即德尔斐的体育和音乐竞赛，是希腊在古风和古典时期最负盛名的四项比赛之一，几乎与奥林匹亚赛会齐名。尽管神谕被怀疑在公元前490年和前480年波斯人攻打希腊时是站在波斯一边的，但在波斯战争后，这一点就被轻易遗忘；德尔斐的荣耀和信誉很快恢复如初。希腊化时代，神谕为罗马元老院提供建议，正如几个世纪前为吕底亚国王提供建议一样。它在整个地中海地区名声大噪，甚至连海盗都注意到了它：当罗马人奉送一只金碗到德尔斐，以感谢神帮助他们在公元前395年征服维爱城（Veji）时，利帕里岛（Lipari/Λιπάρα）海盗拦截了这艘船，但得知货物的接受者是谁后，就立马放了它（Livy 5.28）。公元前278年出现了永恒的荣耀时刻，当时降临了一场暴风雪，或者如虔诚的传说所言，是神亲自驱赶了一支从巴尔干半岛（Balkans）向南进军，并被庇护所囤积的黄金所吸引的高卢（Gauls）掠夺大军。德尔斐人以此为契机进行自我宣传，创设了一个新的节日和比赛，即Soteria/Σωτηρία[救恩]，"拯救日"，并向所有希腊城市发出邀请。

德尔斐的衰落始于公元前88年。希腊人听任黑海东南角一个小地方的统治者，即本都（Pontus/Πόντος）的米特拉达梯（Mithridates/Μιθριδάτης）国王，他诱使他们对罗马的压迫统治进行错误反抗；仅在以弗所，愤怒的暴徒就杀害了8万意大利人。罗马的血腥和毁灭性报复致使整个希腊和小亚细亚的经济急剧衰退。

> 从小亚细亚返回时，我越过埃伊纳岛（Aegina/Αἴγινα），驶向墨伽拉（Megara/Μέγαρα），（西塞罗的一位朋友在公元前45年写道）我开始环顾四周。伊纳岛在我身后，墨伽拉在我前方，右边是比雷埃夫斯（Piraeus/Πειραιεύς），左边是科林西亚：所有这些地方曾经都很繁荣，但现在你只能看见田野里的废墟。
>
> （塞尔维乌斯·苏尔庇修斯［Servius Sulpicius］，西塞罗《致友人的信件》［*Letters to his Friends* 4.5.4］）

这种衰落影响了德尔斐，也影响了整个希腊世界的其他神谕，毕竟，这些神谕以感恩的信众所付费用（"礼物"）为生。一个世纪后，喀罗尼亚（Chaeroneia/Χαιρώνεια）的普鲁塔克（Plutarch/Πλούταρχος，约公元46—120年），一位哲学家、历史学家，同时也是德尔斐的祭司，感到有必要写一篇关于《神谕的衰落》（*The Decline of Oracles*）的对话，在这篇对话中，他思考了德尔斐和许多其他神谕丧失影响力和声望的原因。然而，在普鲁塔克的时代，希腊再次崛起，这主要归功于尼禄（Nero）

对一切希腊事物的热爱。半个世纪后,新的经济和文化辉煌被亲希腊的皇帝们巩固,如图拉真(Trajan)和哈德良(Hadrian)。这为德尔斐找回了一些魅力。庇护所得以幸存,尽管形式有所缩减,直到公元4世纪,一场可能有意为之的大火烧毁了这座神庙。尤利安(Julian)皇帝(360—362)短暂的异教复兴带来的恢复并未得到长期维持。公元385年,信奉基督教的皇帝狄奥多西(Theodosius)禁止预言,否则将被处以死刑。当时,德尔斐已经不再提供神谕。

克拉鲁斯与迪迪马

帝国时代,阿波罗的另外两座神谕圣殿远远超过德尔斐的名声。它们都位于小亚细亚西部,希腊人称其为伊奥尼亚的旧殖民地地区,罗马人则将其组织为亚洲行省;它包含了数个宏伟的古老城市,从北部的士麦那和以弗所到南部的米利都。它们一个是离士麦那不远的克罗丰(Colophon/Κολοφών)城外的克拉鲁斯圣殿,一个是米利都境内的迪迪马庇护所。这两处庇护所都可追溯到古风时代;然而在那个时候,迪迪马比克拉鲁斯的小神殿更重要,更引人注目。

《荷马颂诗:致阿波罗》(*Homeric Hymn to Apollo*)中已经提到过克拉鲁斯。它的神谕虽离吕底亚不远,却没有像迪迪马神谕那样引起克罗伊萨斯的注意。它一定是太小了,就像另一座位于向北不远的格里尼姆的阿波罗神谕神龛(Gryneum/Γρυνείῳ)。克拉鲁斯庇护所坐落在克罗丰和海港城市诺丁姆(Notium/Νότιον)之间的小山谷里,四周环绕着一片神圣的树林,迪迪马和格里尼姆的圣殿,以及阿波罗和他儿子阿斯克勒庇俄斯的许多其他神庙的景观也是如此。出土的神庙遗迹诞生于希腊化早期。但是,由于罗马将军和皇帝的赞助,它后来发展为重要的国际性庇护所,成就了它最大的名望。最近的发掘使神庙的主祭坛显露出来,上面有供奉的百牲祭,即一百头母牛或公牛:这是献给愿意提供帮助的神的奢侈祭品。在公元2世纪和3世纪,安纳托利亚西部、中部、南部以及远至北部赫勒斯滂(Hellespont/Ελλήσποντος)的大小城市使节都曾向克拉鲁斯的阿波罗请教,他声名远播,甚至出现在遥远埃及的一些神话文本中。克拉鲁斯的名声一直延续到基督教时代,尽管新宗教强加的崇拜已经结束:基督作家认为,在一些神谕中,阿波罗曾公开表示支持一神论。当被问及"神是什么"时,他在一篇六音步长诗中作答,开篇曰:"自生而生,无师无母,不可动摇,不屈于一名,而有多名,生活于火:此为神,而我们,他的使者(ángeloi/ἄγγελοι)只是神的一小部分。"这段文字给一位基督教思想家留下了深刻印象,几个世纪后,他在基督教的异教一神论论证中集中引用了这段话。

与克拉鲁斯不同,在公元前6世纪中叶,克罗伊萨斯就请教过迪迪马。它的历史可以追溯到更早。帕萨尼亚斯宣称这个地方在伊奥尼亚人定居之前就已经存在了,神话称它为宙斯引诱阿波罗和阿耳忒弥斯的母亲勒托的地方。但历史现实并非那么魔幻。庇护所的考古记录可以追溯到公元前8世纪,第一个保存下来的神谕铭文可以追溯至公元前600年前。当时,庇护所独自伫立在它的圣林中,在它政治归属的米利都以南约十英里处。米利都人可以通过海路到达这里,庇护自己所有的小港口。如果他们愿意,也可以步行:一条漫长而壮丽的神圣之路连接着这座城市与其外围的庇护所,游行队伍经常踏上这条路。在进入庇护所之前的最后一段路,被修筑成一条满是宏伟雕像的小巷,效仿了进入埃及神庙的宏伟入口。米利都的商人一直在埃及做生意,必定对它的辉煌印象深刻。如今,大部分雕像都保存在大英博物馆:一只宏伟的大石狮,当地政要、王子、贵族的雕像,尤其是庄严地坐在宝座上的神谕祭司雕像。这些祭司一定属于布兰希达氏族,氏族成员在古风时代就掌管庇护所:大祭司,即prophḗtēs/προφήτης[代表神说话并解读神意的人]或先知,也必定出自这个家族。他们的神话先祖布兰库斯是阿波罗的男性爱人,和其他情况一样,阿波罗神以预言作为礼物犒赏了这个男人（科农［Conon］，《希腊历史学家残篇集成》［*FGrHist* 26.33］）。

克罗伊萨斯错误地作了进攻波斯国王的决定，结果导致了他自己的垮台，于是波斯人征服并统治了小亚细亚。我们缺乏关于克拉鲁斯命运的信息；同样，当克罗伊萨斯忽视它时，说明它肯定没有重要到足以引起关注的程度。然而，我们听说，高贵的布兰希达人迫不及待地投降了，并将他们的宝藏交给了波斯人。但这并未阻止他们的庇护所和米利都城纷纷遭到摧毁，这是对公元前494年伊奥尼亚人起义反抗波斯人的残酷反击。公元前479年，萨拉米斯海战（Salamis/Σαλαμίς）结束后，希腊人解放了伊奥尼亚，布兰希达人连同他们的珍宝和崇拜雕像一起被流放到波斯。薛西斯（Xerxes/Ξέρξης）给了他们一座城，一个半世纪后，亚历山大将其摧毁，他的继任者塞琉古又将雕像带回了迪迪马。在大部分时间里，庇护所必须保持安静，尽管从波斯人手中解放后，从米利都到迪迪马的年度游行立即得到了恢复。神谕本身为亚历山大重生，宣告了他的神圣后裔，还预言了他要战胜波斯人。塞琉古不仅归还了神像，还发起了更大规模的神庙重建——这就是那座庙宇，其雄伟的废墟至今仍屹立不倒。庇护所迅速变得富裕，并在希腊化晚期的历史变迁中幸存下来，哪怕遭遇了海盗袭击。但和克拉鲁斯一样，它最繁荣的时期出现在公元2世纪亲希腊皇帝的统治下。图拉真皇帝不仅出资重建了从米利都到迪迪马的神圣之路，甚至还接受了荣誉先知的职位——其继任者哈德良和后来被基督徒称为"叛教者"的尤利安皇帝也同样接受了这一职位。与整个地中海世界一样，庇护所在3世纪遭受了经济和军事危机，更是受到了基督徒的敌意。一位基督作家欣喜地保留了阿波罗回答戴克里先（Diocletian）皇帝关于如何对待基督徒的圣言：阿波罗明显对基督教怀有敌意（拉克坦提乌斯［Lactantius］，《论迫害者之死》［*De mortibus persecutorum* 11］）。然而，结局是不可避免的，狄奥多西禁止预言的法令也决定了这个庇护所的命运。为了纪念基督教的胜利，神庙最深处的圣所，即女先知曾坐过并传达神谕的地方，被改建成教堂。

预言的方法

预言的方法有很多种，无论是在古希腊还是在其他地方；此处不宜将它们一一列出。然而，对希腊人而言，有一种方法似乎是最普遍，也是最高贵的：迷狂预言，或如苏格拉底所言，迷狂（manía/μανία［狂乱］）。柏拉图曾称其为"最好的事情"：

最大的赐福也是通过迷狂的方式降临的，迷狂确实是神的

恩赐。德尔斐的女先知和多多那的女祭司在迷狂的时候为希腊国家和个人获取了那么多福泽,但若她们处于清醒状态,她们就会所获甚少或一无所获。还有西比尔和其他神灵附身的人,这些显而易见的事情我就不多说了①。

(柏拉图[Plato],《斐德罗篇》[*Phaedrus* 244 ab])

为了强调自己的观点,他诉诸词源:不是希腊语中的预言科学术语 téchnē mantikḗ/τέχνη μαντική,而是源自迷狂科学的术语 téchnē mantikḗ/τέχνη μαντική?这个词源既异想天开又趣味十足,但它说明了一点:"迷狂"预言是希腊人获得神谕的主要方式。德尔斐的皮提亚、克拉鲁斯的先知、迪迪马的女先知(也许在被波斯人打断之前,是男先知),以及西比尔或卡珊德拉,都是在一种异常的精神状态下说出他们预言的,且这种状态具备超越冷静的理性。对于希腊人而言,他们是 éntheoi/ἔνθεοι[被附身],即"身体里面有一个神",或 kátochoi/κάτοχοι,即"被压制",被一种圣人灵媒的力量所控制。

要将这句话对希腊人的意义转化为我们自己的文化观念并不容易。宗教史学家通常称这一切为附体,甚至是灵魂附体,

---

① 译文参考[古希腊]柏拉图《柏拉图全集》(第二卷),王晓朝译,北京:人民出版社,2003年。——译注

而心理学家认为进入这种状态的能力可能是所有人共有的。即使这是真的,但很显然,每种文化都有其自身的一系列现象,这些现象在这种意识的改变状态下表现出来,并有自己对这些现象的思考方式。相较于其他表达,现代人类学家和宗教历史学家更喜欢(灵魂-)附体这个词,如此一来,就遵循了希腊词 kátochos/κάτοχος [压制] 的引导;然而,这个词似乎带有一些消极的基督教偏见。福音书和许多圣徒传都讲述了恶魔附身人类并驱使其作出各种古怪姿态的故事。圣徒或基督本人必须通过驱逐恶魔来恢复平静的常态:心灵的自主似乎比圣人的控制更合意。但至少在早期基督教中,也存在对此类经历的积极看法,这大概是从犹太先知那里继承下来的。保罗(Paul)知道神,或更确切地说,那正是他的圣灵,可以授予"预言的恩赐"或"各种语言的恩赐"(《哥林多前书》[*1 Corinthians* 12:7—10]),他并不反对这一点,因为这可以表明"神真的在你之中"(《哥林多前书》[*1 Corinthians* 14:25])。毕竟,他自己也有过这样的经历,那时,他"被提到乐园,听见隐秘的话语,是人不可说的"(《哥林多后书》[*2 Corinthians* 12:4])。然而,一旦基督教为了控制宗教教义和精神生活发展出一套强大的等级制度,那么,教会当局就会意识到,控制那些不能接受甚至不以神的启示为荣的思想要容易得多。因此,早在公元 3 世纪,奉行个人预言的孟他努派（Montanist）教徒就被视为异端而被取缔。

保罗对哥林多教会的描述又表明了另一观点。他的会众意识状态的改变可能有多种形式，其中包括预言和舌语（说方言）、治愈、行神迹，或解释那些说方言之人的话。现代无法对这些多样化的仪式行为类型作出公正评估——如迷乱、迷狂、混乱或失控。为了避免这些概念，我更乐于使用"神启预言"这个词，无论在保罗和孟他努派，还是在阿波罗的先知和女先知中都是如此。

阿波罗的先知

皮提亚

德尔斐的灵媒通常被称为皮提亚，这简单反映出她是皮托（德尔斐的另一个名字）宗教机构的一部分。当皮提亚在我们的文本中出现时，她是一个成熟的女人：在埃斯库罗斯（Aeschylus/Αἰσχύλος）的悲剧《善好者》（The Eumenides）的开场，她把自己描述成年老的女人（v. 36），且这一幕的瓶画显示她已白发苍苍。后来的叙述将她的年龄解释为革新的结果。最初，皮提亚可能是年轻处子，但当忒撒利人（Thessalian/Θεσσαλοί）玷污了年轻貌美的皮提亚后，德尔斐人决定，为避免此类事件再次发生，年过50岁的女子才能担任皮提亚。但即使是老妪，也应该身着少女服饰，以纪念之前的事态（西西里的狄奥多罗斯 [Diodorus of Sicily, 16.26]）。这种服饰不仅仅是一种象征。在皮提亚任期内，她会被认为过着贞洁的生活，但是，由于她不是在成年之前当选的，所以不能指望她在之前许多年里也过着独身生活。贞洁从来不是选举条件。在一些铭文中，骄傲的德尔斐人声称皮提亚为其祖母。然而，她的同僚，迪迪马的女先知却被期望过贞洁的生活。在此，没有提到年龄限制，并且假设迪迪马的女先知以年轻女子的身份被选中，且之后要过着终身禁欲的生活，似乎是合理的。

这一切的背后是对启示和性的特殊看法。基督教作家对此的态度可能非常粗鲁，原因很明显：阿波罗的启示与他们自己受启示的宗教处于竞争状态，所以他们不喜欢它。

> 他们说这个女人，皮提亚，坐在阿波罗的三脚架上，张开双腿；一股邪恶的蒸汽通过她的生殖器进入身体，使她变得疯狂（mania/μανία）：她散开秀发，陷入狂乱，口吐泡沫，在迷狂的状态下吐出字眼。
>
> （约翰一世 [John Chrysostom]，《哥林多前书》 [*Homily in 1 Corinthian 29, 260 BC*，公元 350 年之后]）

这是一种对德尔斐预言性对话的争论性模仿，它不仅影响了后来所有的基督教作家——现代对迷狂的皮提亚的描述中略去了性，但保留了泡沫。而且就像所有成功的模仿一样，它有事实依据，尽管已被严重扭曲。阿波罗，如我们在布兰库斯身上所见那般，他会赐予预言礼物作为性满足的奖励。此外，在一些关于附身的描述中，也存在性暗示：当维吉尔描述阿波罗占有库迈的西比尔时（《埃涅阿斯纪》[*Aeneid* 6.77—80]），当希罗多德讲述在吕西亚的帕塔拉（Patara/Πάταρα）——阿波罗迷狂的女祭司如何与神同眠于庇护所时（1.157），这一点毋庸置疑。其他文化中也存在类似的观点。这就解释了为何阿波罗的女先知皮提亚必须是贞女，而不是人类的情人：这位神是善妒的情人，他的许多神话都阐明，他不会将预言的礼物赠予他人所爱之人。如果这一条件无法满足，那么就像许多皮提亚一样，至少可以通过仪式创造出来，没有必要认为皮提亚只能是年轻女子。

我们不知道皮提亚是如何被选中的。据推测，她必须表现出具备通灵的气质，但没有信息告诉我们这是否需要测试或如何被测试出来。帝国时期，一些皮提亚出自德尔斐的显赫家族，正如那个时代的迪迪马女先知出自米利都的显赫家族一样：灵媒的气质可能是世袭的，并且会为家族带来声望。另一方面，德尔斐祭司普鲁塔克意识到，在他那个时代担任皮提亚的女人"生于贫穷的农家，没有任何诗艺或其他能力和经验……缺乏经验，几乎对所有事情一无所知，她的灵魂是处女，她与她的神同在"（《皮提亚神谕》[*On the Oracles of the Pythia* 22. 405CD]）。而且和其他皮提亚一样，她在整个任职期间都无法获得更多经验。她住在庇护所里某处被称为她自己房子的地方，并小心地与所有陌生人隔绝。这可能是为了防止她受到任何求问者兴趣的打扰而带来不当影响。

大多数时候，皮提亚的生活尽管不是全然充斥着无聊，也一定特别单调。最初，我们的信息显示，神一年只说一次话，是在他的诞辰那天——比西欧斯月（Bysios/Βύσιος）的第七天。后来，他每月都屈尊回答一次，如果有特殊客人来访，回答就会相对频繁。但即便如此，皮提亚最终还是可能保持沉默。谁先寻求神的建议就必须先缴纳费用，然后献上祭品，通常是一只山羊——阿波罗不是向惊愕的克里特人许诺了大量的祭肉吗？克里特人是他诱拐的第一批祭司。他那雄伟的大理石祭坛是希俄斯岛赠送的礼物，至今还能在神庙门口见到。在被屠宰前，祭祀的动物会被浸入水中：如果它没有勇猛且响亮地把水珠抖掉，那就说明神还没有准备好进行询问。这是从常规的希腊祭祀实践发展而来的——在那里，人们往动物身上洒水，使其点头，好像同意献祭一样。德尔斐的实践夸大了传统仪式：比祭品的简单同意更重要的是，神也必须愿意与皮提亚进行亲密沟通。我们知道一个案例，祭司们强迫皮提亚罔顾山羊的凶兆而预言：她丧失了理智，并在几天后死亡。但是，如果献祭的动物示意了神的准许，皮提亚便会进入最神圣的房间（ádyton/ἄδυτον［最深处的庇护所］），坐在阿波罗的神圣象征三脚架上，等待神的回答。为了作好与神沟通的准备，她用卡斯塔利亚圣泉里的水沐浴，并在庇护所的小祭坛上熏制香粉。虽然所有考古遗迹都因修建教堂而被摧毁，但阿底顿（adyton/ἄδυτον）还存留在神庙最深处。考古学家发现了一道屏障（或薄壁）的痕迹，它将神庙内部的前三分之一与最里面的部分隔开。当某些人——祭司、先知（如果他和祭司不同）、"神圣的人"——陪同皮提亚进入阿底顿时，求问者会在前厅等候，在这里，即使看不见皮提亚，至少也能听到她的声音。

关于皮提亚如何与她的神进行沟通的细节仍然存在很大争议。一位法国学者中肯地评论道："最后的皮提亚将这些知识带进了坟墓。"这里有两个问题至关重要：她是否在心醉神迷的迷狂中预言（如约翰·克里索斯托［John Chrysostom］所述），她是否被神附体？随着时间的流逝，意见分歧日渐变大。古代的记载很少，且相互矛盾，神庙的核心区域也已经失去形迹，无法修复。然而,匮乏的证据从未阻止学者们寻求答案。长期以来,似乎公认的观点是皮提亚在一种语无伦次的迷狂中发表预言,而这是由土壤中散发的气体引起的;然后,祭司们把她的含糊其词变成了合理的六音步诗,并加入他们自己的政治解读。最近,学者们开始反对这幅画面的原始唯物主义和简单化的马基雅维利主义。尽管一些史料提到,专家们诗化皮提亚的话语应该写成散文,但这并不意味着皮提亚说的就是胡言乱语,也不意味着祭司们需要这样一种政治操纵工具。因此,学者们更愿意将她理解为一种精神媒介,与现代事例相似,如著名的布拉瓦茨基夫人(Blavatsky),神进入她体内,使用她的发音器官,就像它们是他自己的一样。还有一些人,仍然执着于心醉神迷的迷狂,按拜占庭(Byzantine)作家的说法,她嚼着月桂树叶。早在1968年后,药物诱发的迷幻症流行之前,这些学者就认为是叶子中含有的致幻物质导致了她的迷狂。其他较晚的信息告诉我们,她饮用的水来自流淌在阿底顿的圣泉,这与致幻蒸汽可能性的报告相结合,从而形成了这种水含有精神药物痕迹的假设。

随着时间的推移,这些观点大多已被推翻。化学分析表明月桂树不含任何致幻物质,考古学家勇敢地尝试咀嚼月桂,结果除了牙齿变成绿色外,没有什么更惊人的发现。考古发掘表明,在阿底顿没有泉水的任何痕迹；只有一股名为卡索提斯（Cassotis/Κασσοτίς）的小泉水从神庙上方的山上流出来，但它从未流入神庙。更重要的是，后续发现指出，皮提亚并未在迷狂中说话，没有披头散发，口吐白沫，也没有像保罗的哥林多信徒那样言语含混不清。古代关于实际会面的记载坚持了皮提亚的平静和她清晰的语言表达，瓶画总是展现为一个镇静的女先知坐在三脚架上，无论是皮提亚还是她的神话前身忒弥斯女神；瓶画家能够描绘出迷狂，正如希腊花瓶上的许多女祭司所示。只有一篇异教徒的文章谈到了她的迷乱，但这是她违背自己和神的意愿被迫进入阿底顿的结果，而这也是导致她死亡的事件。普鲁塔克反驳了神通过她的发声器官说话的观点，他坚持认为人们只能听见皮提亚的声音："声音、音调、词汇、韵律都不是神的，而是女人的；他只会给予她启示，在她的灵魂中点燃一盏通向未来的明灯；这就是她的 enthousiasmós/ενθουσιασμός［灵感］。"（《皮提亚神谕》［*On the Oracles of the Pythia* 7.397 CD］）与他同一时代安纳托利亚西部普鲁萨（Prusa/Προύσα）的著名演说家迪奥·克里索斯托（Dio Chrysostom/Χρυσόστομος），指出阿波罗不会说"多利亚（Dorian/Δωριεύς）语或阿提卡语"，也不会说任何其他人类语言，人们听到的是灵媒的语言：皮提亚完全是阿波罗思想的译者，如果从一种人类语言到另一种语言的翻译总是有缺陷的,那么从神到人的翻译就更有缺陷了:"这就是神谕常常不甚了然还蒙蔽人类的原因。"(《演说辞》[*Oration* 10.23])因此,皮提亚完全不是发狂和讲舌语,用著名的意大利谚语来说,她作为译者既是 *traduttore*[**反逆者**]也是 *traditore*[**背叛者**]。

所有这一切并不意味着皮提亚在预言时处于一种平常的心境:她可以平静而清晰地回答求问者的问题,但她仍处于一种意识的改变状态,她自己的态度与受到的启示有关。毕竟,所有人都认为她是在 mania/μανία[迷狂]、疯狂的状态下预言,而且她是被 kátochos/κάτοχος[压制],为阿波罗所控。在《善好者》中,埃斯库罗斯令她谈及自己的作用:"我预言未来,无论神指引我向何方。"(《善好者》[*Eumenides* 33])神掌控一切,而不是她:"神利用皮提亚,为了让我们听见。"(普鲁塔克[Plutarch],《皮提亚神谕》[*On the Oracles of the Pythia* 21.404 D])

然而,控制是矛盾的。它可以来自外部,如细绳操控的木偶,也可以来自内部,如神潜入人体。这两种观点都见于古代。在普鲁塔克《论神谕的过时》(*On the Obsolescence of Oracles*)一书中,一位对话者说:"这完全是过分单纯和幼稚的。""相信神自己会潜入女先知的身体(就像那些腹语者,现在被称为

Pythones/πύθωνες［皮同］），还会以她们的嘴和声带作为他的乐器发声。"（9.414 DE）这种反对有神学依据。神圣的世界与人类的世界本质上是不同的——神怎么会潜入人体呢？但激烈的批评表明，在德尔斐和其他地方，这种观念确实存在，阿波罗可以被理解为一个身体掠夺者。不然为何腹语者（希腊语 engastrimythoi/ἐγγαστρίμυθοι，即"腹部有话"）会被称为 Pythones/πύθωνες［皮同］，而这个词又与德尔斐的另一个名字皮托有关？但普鲁塔克的朋友和其他古代观察家一样，选择了另一种解决方案：神从外部控制皮提亚。

尽管有许多声音坚持认为皮提亚是平静的，但在古代，德尔斐神谕暗示某种强烈的迷幻状态的观点并非完全闻所未闻。它存在于基督教的模仿中，而这种模仿是基于基督教之前的故事。关于德尔斐神谕的起源，有两个相互矛盾的神话。一个是《荷马颂诗：致阿波罗》(*Homeric Hymn to Apollo*) 中讲述的故事，神在那里杀死一条怒蛇后建立了他的神谕，他把那个地方叫作皮托，"臭石"，因为蛇腐烂的尸体散发出恶臭。另一个是关于德尔斐的神谕属性如何被发现的故事。在此，这些属性先于阿波罗庇护所的创立而存在。这个故事在颂诗之后很久才得到证实：从公元前 1 世纪西西里的狄奥多罗斯（Diodorus/Διόδωρος）开始，它就在若干史料中反复出现，且只有细微的差异;其中部分内容早在埃斯库罗斯的《善好者》中就有提及。在这个故事中,一群山羊在发现神谕的来源方面发挥了重要作用。很久以前,这些山羊在地上的一个裂缝附近吃草,这个裂缝将地下气体输送到地表。这就是庇护所的阿底顿所在地。碰巧吸入这种气体的山羊会奇怪地跳跃,并发出不寻常的声音,那是一种荒淫的含混之语。当这种情况频繁发生时,一位好奇的牧羊人检查了这个地方,自己也吸了一口气,随即开始了同样的古怪行为。旅行家帕萨尼亚斯甚至把完整的阿波罗神谕归功于他。不管是什么,这一事件的发生吸引了一群人,他们转而分享了同样的迷狂经历。早期的德尔斐人在那里建立了一处神谕圣地,献给大地女神盖娅。后来,神谕被正义女神忒弥斯接管,最后被现在的主人阿波罗继承。这个故事解释了山羊作为主要祭祀动物的缘由。山羊和人类一样容易受到这种现象的影响,因此它在神谕仪式中发挥了重要作用。它还定义了一种意识状态,在这种状态下,人类将神谕视为迷狂(用普鲁塔克的话说是 enthousiasmós/ενθουσιασμός [灵感]),它把这归因于注入了阿底顿地下气体的力量,它勾勒出了神谕的神圣历史:从盖娅的神谕发展到阿波罗的神谕。

因此,在德尔斐及其预言的古老叙述中存在着内在的双重张力。首先,关于皮提亚受神所控:一些人认为是附身的结果,即神进入皮提亚的身体,另一些人则从神学角度反驳了这种观点。其次,关于这种控制,它表现为皮提亚意识的一种改变状态。在基础神话中,控制表现为迷狂行为,甚至是某种荒诞言语,然而在神谕的日常实践中,皮提亚用她自己的声音说话,要么是六音步诗,要么是专家后来诗化的散文。这种双重张力必须加以解释。出于实际的原因,任何预言系统都试图保持神圣的信息源和人类求问者之间尽可能短的沟通路线。最短的距离大概是神对人类的直接启示,但这在任何宗教中都很少发生。鉴于神与人的本质差异,一些距离是不可避免的,在德尔斐神谕的宗教现实中,皮提亚——与神有特殊关系的人——弥合了这一距离。然而,神话据此推断出人与神之间的距离要大得多。被神附身意味着丧失人性中最重要和最核心的部分——失去自制力、记忆和身份。神话和宗教这两种观点,对于神谕的作用而言都是必要的,在神谕中,神和人这两个不相容的世界走到了一起,且相辅相成。现代学者根据实际上只是互补的观点创造了一个整体理论。

这就为我们留下了一种神秘的气体,它是创世故事和基督教论战中启示和迷狂行为的来源。但它的存在和作用已经受到普鲁塔克的挑战;教父们认为这是理所当然的,因为这种唯物主义的观点帮助他们揭开了神谕的面纱,即物质滥用。在公元

前1世纪,地理学家斯特拉波将阿底顿描述为:

> 一个洞穴,底部幽深,顶部狭窄,一股带有启示的气体(pneuma enthousiastikón/πνεῦμα ενθουσιαστικόν [气浪])从中冉冉升起,上面放置了一个高高的三脚架;皮提亚登上它,吸入了气体,遂以散文和律诗预言。
>
> (9.3.5)

其他文献也认同这种气体的存在,并使其成为神谕的标准特性,甚至有人试图从该地区一种尤为独特且令人不悦的气味中派生出皮托的名字,它的词源很简单("臭石")。法国人从19世纪后期开始挖掘这座神庙,但只发现了坚硬的岩石,没有可见且有气体涌出的裂缝和洞穴。这似乎是故事的结局:考古学再一次戳穿了古老的神话。

然而,现实似乎更为复杂。在阿波罗神谕中,德尔斐是唯一一个我们听说了气体是灵媒迷狂来源的地方。在弗里吉亚(Phrygia/Φρυγία)希拉波利斯(Hierapolis/Ἱεράπολις)的另一座阿波罗神谕神庙里,一位已故哲学家声称发现了一个积聚有毒气体的洞穴。考古挖掘证实了这一点。但没有史料将其与迷狂预言联系起来,铭文也只能证实这个庇护所中的那些神谕。

此外，至于为什么这么多史料都提及从阿底顿峡谷升起的气体会引起皮提亚的迷幻状态，也没有人能给出有信服力的解释：为何不假设他们知道的终究比我们多呢？看来，古代可能最终被证明是正确的。几年前，希腊政府下令对更广泛的德尔斐地区进行地质勘查，然而其原因与考古学毫无关系：政府需要一个可以免受地震影响的地下废料堆放点。地质学家发现了两条断层线穿过德尔斐后方的山脉；它们恰好在庇护所的阿底顿下面交汇。法国最初的挖掘报告也提到过岩石上的微小裂缝，但被认为是无关紧要的线索而被排除。受史料限制，考古学家们一直寻找的是史料中提到的裂口或洞穴，而不是微小的裂缝，即使那些裂缝也可能会释放出地下气体。更有趣的是，断层向下延伸至携带石油的地质层，而气体可能是从这些地质层散发出来的。化学家们推测，这些烟雾可能与19世纪牙科中用作麻醉剂的一种气体有关。它会从裂缝中升起，直至露出地面；可能正是这种气体通向了神谕的程序。而且，如果它积聚在阿底顿的密闭空间里，其存在感会更加强烈。

但是，这种解释仍然存在问题。普鲁塔克坚持认为，除了皮提亚，在阿底顿的侍者和神庙里的任何其他人都不会受到迷幻状态影响。然而，气体会不会散布到整个神庙的内部（《论神谕的过时》[*On the Obsolescence of Oracles* 46]）？普鲁塔克用这一观察结果作为反驳任何气体存在的根据；柏拉图主义者也不赞同物质性的解释。但这可能只是表明，不管它是什么物质，都不足以引起迷幻，它只是被嗅到了。并且也没有迫切地需要用纯物质术语来解释迷幻状态。迷幻和任何精神状态的改变一样，可以单独由心理过程诱发，它是一种条件反射，可以由易感者所适应的任何感官触发引起。以德尔斐为例，从预备沐浴到坐到三脚架上，皮提亚通过一系列仪式为她与神的会面作好了充分准备，而气体的味道可能是最后的触发因素。以我们目前的知识水平来看，这不过是一个可以解释德尔斐神谕某些特质的假设。未来的考古研究还需要在阿底顿考证裂缝的存在，并在可能的情况下，追踪气体的来源——如果真有气体存在的话。

克拉鲁斯与迪迪马

有些人饮水之后才说出神谕，如克罗丰克拉鲁斯的阿波罗祭司；另一些人则需要坐在地上的缝隙处，如在德尔斐传达神谕的女祭司；还有人从水中吸收启示，如迪迪马的女先知。

新柏拉图学派哲学家波菲利（Porphyry，公元243—约305

年）用这些话描述了阿波罗三大神谕圣殿给予启示的方法（伊安布利霍斯［Iamblichus］，《古埃及探秘》［*On the Mysteries of Egypt* 3.11, p.123.14］）。像柏拉图一样，他强调神的启示是一种预言方法，无论实现它的确切方法是什么，新柏拉图主义者深信迷狂是认识至高神的唯一途径。

克拉鲁斯

克拉鲁斯和迪迪马的共同之处在于都使用了水。这两座庇护所都围绕圣泉而建，两者都被充分挖掘：这补充了贫乏的文学记录。在克拉鲁斯庇护所，泉水流入了地下洞室，即神庙下方迷宫般的地下室尽头；这个泉水的房间就在神庙内殿的神像正下方（图5）。从它的前殿（pronaos/πρόναος），两段对称的楼梯进入一个狭窄的走廊，走廊通向一间两侧配有长椅的大房间。这里有一条通道通往小泉水的房间。当祭司被要求预言时，他就下楼进入这个房间，饮用泉水后与他的神产生启示性接触，并以诗文回答。和皮提亚一样，他是"一个没有文学和诗歌知识的人"。根据历史学家塔西佗（Tacitus）给我们的描述（《编年史》［*Annals* 2.54］），他甚至不知道问题："只要听到求问者的人数和名字就够了。"正是公元18年日耳曼尼库斯（Germanicus/Γερμανικός）王的到访，促使塔西佗作出了

图5：克拉鲁斯的阿波罗庇护所，公元前4世纪末。从西面看地下室。图片版权归瓦尼/纽约艺术资源所有（Sanctuary of Apollo in Clarus, late fourth century BCE. View of the underground chamber from the west. Copyright Vanni/Art Resource, NY）

这样的描述——"我们被告知"，塔西佗总结道，"他预言了日耳曼尼库斯的英年早逝，尽管是以一种晦涩难懂的方式，但这是神谕的一贯做法"。这一描述是我们研究克拉鲁斯的唯一实质性内容，既生动又详细；也许塔西佗借鉴了日耳曼尼库斯的妻子阿格里皮娜（Agrippina/Ἀγριππίνη）和丈夫一起旅行的回忆录。

日耳曼尼库斯是奥古斯都的后裔，也是一位显赫的求问者，他大概可以进入地下室，但他也不得不在大房间的长椅上等候。在此，他会听到泉水的潺潺细语和受启示的祭司吟诵诗文。但是，并非所有人都可以如此接近神：为了"走下去"（embateuein/ἐμβατεύειν），一个人必须经历入会仪式，这可能是一种只提供给少数人的高贵特权。在整个希腊，入会是一种与神进行亲密接触的仪式。与此同时，仪式对这种接触的经历施加了绝对保密性，克拉鲁斯必定也是如此。普通的求问者只能在楼上神庙的门廊等候，会有一位祭司侍从为他们带来写下并被密封的神谕的答案。

至少，当一个城市派遣特使至克拉鲁斯时，就像对待所有的神谕一样（克罗伊萨斯也没有去神殿，而是派了一个使者），他在返回之前不应获悉神的答案。一旦他回到自己的城市，就要立马向议会报告，直到那时，他才能打破封印，诵读诗文。他的声音代替神的声音，正如帕加马（Pergamum/Πέργαμον）城的神谕所说：

关于你们，忒勒福斯（Telephos/Τήλεφος）的后代们——你们生活在自己的土地上，比大多数人都更受宙斯王的尊重，还有雷电神宙斯的孩子们的守护，他那灰色双眸的女儿雅典娜能抵抗一切战争，狄奥尼索斯能让人们忘却痛苦，使生命成长，阿斯克勒庇俄斯能治愈邪恶的疾病；在你们当中，乌拉诺斯（Ouranos/Οὐρανός）的儿子卡比罗伊（Kabiroi/Κάβειροι）是第一个见到新生宙斯的人，当他把他母亲的子宫留在你们的卫城时——我将以永恒的声音为你们指引一种药物，使你们逃离可怕的瘟疫……

（默克尔巴赫［Merkelbach］和施陶贝尔［Stauber］，《安纳托利亚铭文》27［*Epigraphica Anatolica* 27, 1996, 6 no. 2.1—11］）

限于文章篇幅，无法全部引用，但其风格在这段文字里已很明确：这是一篇复杂的诗歌作品，其中神直接向城市讲话。他唤起了它的神话历史和主要的神话和崇拜。这座城市是宙斯的诞生地，由宙斯的儿子忒勒福斯建立，并受宙斯和雅典娜守护——他们的庇护所都在雅典卫城，还受阿斯克勒庇俄斯守护，他的治愈性庇护所在公元前2世纪中期是这一地区的主要庇护所之一。神似乎很好地适应了一个痴迷于神话历史的时代，并且偏爱一种近乎巴洛克式的复杂而非朴素的诗歌风格。

迪迪马

克拉鲁斯的祭司喝了庇护所圣泉的水，迪迪马的女先知与圣水的直接接触则较少。塞琉古从波斯带回阿波罗的雕像后，米利都人用一座以圣泉为中心的宏伟建筑取代了早期的神庙。从外面看，这座建筑就像一座普通的寺庙，尽管它非常大，且没有房顶。一段台阶通向引人瞩目的门廊，正门前有两排巨大的石柱。这个宏伟的入口并不像其他神庙那样通向一个内殿：它的双门几乎从和人一样高的门槛上打开。没有人可以跨过它，它通向另一个地方。在门槛的另一边，一段楼梯向下延伸到主场，这是一个巨大的露天围场，取代了通常的内殿。它的高墙环绕着一大片开放的区域，里面设有一个保护圣泉的小庙宇。在预言开始时，女先知要么把脚浸入泉水，要么用泉水浸湿她圣衣的衣角，这足以使她陷入迷幻状态。像皮提亚一样，她坐在一个特殊的座位上发出神谕，我们唯一的原始文献称其为"轴"（axôn/ἄξων），无论那意味着什么（伊安布利霍斯[Iamblichus]，《古埃及探秘》[*On the Mysteries of Egypt* 3.11, p.127.6]）。为了完成与神会面的任务，她借助沐浴和禁食净化自己。人们想象神谕的求问者在宽阔的门廊等待着，在向阿波罗作了初步的献祭后，他们就已经将所求之事交给了神庙侍者，然后，一旦女先知说出她的预言，就会有一位祭司走到门口复述给求问者，或者也以书面形式传达给他们。这些神谕是我们从米利都或迪迪马庇护所的铭文中了解到的。其他神谕则通过文学史料传播,尤其得益于那些对阿波罗回答中包含的神学感兴趣的新柏拉图主义者和基督教作家。公元2世纪,迪迪马神谕以与克拉鲁斯神谕同样宏大的诗句表达:阿波罗在迪迪马适应了那个时代的风格,就像在克拉鲁斯一样。

我们从这两个地方都没有得到关于启发先知的圣水的特征信息。它只是普通的泉水,还是像一些学者在德尔斐所怀疑的那样,含有致幻物质?伊安布利霍斯拒绝了克拉鲁斯"神圣之灵(pneûma/πνεῦμα)通过了水"的说法,不管意义为何(《古埃及探秘》[*On the Mysteries of Egypt* 3.11, p. 124.17])。博学的普林尼(Pliny)坚持认为克拉鲁斯的水虽然启示了祭司,但也缩短了他的寿命,但他并未解释为何会这样(《自然史》[*Natural History* 2.232])。人们可能会怀疑水中富含矿物质:这一更广阔的地区蕴藏着丰富的矿产资源——现代棉花城堡(Pamukkale)的温泉距此不远,再近些还有其他温泉,如阿伽门农浴场,特洛亚战争期间,迈锡尼国王就在这里治愈疾病,而它现在仍然可以用作治疗风湿类疾病。然而,如今填满克拉鲁斯神庙地下室的水是从当地河流渗入的普通地下水。迪迪马的水源在危机时期为当地人提供了水,但他们并未因此而作出预言。而且从来没有人知道矿质水会引起迷狂:再次强调,我们可能是在考察为预言任务精心准备的灵媒的条件反射。

关键主题

据说其他阿波罗神谕也利用了水，或者在某种情况下，利用献祭物的血；与矿质水相比，动物血液中含有致幻物的可能性更低。更重要的是，使用液体作为启示预言的触发物在阿波罗神谕中非常普遍，但德尔斐的裂缝和气体是唯一的例外。德尔斐也有神圣的泉水。在神庙上方不远处有一汪小泉，即卡斯索蒂安泉（Cassotian/Κασσοτὶς）或卡索提斯泉，庇护所外还有著名的大泉，卡斯塔利安泉（Castalian/Κασταλίας）或卡斯塔利亚泉；卡斯塔利亚泉为皮提亚的初浴提供了水。至少可以想象，在古代晚期，当德尔斐在克拉鲁斯和迪迪马的名声面前黯然失色时，他们饮用圣水的仪式也被引入了德尔斐。公元2世纪的两位作家，讽刺作家卢西安（Lucian/Λουκιανός）和旅行家帕萨尼亚斯，曾断言皮提亚从圣泉中饮水。卢西安把喝水和嚼月桂结合在一起，而帕萨尼亚斯则宣称卡索提斯流入地下，然后在阿底顿再次涌出地面。但是，这并不准确，正如我们前文所论，后者经考古挖掘证明为误，而前者被实验证明为误。而且没有更早的证据表明德尔斐有饮水：或许是德尔斐采纳了更成功的神殿的做法，要么就是我们所掌握的信息完全错误。

阿波罗

其他先知：卡珊德拉、赫勒诺斯、西比尔

阿波罗作为预言守护神的角色并不仅仅表现在特定的神谕圣殿中，至少在神话中，还有许多先知也与他有着密切的联系。

卡珊德拉

神话中的特洛亚城有两位先知，且都是国王普里阿摩斯的孩子：双胞胎赫勒诺斯和卡珊德拉。当他们的父母参观离特洛亚不远的阿波罗·蒂姆布雷乌斯（Apollo Thymbraeus/ Ἀπόλλων Θυμβραῖος）神殿时，将双胞胎留在了庇护所中。次日清晨他们的父母回来时，发现他们睡着了，有两条蛇正在舔舐他们的耳朵和眼睛：这就是赫勒诺斯能听到众神声音的原因，如《伊利亚特》（7.53）中所述，这也是卡珊德拉产生预言性幻象的原因。但与赫勒诺斯不同的是，卡珊德拉是个疑窦重重的先知。作为普里阿摩斯最美丽的女儿，她不仅在雅典娜庇护所中被小埃阿斯强暴，还引起了阿波罗的注意。神应许给她预言的礼物，以此回报她的爱，但是，当他把技能赐予她后，她却拒绝听任，于是他进行了残酷的报复：尽管他无法收回他的礼物，但他可以确保没有人会相信她的预言。预言对先知而言是个问题。埃

斯库罗斯在其《阿伽门农》(*Agamemnon*)中说，他让卡珊德拉临终前，在阿尔戈斯公民合唱队面前对阿尔戈斯说出了最后一个迷狂预言。她提到"第二次彻底毁灭了我"的阿波罗（v. 1082），并预言她自己不仅会被克吕泰涅斯特拉（Clytaemnestra/Κλυταιμνήστρα）杀害，而且阿伽门农会将她作为战利品的一部分带回家。令合唱队惊讶的是，她现在虽然是一个奴隶，但仍然可以作出预言："预言仍然存在于她的心中，尽管它受到了奴役。"（v. 1084）但他们却固执地拒绝理解她："这些预言我都不明白。"（v. 1105）

西比尔

另一个神话中的女先知是西比尔，和卡珊德拉一样，她的预言也是迷狂预言："西比尔用疯狂的嘴发出声音。"根据赫拉克利特（Heraclitus/Ἡράκλειτος，公元前 6 世纪晚期）的说法，她被视为仙女和人类的女儿：人类父亲使她成为凡人，而神圣的母亲则使她长寿（有些人说她活了 900 年），而且使她易于迷狂。希腊人描述一个人处于意识状态改变的方式是说他"被一个仙女抓住了"，即 nymphóleptos/νυμφόληπτος。几个世纪以来，从巴比伦到意大利（Italy/Ἰταλία）的普雷尼斯特，古代世界的几个地方都宣称是西比尔的故乡。古代学者通过假设有多个西比尔来解决这个问题：这就是为什么在西斯廷（Sistine）教堂的天顶画中，米开朗琪罗（Michelangelo）可以把圣经的先知和西比尔结合起来，作为异教和圣经预言的代表。许多西比尔被认为是阿波罗的女祭司——如伊奥尼亚的厄立特利亚（Erythrae/Ἐρυθραί）的西比尔和特洛亚的西比尔都是阿波罗·鼠神的女祭司，还有最著名的意大利库迈（Cumae/Κύμη）的西比尔。在维吉尔的《埃涅阿斯纪》（*Aeneid*）中，埃涅阿斯拜访她时，在城市卫城的阿波罗神庙附近找到了她（《埃涅阿斯纪》[*Aeneid* 6.9—10]）。另一个西比尔与德尔斐庇护所有关。在距阿波罗神庙不远的地方，访客们现在依然可以看到一块岩石，"第一位西比尔从赫利孔山（Helicon/Ἑλικών）来到这里后就坐在岩石上，她曾在赫利孔山受到缪斯女神的抚养"（普鲁塔克［Plutarch］，《皮提亚神谕》[*On the Oracles of the Pythia* 9]）：和缪斯（和皮提亚）一样，西比尔也用六音步诗预言，并且和皮提亚、卡珊德拉一样，也是处女，出于同样的原因，阿波罗声称对她的性拥有完全的控制权。

但与皮提亚不同的是，皮提亚的神谕由阿波罗本人说出并反映他的知识，而西比尔是独自预言。还有一点不同是，她无法亲自接受咨询。尽管她的寿命长达900年，但在历史上她已经死去了；同时，她的神谕都被收录进了书中——据说罗马就拥有其中三本。相传，一位老妇人——事实证明是库迈的西比尔——拜访了罗马国王塔克文·普里斯库斯（Tarquinius Priscus），并给了他九本书；如她所言，它们包含着罗马的命运。塔克文拒绝购买它们，西比尔烧掉了其中三本并坚持索要同样的价格。国王再次拒绝，西比尔又烧毁了其中三本，但仍然索要同样的价格。最后，国王既困惑又愤怒，只好让步买下了仅剩的三本书。这些书为罗马元老院在关键时刻提供了指导：在危急时刻，元老院会命令其常设委员会之一的"仪式执行委员会"（de sacris faciundis）去查阅这些书，并将神谕告知元老院。这些书被保存在罗马帝国的主神朱庇特（Jupiter Optimus Maximus）的神庙里。公元前83年，神庙被烧毁，书也随之被毁。元老院成立了一个委员会，负责从整个地中海世界收集西比尔神谕的样本，并找出哪一位西比尔是"真的"。当委员会从厄立特利亚选出西比尔的诗句时，元老院就会派其成员至伊奥尼亚小城购买所有可用的诗，并将它们整理成一套新的西比尔神谕集。后来，奥古斯都皇帝将这些书转移至他在帕拉蒂尼山（Palatine）修建的新阿波罗神庙。事实证明这是明智的决定，因为卡彼托山（Capitoline）神庙在公元69年的内战中再次被焚毁。由此证明，阿波罗比朱庇特更能守护西比尔的诗句，直到罗马的基督教化才结束了咨询这些书的传统。

当时，西比尔本人也被基督徒接纳了。因为她是以自己的名义而非以阿波罗的名义说话，所以任何神都可以启示她。在犹太教反对希腊化的斗争中，西比尔转变为受一位上帝启示的女先知，而这位上帝已经在他们与强大的犹太国王的斗争中启示了他自己的先知。基督教崛起后，西比尔再次转变立场：她的神谕开始"预卜"基督的到来、他的神迹和受难。君士坦丁（Constantine）皇帝对这些预言印象深刻，它们"从愚昧迷信的神庙"发出（《致圣徒的演说》[*Oration to the Saints* 18—21]）；与他同时代的基督教作家拉克坦提乌斯（Lactantius），收集了圣经先知语录和西比尔语录之间的相似点，并表明这些预言并非如某些异教徒所断言的虚构，而是真实的预言（《神圣原理》[*Divine Institutions* 4.15]）。出于这个原因，保存至今的西比尔神谕几乎只有一套 11 卷的犹太和基督教起源的书。

小结

在整个古代，阿波罗一直是预言的核心神。他的弟弟赫耳墨斯成为次要预言形式，如抽签和骰子神谕的守护神。在埃及的多多那和锡瓦，人类可以直接与宙斯接触以获得信息。但正是在阿波罗的主要圣殿——德尔斐、迪迪马和克拉鲁斯——阿波罗通过受其启示的男女祭司向人类传达信息,还有一些小型庇护所也提供类似的服务。获得启示的方法——进入改变的心灵状态,打开一扇通往神的心灵之窗——因神谕而异,因当地情况而异。但是,主要原则保持不变:一个祭司或女祭司,因其特殊的灵媒能力而被预言选中,从而充当神与人类求问者之间的沟通渠道。卡珊德拉、赫勒诺斯或西比尔等神话人物都遵循同样的启示模式。德尔斐、克拉鲁斯和迪迪马的神谕被刻在石头上,并被异教和基督教作家收藏在书中,后者甚至通过异教神之口来证明基督教的主张。同样,阿波罗启示的女先知西比尔不仅为异教徒服务,还为犹太人和基督徒服务,并且西比尔可以与旧约的先知结合在一起,代表神启的现实和真理。

四、阿波罗，治愈神

神与瘟疫

在《伊利亚特》中，阿波罗散播了瘟疫，但也治愈了它。荷马的叙述融入了近东故事的背景中。阿波罗用箭传播疾病，近东的战争和疾病之神埃拉（Erra）也是如此。阿波罗也像埃拉一样，对人类行为感到愤怒。埃拉发怒是因为人类忽视了他的崇拜，阿波罗发怒是因为阿伽门农侵犯了他祭司的荣誉；在这两种情况下，瘟疫都是在神的愤怒平息后才得以结束。然而，结束这场瘟疫比触发它更加困难：虽然祭司克律塞斯的祈祷足以使阿波罗与希腊人对立，但克律塞斯的反向祈祷必须辅以充分的赎罪。为了安抚神，希腊人为他献上了一个百牲祭和舞蹈，并唱了一整天的颂歌。

然而，与埃拉不同的是，荷马的阿波罗并不一定是瘟疫神和神圣治愈者。攻击和释放是特定行为模式的一部分，这一模式通过神怒的故事来解释灾难,并允许人类通过安抚神的仪式来实现对抗。在整个古代,甚至在希腊和罗马世界之外,个别疾病和大规模流行病都可以被理解为神下派的惩罚,因为人类侵犯了神的权利。无数神话都遵循着克律塞斯的故事的基本叙述顺序,许多古代文献也证实了这是一种个人经历。它包括四个部分:(1)人类有意或无意地激怒了神;(2)神散播疾病;(3)预言决定了灵媒和神怒的原因;(4)举行仪式安抚神灵并恢复健康。在公元前5世纪晚期,撰写《神圣疾病论》(*On Sacred Disease*)的无名医生发现了癫痫传统疗法背后的相同模式,因此他极力反对,于他而言,癫痫这种"神病",并非神送来的需要仪式治疗的惩罚。普通的医术就足够了,无须让先知根据病人的症状来诊断哪些神是疾病突然发作的原因:

> 如果患者出现山羊一样的举止,咆哮,或右侧抽搐,他们便说应归咎于众神之母;如果他发出刺耳而响亮的叫声,他们会把他比作一匹马,并说是波塞冬所致;如果他经常失禁(受到攻击的压力下),就说是埃诺狄亚(Enodia/Ενοδεια)所致;如果他的粪便像鸟粪一样频繁和稀薄,那就是阿波罗·诺米乌斯(Apollo Nomius/Απόλλων Νόμιος)所致;如果他口吐白沫并且双脚乱踢,阿瑞斯就要受到咎责。

也无须复杂的治疗仪式、"净化和咒语"、特殊的着装和特殊的饮食,患者最好去咨询他的医生,而非他的先知或净化祭司。

在古代生活的现实中,这条由神的干预、人类疾病和人类仪式组成的行动和反应链,并非连续不断的;它是一种构建,使严重的疾病可以被理解,并找到相应的人类行为来对抗它。在神学家、医生和诗人的知识需求之外,对某种疾病的解释比一个圣人能提供的保护更有意义,因为从远古时代起,人类就经常遭受各类疾病的肆意袭击。数百年来,受尽折磨的人类根据他们的信仰体系,将救赎的希望转向了强大的祖先、神或圣人。"他们茫然无措,无药可救,便将自己藏身于神的背后,称病为圣,如此,他们的无知就不会显露出来。"这位博学的希腊医生试图通过这种分析来诋毁祭司,尽管这可能会被称为嘲讽和不义,但也并非完全错误。面对无所不在的疾病,无助的人类更多地求助于神灵,而不是超自然疗法的效力。即使在我们这个医学工业化的时代,宗教治愈者和圣徒——基督教、穆斯林、印度教——仍然拥有令人钦佩的信徒,无数朝圣者聚集在卢尔德(Lourdes)圣母院,或徒步数日前往印度西北部塔尔沙漠(Thar)的印度教神庙和穆斯林圣拉姆德夫(Ramdev)神庙。理论上,任何神圣的灵媒都应该能够提供帮助,但实际上,有些人比其他人更成功，过去、现在都是如此。

在希腊和罗马宗教的奥林波斯神中，阿波罗便是最成功的治愈者。在《伊利亚特》第一卷中，他与疾病的联系可能比故事中所承认的更为紧密。希腊人为他唱的颂歌通常用作治疗疾病，医生阿波罗在希腊东部的许多地方都受到崇拜，据说荷马就出自那里。阿波罗和忒撒利或麦西尼（Messene/Μεσσήνη）的当地英雄，即他的儿子阿斯克勒庇俄斯共同履行这一职责，随着时间的流逝，阿斯克勒庇俄斯作为治愈者的声誉逐渐超越了他父亲，并占用了他父亲的神圣颂歌。颂歌的名字本身与派翁有关，派翁是荷马史诗中诸神的私人医生的名字，也是后来希腊的阿波罗的别号之一，通常拼写为派翁（Paián/Παιάν）。

阿波罗（与）派翁

在荷马史诗中，派翁（或者更确切地说，在荷马的拼写中为Paiēōn/Παιήων）很少出现。在《奥德修纪》中，埃及人被称为"派翁的亲族"，因为那个神奇国度的每个人都擅于医学和药理学（4.232）；无论派翁是谁，他都是一位精通药草和药物的治愈者。在《伊利亚特》第五卷中，叙述者描述了强大的英雄狄奥墨德斯如何在雅典娜的带领下与诸神作战，甚至击伤了诸神：阿瑞斯负伤后，冲上奥林波斯山向宙斯展示他"不朽的血液"，这是一种自尊心受到伤害的幼稚行为。宙斯似乎并不太在意，但至少"他命派翁医治他"（5.899）。派翁迅速施了药膏，即刻便缓解了阿瑞斯的疼痛。一代人之前，当冥王被宙斯的儿子赫拉克勒斯射中肩膀时，他也为哈得斯做过同样的事（《伊利亚特》，5.401）。

乍一看，对于史诗作者而言，派翁似乎是一位独立的治愈神，但是有个问题，在荷马史诗之外，派翁只有一次被证明是一位独立的治愈者，并且也是记载在史诗中。在赫西俄德的一首晦涩的诗歌片段中，阿波罗和派翁被明确地视为两位神："如果福玻斯·阿波罗［这位诗人说］不能从死亡中拯救我们，派翁也不知道补救一切的方法。"（赫西俄德［Hesiod］，《残篇》［*Frg.* 307］）在其他古代文献中，派翁这个名字都用作阿波罗的崇拜别号，以此将他定义为治愈者，就像颂歌是阿波罗的歌一样。因此，在荷马史诗中，派翁这个名字可能确实指的是阿波罗，因为希腊人和罗马人可以单独使用别号来代替神的名字，比如得利俄斯代表阿波罗，奥林波斯代表宙斯。公元前73年，西塞罗（Cicero）批判西西里总督韦雷斯（Verres）从阿斯克勒庇俄斯庇护所偷走了"一尊神奇而庄严的派翁雕像"，他指的正是治愈者阿波罗的像，仅用这个别号就足够了，背景也很清楚。

在荷马的例子中，学者们争论他不愿使用这样的别号，要在两者中作出选择并不容易。荷马史诗的作者们很可能已经不确定派翁的身份了，如果被追问，不同作者可能会给出不同的答案。值得注意的是，后来埃及亚历山大港（Alexandria）的一位学者和我们同样感到困惑，但他的思想更为激进，于是为了"理清"《奥德修纪》的篇章，他以阿波罗替代了派翁。

作者有充分的理由存疑。Paiēôn/Παιήων 这个名字是从青铜时代晚期的希腊口述传统中流传下来的。在迈锡尼希腊人的文本中，以所谓楔形文字 B 书写的许多神名中，有一个派阿翁，与其他神灵如雅典娜、厄倪阿琉斯（Enyalius/Ενυάλιος）和波塞冬一起接受了祭品。派阿翁是希腊青铜时代的神和女神之一，他们的崇拜在迈锡尼世界崩溃后就消失了。通过史诗看到，他只在口述传统中留下了痕迹。如果我们可以相信作者的记忆（没有理由不相信），那么派阿翁就是一位治愈神，拥有深厚的药草和药物知识，在古代近东的青铜时代文化中，他是迈锡尼文明中许多治愈神明的化身。

没有证据表明阿波罗出自迈锡尼时代，可以肯定的是，他并不存在于青铜时代希腊的万神殿中（见第六章）。他一定是在后来代替了派翁，并使这一名字成为阿波罗的别号，这里表现出神性的融合。在铁器时代的希腊，从公元前 5 世纪的雅典到希腊化时代的西西里岛和帝国时代的吕底亚,阿波罗·派翁在几个城市都有出现。尚不清楚哪个时代的阿波罗被确定为迈锡尼神,但这一定发生得很早,也许远早于荷马时代。毕竟,阿波罗在《伊利亚特》中像治愈者一般受到崇拜,虽然不是像派翁那样的神灵崇拜,而是属于一种人的崇拜:当英雄格劳科斯受伤时,他求助于阿波罗,神照料他并平息了他的痛苦(《伊利亚特》,17.528)。这可能不仅仅是阿波罗偏袒特洛亚人的结果,当时他从战斗中救出了埃涅阿斯并将其带回他的神庙,勒托和阿耳忒弥斯在那里医治他被狄奥墨德斯抛掷利石造成的创伤(《伊利亚特》,5.445)。

这就引出了一个问题,我们如何将不同神灵的融合视为一种历史现象。后来有一些关于这一过程的理论指导和更好的文献记录,它们通常是将本地神与移民或征服者的神进行认同。诸神只存在于人们信仰的范围内,而信仰通常表现在崇拜、祈祷、献祭、游行,以及对他们帮助的感谢祭中。因此,为了明确神的存在,必须有崇拜者,以及定期举行祭礼的团体。"没有人是一座孤岛":群体间的交流通向了对自己所奉神灵的交流。然后,两个群体可能就会发现,他们所崇拜的神在作用甚至外观上都非常相似。由此可见,我们仅需要迈出一小步,就可以洞悉到每个团体实际上都在崇拜相同的神灵,只是名字不同而已。这一案例发生在青铜时代早期的美索不达米亚（Mesopotamia/Μεσοποταμία），当时居住在幼发拉底河（Euphrates/Εὐφράτης）和底格里斯河（Tigris/Τίγρις）广阔平原南部的苏美尔人（Sumerian）意识到，他们的许多神与说阿卡德语（Akkadian）的北部邻国所崇拜的神是相同的。苏美尔的欺诈之神恩基（Enki），被认为与阿卡德的伊亚（Ea）相同。神话被借用和交换，随着时间的推移，当地学者草拟了一份完整的语言对等表，即神名词典。当希腊商人、雇佣兵和旅行者在公元前600年到达埃及时，便可看到同一过程的另一种变化。他们试图理解埃及城市中复杂的万神殿，并将埃及的神与他们自己的神等同。结果从希罗多德《历史》第二卷对埃及宗教的精彩描述中可见：伊西斯（Isis/Ἶσις）等同于德墨忒耳，奥西里斯（Osiris/Ὄσιρις）等同于狄奥尼索斯。希腊人不像思维缜密的阿卡德人那样制定名单，但当他们几个世纪后最终征服埃及时，他们也在崇拜中融入了人格。当地人以阿蒙（Amun/Ἄμμων）的名义敬拜的神被希腊人称为宙斯，由于希腊人习惯于用别号来区分宙斯的诸多形式，因此他们将埃及名希腊化，使其变成了一个别号，称埃及神为宙斯阿蒙。这种认同的基础有时很薄弱，而且偏印象主义，在这个例子中的确如此：阿蒙是埃及万神殿中至高无上的神，这就足以让希腊人称他为宙斯，尽管他长着公羊头。

追溯到从青铜时代到铁器时代没有记载的过渡时期,这意味着一群崇拜阿波罗的人遇到了崇拜治愈神派阿翁的迈锡尼人,由于他们的阿波罗是一位治愈者,所以他们将二者等同。久而久之,对阿波罗的崇拜传遍了整个希腊,而派阿翁却慢慢消失,且原因不明:也许是带来阿波罗的人——他们肯定不是迈锡尼人——成为统治者,或者是阿波罗被视为强大而有用的神,故迈锡尼人的后裔接受了他,并让他们自己的派阿翁从属于他。无论过程如何,我们只看到结果:许多地方崇拜阿波罗,且他的别号都是派翁,并且在早期希腊作者的传统口述故事中也出现了关于派阿翁神的模糊记忆。

治愈神阿波罗的其他形式

概而言之,能证明阿波罗治愈能力的别号并不常见。我们感觉在古风时代后,治愈者阿波罗就变得没那么重要了。罗德岛(Rhodes/Ρόδος)的林都斯(Lindus/Λίνδος)居民拥有他们的瘟疫神阿波罗,即阿波罗·洛伊米奥斯(Apollo Loimios/Απόλλων Λοίμιος):他必定是在传染病蔓延时帮过他们。还有两个别号已得到广泛证实:医生(Doctor)和奥留斯(Oulios/Οὔλιος)。地理学家斯特拉波说:"米利都人和得洛斯人称阿波罗为Oulios/Οὔλιος，指'健康提供者'和派翁之类，因为oulein/οὔλειν一词意为'保持健康'。"（14.1.6）当他补充道，"也就是说，阿波罗是一位治愈者"时，他可能已经指出神的某个方面，而这个方面对他的读者来说并不是不言而喻的，或者他可能只是在陈述显而易见的事实。还有几个其他城市的居民也崇拜阿波罗·奥留斯，其中至少有一个医生联盟。

该联盟在意大利南部韦利亚（Velia/Ελέα）城内，这座城市位于那不勒斯（Naples/Νεᾱ́πολῐς）和雷焦卡拉布里亚（Reggio di Calabria/ Ῥήγῐον Καλαβρίᾱ）之间，考古学家正是在这座城市的丰富挖掘中发现了它。韦利亚是一座希腊城市，附着一个土著聚居地，聚居地的名字得到认可并被希腊化了：希腊人称其为爱利亚（Elea/Ελέα）。爱利亚由来自米利都北部不远的小城弗凯亚的移民建立，弗凯亚人是勇敢而上进的水手，曾一度统治了西地中海。后来爱利亚迅速发展成了一座美丽的大城市，从它的废墟中仍然可以看到，卫城山下有一条壮观的通道，连接着旧城区和新街区。但它主要的名气不在于美丽或富饶，而在于学识：它是哲学家巴门尼德（Parmenides/Παρμενίδης，公元5世纪初）和他所创哲学学派的故乡。巴门尼德关于存在与非存在的变革性思想深刻影响了柏拉图，并通过柏拉图影响了整个西方哲学传统。但巴门尼德在他的城市里留下了比这更耀眼的印记。

早期韦利亚帝国的访客从港口进入城市时，右侧紧挨大门的庄严建筑定会引起他的注意。如果他一时冲动，就会踏上一段宽阔的楼梯，进入一个三面被拱廊环绕的大院，大院中央矗立着一座祭坛。右边的一扇门会将他引入一个大厅，穿过大厅，就会进入一个被拱廊环绕的大花园。在入口庭院和花园中，他会看到许多半身雕塑像，其中大多数都是罗马的：铭文表明他们是住在这处建筑群中的宗教联盟的医生和历任理事——像任何其他正派联盟一样，这一联盟也通过其历任理事的肖像长廊展示了其辉煌的过去。然而，在所有罗马名人的半身像中，有三尊雕像脱颖而出：一尊阿斯克勒庇俄斯雕像（我们能在医生联盟里看到），一尊手持七弦琴唱着歌的阿波罗雕像，还有一尊长满胡须的希腊哲学家头像：铭文上写着"巴门尼德、皮瑞斯（Pyres/Πυρης）的儿子，奥留斯族人（Ouliades/Ουλιαδης），自然哲学家"。"自然哲学家"（phusikós/φυσικός）是对我们现在所论前苏格拉底学派的通称，而 Ouliades 的字面意思是"奥留斯的族人"。在此，它只能是一个荣誉称号。巴门尼德被认为是该联盟的第一位成员，其合法性源自阿波罗，且该联盟在罗马韦利亚的成员大多（或完全）是医生；我们可以假设庭院里的祭坛是献给阿波罗·奥留斯的。然而，这个阿波罗却被描述为一个音乐家，多少有些耐人寻味。这可能只是一个巧合：这尊雕像是古典时期著名的阿波罗像的复制品，联盟因其声望购买并展出了它。但这可能只是他们为乐神阿波罗赋予了特殊意义，至少在毕达哥拉斯学派中，音乐被视为治疗精神疾病的良药。毕达哥拉斯认为自己是阿波罗的追随者，而他最杰出的西西里追随者恩培多克勒，既是一名 phusikós/φυσικός［自然哲学家］，也是一名医生。

阿波罗作为治愈者的另一个别号是"医生"。医生阿波罗在整个伊奥尼亚和黑海殖民地都受到崇拜，这些殖民地是伊奥尼亚人，尤其是米利都人在公元前 7 世纪到公元前 5 世纪之间建立的。克里米亚（Crimea）的奥尔比亚，位于第聂伯河河口（Dniepr），希腊的博里斯塞讷斯河（Borysthenes/Βορυσθένης）河口，无疑是米利都最重要也是最北部的殖民地中心。大约在公元前 600 年，米利都移居者建立了奥尔比亚，就像希腊移居者通常做的那样，他们也带着自己的地方崇拜。这表明医生阿波罗（当地方言为 Iētrós/ἰητρός）必定在米利都存在一种崇拜，尽管我们缺乏直接的证据。在奥尔比亚，和阿波罗的其他身份一样，医生阿波罗变得非常重要。这座城市最古老的庇护所属于医生阿波罗，阿波罗·德尔斐尼俄斯（另一个重要的米利都神）在集市附近有一座神庙，还有一个可能出自迪迪马的阿波罗神谕，以阿波罗的神圣数字"七"的序列预言了这座城市的未来：七年、七十年、七百年。定居在远比土耳其（Turkey/Τοῦρκος）西海岸气候恶劣的遥远北部地区，移居者一定迫切需要神来保护他们的健康，这就解释了阿波罗"医生"的兴起，黑海沿岸的其他米利都定居点也都是如此。它们建在大型内陆河河口湿地附近，如德涅斯特河河口的提拉斯（Tyras/Τύρας），或者多瑙河（Danube/Ἴστρος）宽阔三角洲的伊斯特鲁斯（Istrus/Ἴστρος）。而湿地滋生疾病，从古至今皆是如此。

但健康只是医生阿波罗关心的问题之一，就像其他大多数治愈性神灵一样。对孩子，尤其是对男孩的渴望是另外一个问题，而神对这一问题的帮助往往体现在孩子名字上。希腊人的名字容易为任何以希腊语为母语的人所理解。它们通常由两个希腊词组成，其中一个词通常是神的名字：阿波罗 - 多罗斯（Apollo-doros/Ἀπόλλων-δορός）是"阿波罗所赐"的男孩。在整个希腊世界，我们都能找到名字中包含 Iatros/ἰατρός［医生］一词的男孩和男人，如 Iatrokles/Ἰατροκλῆς，意为"医生阿波罗的名望"，还有 Iatrodoros/Ἰατρόδωρος，意为"医生阿波罗的礼物"。这些名字意味着，这对父母，或至少是孩子的母亲，曾向神圣治愈者祈求一个健康的儿子，且这个愿望实现了，但也不一定是指医生阿波罗——在很多地方，医生不是指阿波罗而是指一个英雄，即雅典的"英雄医生"。在伊奥尼亚及其殖民地的城市中，这类人名尤为常见，我们完全可以假设是父母想要感谢"医生"阿波罗的帮助。

从希腊到意大利

在一个充满有害病菌、经常遭受饥饿和干旱折磨的世界里，健康是普遍的需求；人们认为能有效治疗疾病的神将会受到广泛崇拜。医生阿波罗不仅在希腊城市和黑海沿岸的希腊殖民地开创了自己的事业。当他在意大利南部繁荣的殖民地声名鹊起时，他的崇拜也向北传播至罗马人和伊特鲁里亚人那里了（Etruscans/Tυρρηνοί）。

伊特鲁里亚的阿普鲁（Ap(u)lu）

对于伊特鲁里亚而言，阿波罗出现得很早，且主要是作为希腊神话故事中的一个角色而为人所知。就像我们所知道的关于伊特鲁里亚的其他信息一样，这些证据都来自考古学。青铜镜上的雕刻幸存下来，向我们展示了著名的希腊神话中以阿波罗为主角的场景。一尊真人大小的美丽赤陶神像，矗立在伊特鲁里亚城市维爱（Veii）的一座神庙顶上（图6），代表他是与赫拉克勒斯为刻律涅牝神鹿（Cerynthian/Κερυνῖτις ἔλαφος）而战的团体一员。铜镜上刻有他的名字，他被称为 Apulu，简称 Aplu。

图6：维爱神庙里的阿波罗，公元前6世纪晚期。罗马朱利亚公园博物馆。图片版权归埃里希·莱辛/纽约艺术资源所有（Apollo from the temple in Veii, late sixth century BCE. Museo Nazionale di Villa Giulia, Rome. Copyright Erich Lessing/Art Resource, NY）

所有这一切都是神话，而非崇拜，而且长期以来，研究伊特鲁里亚宗教的学者在他们的文献中都找不到阿波罗崇拜的迹象。伊特鲁里亚人在德尔斐献上祭品这一事实在其家乡并未被证明是一种当地崇拜。然而，伊特鲁里亚本身确实存在着对神的献祭。波士顿美术博物馆中的一尊男孩青铜坐像是献给阿普鲁的。尽管所有的考古背景皆已失落，但其风格暗示了一个时间和地点：它被认为制作于公元前3世纪，曾供奉在伊特鲁里亚南部的一处庇护所。在整个地中海东部的许多庇护所都有类似的雕像，它们通常被供奉在治愈神的神殿里。比如在西顿（Sidon/Σιδών）的埃什蒙（Eshmun）庇护所，即腓尼基人的阿斯克勒庇俄斯庇护所，就发现了大量雕像，其他雕像则出自塞浦路斯岛上的阿波罗庇护所。父母献上它们以感谢神拯救了他们的孩子免于疾病，或者感谢神赐予了他们渴望已久的儿子。把伊特鲁里亚人的形象献给阿波罗也是出于同样的原因。

伊特鲁里亚的阿普鲁没有别称，且他是儿童守护者，这是我们对伊特鲁里亚人崇拜的唯一确定的信息。由于波士顿小雕像没有考古背景，因此尚不清楚应将其理解为来自神的独立庇护所，还是作为对另一个神的庇护所的供奉而存在；在另一个伊特鲁里亚庇护所中，阿普鲁和克瑞斯（Ceres）一起受到崇拜。也没有确切的方法知晓神是如何降临伊特鲁里亚的。他可能来自意大利南部，那里有许多阿波罗庇护所，也可能直接来自希腊，就像另一个案例那样。一位来自埃伊纳岛的希腊商人，在伊特鲁里亚塔奎尼亚（Tarquinia）的港口城市格拉维斯卡（Graviscae/Γραουῖσκαι）将一个巨大的石锚献给了厄基那人（Aeginetan/Αἰγινήτης）的阿波罗，这样的奉献行为可能激发了一个独立的地方崇拜。最后，这个神还可能来自罗马，罗马的医生阿波罗，也就是说 Medicus 在罗马有一个重要的崇拜。

罗马的阿波罗·梅迪库斯

罗马历史学家李维（Livy）讲述了在公元前 433 年，

> 一场瘟疫让一切都停止了。为了罗马人民的健康，他们立誓要为阿波罗建造一座神庙。在查阅了西比尔的书籍之后，*duumviri*［元老院仪式执行委员会］举行了许多仪式，以平息诸神的愤怒，并使人民免受瘟疫，然而，在城市和农村，许多人和动物丧生。由于农夫们身患恶疾，官员们担心饥荒大肆蔓延，于是派人到伊特鲁里亚、库迈，甚至到西西里岛去寻找粮食。
>
> （李维［Livy 4.25.3—4］）

两年后，罗马人为阿波罗建造了一座神庙（李维［Livy

4.29.7〕）：他们一定把这场瘟疫的结束——与其说这是一个戏剧性的结局，不如说是一种结束——归功于希腊治愈者，并对其心存感激，尽管瘟疫持续时间很长且造成了灾难性的影响。

他们在一个已有神坛的地方建造了神庙，罗马人称其为Apollinar［阿波罗神］，神坛早在公元前449年就建好了，但原因我们不得而知。在神庙中，他们加入了阿波罗的母亲和姐姐，勒托/拉托娜（Latona）和阿耳忒弥斯/狄安娜（Diana）——这并不奇怪，因为希腊人经常在阿波罗的庇护所崇拜阿波罗三联神。这座神庙和罗马所有的神庙一样，矗立在一个高高的平台上，位于朱庇特神庙西北不远处，战神广场的东南边界。那时，庇护所多少是有些与世隔绝的。后来，附近又建起了其他庙宇，公元前13年，奥古斯都（Augustus）在西边建造了一座大型石头剧场，并以其孙子马塞勒斯（Marcellus）的名字命名，马塞勒斯的早逝磨灭了奥古斯都想让他成为继承人和继任者的希望。这个剧场至今仍是当代罗马的地标性建筑。在它旁边，游客们还可以看到阿波罗神庙的几根柱子，尽管已不是早期罗马神庙的柱子。奥古斯都剧场的建造对古老庇护所造成了严重的冲击，而这座在过去几个世纪里已经多次修复的神庙，也被一座更现代的庙宇所取代。

奥古斯都在帕拉蒂尼山为亚克兴（Actium/Ἄκτιον）的阿波

罗建造神庙前,阿波罗·梅迪库斯神庙是罗马唯一的阿波罗神庙。罗马人认为神本质上是一个治愈者。他被奉为**"健康使者"**(*salutaris*)和**"医药提供者"**(*medicinalis*),维斯塔贞女在日常祈祷中称他为 *Apollo Medice*[阿波罗·梅迪库斯]、*Apollo Paean*[阿波罗·派翁],这一直持续到异教信仰的终结。

阿波罗·梅迪库斯神庙献祭仪式举行两个世纪后,在公元前212年至前208年,罗马人为纪念他设立了赛会,*ludi Apollinares*[阿波罗神节]。这是罗马又一次遭遇严重危机的时刻——不是因为瘟疫,而是因为外来入侵者:罗马与汉尼拔(Hannibal)的迦太基(Carthaginian)军队进行了一场殊死搏斗,但形势对他们不利。确实,罗马人后来将这场战争,即第二次布匿战争(Second Punic War,公元前218—前201年)视为他们所经历的众多战争中历时最长、最危险的一场。在又一次挫败之后,像在这场漫长痛苦的战争中经常发生的那样,人们求助于神谕来帮助罗马艰难前行。西比尔神谕和古代先知马尔西乌斯(Marcius)的神谕都建议罗马人转向阿波罗,以他的名义举行赛会。最初,这些赛会每年举行一次,但日期都不同,只有当需要神的帮助时才举行。但是,当又一场传染病在公元前208年袭击罗马时,元老院决定永久保留赛会,并给它们定下了确切日期,即7月13日。这一直持续到罗马异教徒时代结束,在此之前，赛会一直都颇受欢迎。

后来，罗马人就阿波罗赛会的缘由进行了争论。李维坚持称这"不是为了健康，而是为了胜利"。一个病原学故事似乎证实了这一点：我们得知，在赛会的首场演出中，一个敌人（故事中关于他的身份相当模糊）袭击了这座喜庆的城市。当公民们疯狂地试图拿起他们的武器时（因为人们通常不会身着全套盔甲观看赛马和其他表演），"人们看见一团箭矢飞向敌人并将其赶走，使罗马人能够再次回到好客之神的赛会中"（马克罗比乌斯［Macrobius］，《农神节》［*Saturnalia* 1.17.25］）。显然，神不喜欢他的赛会被充满敌意的外邦人扰乱。这个故事一定是虚构的，它可能模仿了公元前278年阿波罗抵御高卢人掠夺、保卫他的德尔斐庇护所的故事。但无论其起源如何，它都使治愈者阿波罗转变成了强大的弓箭手阿波罗。

蛮族的治愈者

公元前2世纪晚期至前1世纪，罗马人向西北扩张，进入了现在的法国。起初，他们征服了南部地区并将其纳为他们的行省，即山外高卢（Gallia Transalpina）。我们现在还称其为普罗旺斯（Provence），这是以罗马词命名的。此举确保了罗马征服西班牙之后从意大利到西班牙的陆路通道。公元前58年,尤利乌斯·恺撒(Julius Caesar)任高卢行省总督,他有条不紊地将罗马的权力向北扩张,并一直延伸到莱茵河(Rhine)。在此过程中,他违反了罗马法和国际惯例,对高卢的凯尔特(Celtic)部落发动了一场师出无名的战争,还发动了一场引起罗马元老院反对的大屠杀。但高卢人从此成为罗马人,高卢的崇拜也随之而来。

恺撒的《高卢战争报告》(*Report on the War in Gaul*),是有史以来最具技巧的宣传作品之一,其中有谈到他所征服的人民的宗教信仰,并列举了一系列神灵:"其次[墨丘利(Mercury)之后],他们崇拜马尔斯、朱庇特和阿波罗,他们关于这些神的信仰和其他人差不多:阿波罗能避免疾病……"(恺撒[Caesar],《高卢战记》[*On the War in Gaul* 6.17.2])。在这种一维视角下,治愈是阿波罗的唯一作用。或者更确切地说,在高卢,任何能够治愈或避免疾病的男性神祇都被称为阿波罗,无论当地人为他赋予了什么名字。塔西佗称这种论证为 *interpretatio Romana*,即**"罗马人解释事物的方式"**。正如我们所见,所有古代文明都用同样的基本方法来对待邻近文明的神灵:他们会寻找并确认一个或几个外邦神与他们自己的神有共同之处,这样就可以解决问题了。不同的神名只是语言的问题;

它们可以像任何其他单词一样，从一种语言翻译成另一种语言。罗马征服者、行政官员、商人和高卢（及其他地方）定居者都将使用拉丁名字，久而久之，当地人亦会效仿。

正是由于这种语言习惯，古代文献才能命名高卢的几座阿波罗神庙。我们听闻的第一处庇护所出自希腊人的记载，大约在公元前300年，在高卢附近的一个岛屿——要么是英国，要么是海峡群岛之一，当地传说阿波罗诞生于此。罗马铭文证实了阿波罗在高卢的普遍存在，且通常与那里众多的温泉之一有关（毕竟，法国是盛产天然矿泉的国度）。考古研究表明，许多高卢的阿波罗庇护所融合了当地传统与新兴的影响：它们通常具有土著神庙的方形特征。铭文通常也会记录一个本土名字，并将其视为一个别号，比如阿波罗·贝勒努斯（Apollo Belenus）或阿波罗·格兰努斯（Apollo Grannus），或者更典型的凯尔特名阿波罗·图蒂奥里克斯（Apollo Toutiorix），表示阿波罗是"部落的王"。一些崇拜在行省以外的地区也很受欢迎。长期患病的卡拉卡拉皇帝（Caracalla）在其王国遍寻治疗圣地，但"无论是阿波罗·格兰努斯、阿斯克勒庇俄斯还是塞拉匹斯神（Sarapis/Σάραπις）"处（狄奥·卡西乌斯［Dio Cassius］，《罗马史》［*Histories* 77.15.5］），都找不到任何治疗良方。格兰努斯，或者说阿波罗·格兰努斯的主要庇护所在格兰努斯浴场（Aquae Granni），这一浴场最终成为德国的亚琛（German Aachen），查理曼帝国的首都。那时，这种崇拜早已销声匿迹：公元4世纪的基督化时期，高卢的大部分阿波罗治愈庇护所被摧毁，不过也有一些被当地圣徒接管了。

驱除邪恶之神阿波罗

也许，罗马神学家关于为何创立赛会的争论是被误导的结果，治愈者阿波罗和战神阿波罗之间并没有根本的对立。弓和箭是阿波罗的永恒属性，既是攻击武器也是防守武器：它们使敌人远离赛会，但也将瘟疫送入了特洛亚城前的希腊营地，它们还杀死了尼俄柏的七子七女，因为这位骄傲的忒拜女王轻视勒托只生了一男一女（图7）。在罗马的阿波罗神庙展出的艺术品中，有一幅著名的尼俄柏和她垂死孩子们的肖像画，还有一尊弓箭手阿波罗的雕像：他的致命力量永远不会被遗忘。

克拉鲁斯的一系列神谕都指向同一方向。公元2世纪中叶以后，小亚细亚西部的五个城市都遭到了传染病的侵袭，于是他们便派遣使节前往克拉鲁斯寻求帮助。在某些情况下，这种疾病一定是瘟疫（无论其确切的医学定义是什么）。公元165年，卢修斯·维鲁斯（Lucius Verus）皇帝的军队在美索不达米亚战

图7：射杀尼俄柏一家。尼俄柏画师创作的阁楼红绘双耳喷口杯，约公元前460—前450年。巴黎卢浮宫博物馆。图片版权归阿里纳利／纽约艺术资源所有（The slaying of the Niobids. Attic red-figure krater by the Niobid Painter, ca. 460—450 BCE. Musée du Louvre, Paris. Copyright Alinari/Art Resource, NY）

役中染上瘟疫，并将其带回西方，所到之处病菌散播，甚至远至英国。但由于没有明确日期的预言，因此不能排除更多地方性疫病的爆发。在一个回答中，神发现了巫术的攻击，于是建议举行一场仪式以摧毁巫师隐藏的巫毒娃娃。这种仪式在青铜时代的美索不达米亚就有了，人们不得不称赞克拉鲁斯神或其祭司的深厚仪式学问。在所有其他答案中，神诊断出诸神的愤怒是疾病的原因，并制定了复杂的净化和献祭仪式以抚慰神灵。

161

在三个案例中，为了规避未来的传染病，他补充了最后一项建议："在每一扇门上，供奉克拉鲁斯的阿波罗神像，他配备着消灭疾病的箭，仿佛他将远远瞄准灾难性的瘟疫。"弓箭手阿波罗不仅用箭来传播疾病，同时他的武器也能阻止疾病。

疾病，也就是另一个敌人，一个试图从无人看守的城门偷偷潜入的恶魔；守卫城市的弓箭手能够抵御它，就像他能够驱赶成群进攻的外邦敌人一样。如今，我们区分了敌人和病菌，或者说战争和疾病，而希腊人和罗马人未必如此：出色的神射手阿波罗将两者都拒之门外。我们将医生阿波罗理解为神在古代世界中所具有的一种特殊作用，"抵御邪恶者"，即 Alexikakos/Αλεξικακως。因此，他和他的姐姐阿耳忒弥斯——她本人是一位出色而令人敬畏的女弓箭手——经常被称为"城门守护者"，即 Propýlaioi/Προπύλαιοι，意为将邪恶逐出城市；赫卡忒也是如此，赫卡忒在很多方面与阿耳忒弥斯有着紧密联系。就像三相女神赫卡忒的形象也守卫着住宅一样，阿波罗的形象守护着许多希腊房屋的入口——这次不是拟人化的雕像，而是一根栏杆或柱子，象征着保护大门的阿波罗，被希腊人称呼为"街道保护神"，即 Agyieús/Ἀγυιεύς。

当瘟疫被驱逐，健康就得以恢复。故此，健康就是没有疾病。这其中有一种哲学意味：人们可以简单地将善定义为没有恶，如伊壁鸠鲁学派一般。另一些人则对生活有更高的要求，希望有真正的善来驱除恶；对柏拉图主义者而言，善的理念是他能想到的最高现实。哲学辩论绝非闲谈，它反映出人们对生活的态度，而这种态度在宗教中的反映与在哲学中的反映同样频繁。

阿波罗与我们的神同在，可以执掌两种看待事物的方式，正如萨格莉娅（Thargelia/Θαργήλια）节的仪式循环所反映的那样。萨格莉娅节是所有伊奥尼亚人共同的节日，得名于萨尔格里昂月（Thargelion/Θαργηλιῶνος），即伊奥尼亚年的倒数第二个月；在爱琴海的气候中，一年并不是以温暖的冬日为结束标志，而是在炙烤所有植被的炎炎夏日进入尾声。因此，节日和月份至少可以追溯至青铜时代末期或铁器时代初期，当时大陆伊奥尼亚人越过爱琴海，定居在小亚细亚西海岸，并随身携带了他们发源地的日历。萨格莉娅节的主日是萨尔格里昂第七日，伊奥尼亚人认为这是阿波罗的诞辰。这一天也是柏拉图的诞辰，而萨尔格里昂第六日是苏格拉底和阿耳忒弥斯的诞辰，希腊人认为这绝非巧合。在雅典和以弗所、克罗丰等伊奥尼亚城市里，萨尔格里昂第六日也是驱逐替罪羊（pharmakoí/φαρμακοί）的日子：这种仪式甚至在古代也令学者们着迷。雅典有两个替罪羊，一男一女——是国家供养的俘虏。在萨尔格里昂第六日，他们戴着无花果项链，伴着笛声在城市中游行，不停地被殴打，最后被驱逐出城。讲述他们如何被杀的故事是从仪式中推断出来的,揭示了其隐含的意义:替罪羊是城镇所有邪恶的化身,因此必须予以消灭。经过第六日的净化仪式后,第七日便是复兴和富足的日子。另一支游行队伍将烘烤的新玉米饼送至阿波罗神庙,一同送去的还有一只罐子,里面盛着用第一批刚长出来的玉米穗烹制而成的果肉;还有用羊毛装饰的树枝,上面挂着面包、水果,以及装着油和蜂蜜的小瓶子。游行结束后,这些小树枝就悬于房门上。至少在雅典,人们是从德尔斐的神圣壁炉中引入新火,用来重新点燃市政厅的公共壁炉,然后,私人家庭再从公共壁炉中获得新火,神庙也是如此。新火是复兴最有力的仪式象征,它属于古希腊的许多新年节日,也属于其他彻底复兴的时刻:波斯战争的危机后,希腊祭坛就是从德尔斐祭坛获得了新火。这样一场仪式,让人联想到斯巴达的叙阿琴提亚节,因为第一天的悲伤和第二天的繁盛形成鲜明对比,萨格莉娅节的循环代表了城市从邪恶中净化后的复兴。与我们之前讨论的案例不同,当城市从疾病中得到净化后,幸福就会回归,萨格莉娅节的仪式不仅净化了城市,还增加了新的有形物——从蛋糕和蜂蜜到新火。

阿波罗与阿斯克勒庇俄斯

在后来的希腊，治愈者阿波罗远不如预言和音乐的守护神阿波罗重要。从公元前5世纪开始，另一位治愈者阿斯克勒庇俄斯在整个古代世界提升了自己的地位。《伊利亚特》中提到阿斯克勒庇俄斯是马人喀戎教授的治愈者：明智的半人马弥合了自然和文化之间的鸿沟，除此之外，他还拥有精深的草药知识。

阿斯克勒庇俄斯的神话和庇护所

荷马之后，阿斯克勒庇俄斯的故事以三种不同的地方版本传颂。最常见的版本是在品达第三首《皮提亚凯歌》（*Pythian Ode*，约公元前474年）中。在此，阿斯克勒庇俄斯是阿波罗与忒撒利女英雄科洛尼斯（Coronis/Κορωνίς）的儿子，而科洛尼斯是神话中弗列古安人的国王佛勒古阿斯（Phlegyas/Φλεγύας）的女儿。阿波罗爱上了这位美丽的公主，但当科洛尼斯怀上阿波罗的儿子时，她"内心犯了错"，屈从了当地王子伊斯库斯（Ischys/Ἴσχύς）的求爱。更糟糕的是，"她没有等到喜宴的到来"。阿波罗的圣兽乌鸦向神传达了他的情人厚颜无耻的私通行为（这是常见的版本；品达是一位虔诚的神学家，他更愿意相信无所不知的神的力量,"他在自己的头脑中感知到,他知晓一切")。阿波罗对这种欺骗和不忠感到愤怒,他射杀了他的人类情敌,并派姐姐阿耳忒弥斯去杀了科洛尼斯。后来的一些作家补充说,阿波罗也惩罚了不幸的信使鸟,因为在这件事之前,它是白色的。阿波罗杀死了他的情人,却仍关心着他未出生的儿子:他把婴儿从其母亲的火葬堆里抢了出来,交给喀戎抚养。因此,阿斯克勒庇俄斯是从喀戎而不是他父亲那里习得了治愈术。

在古风时期的希腊,阿斯克勒庇俄斯与忒撒利有着紧密的联系,就像他母亲的子民弗列古安人一样。他的儿子波达勒里奥斯和玛卡翁不仅是特洛亚城前希腊军队的医生,同时也是指挥官,其战士来自忒撒利城市"特里卡(Tricca/Τρίκκη)、伊特霍姆(Ithome/Ιθώμη)和奥卡利亚(Oechalia/Οἰχαλία)"。地点不只是神话问题:特里卡有一个阿斯克勒庇俄斯庇护所,希腊人认为它是"最古老和最著名的"(斯特拉波)——阿斯克勒庇俄斯的儿子们就出自这里。阿波罗的崇拜和他儿子的崇拜密切相关:在进入特里卡城阿斯克勒庇俄斯庇护所的最深处之前,人们必须先向阿波罗献祭。

阿斯克勒庇俄斯神话的第二个版本可以从《列女传》中读到的片段拼凑出来(《列女传》被认为是赫西俄德的作品,但创作于公元前6世纪晚期)。此处的阿斯克勒庇俄斯是阿波罗与阿尔西诺伊（Arsinoe/Ἀρσινόη）的儿子，阿尔西诺伊是麦西尼国王留西帕斯（Leucippus/Λεύκιππος）的女儿。这将我们带到了一个完全不同的地区，即伯罗奔尼撒半岛西南部，并将这个神话与阿斯克勒庇俄斯的另一个重要庇护所联系起来。几个世纪以来，麦西尼一直受斯巴达统治；在重新获得政治独立后，美塞尼亚人（Messenians/Μεσσήνιοι）为阿斯克勒庇俄斯建造了一座宏伟的神庙。它坐落在城市中心的广场上，广场周围的拱廊下设有一些小型庇护所。这个神话比庇护所早了两个多世纪，所以在麦西尼肯定有一个更古老的崇拜，但我们对它的位置一无所知。

这两个神话显然不同，所以没法将阿斯克勒庇俄斯的忒撒利人和美塞尼亚人起源结合起来。鉴于这两个版本成时较早，我们也没有确切的方法知晓阿斯克勒庇俄斯的来源。麦西尼和特里卡都在竞争，而斯特拉波对特里卡庇护所的评论——它是"最古老和最著名的"——在这场辩论中站了队。

严格来说，阿斯克勒庇俄斯是英雄，是神与凡人的儿子。但这种结合所生的儿子比大多数英雄都强大得多，甚至可以被视为神：狄奥尼索斯是宙斯与凡间公主塞墨勒（Semele/Σεμέλη）的儿子，是奥林波斯神；赫拉克勒斯是宙斯和忒拜王后阿克墨涅（Alcmene/Ἀλκμήνη）的儿子，也在死后升上奥林波斯山。同样的命运等待着英雄阿斯克勒庇俄斯：由于他的治愈能力，他很快就被人们视为神。比如埃皮道鲁斯人（Epidaurian/Ἐπιδαύριοι）在叙述他的神奇疗法时，总是称他为"神"，在古代晚期，他甚至可以被称为宙斯·阿斯克勒庇俄斯。

长大后的阿斯克勒庇俄斯成为有史以来最好的医生。然而，他被成功冲昏了头脑，忘记了宙斯为凡人设置的限制：他试图复活死者。于是宙斯用闪电杀死了他，恢复了阿斯克勒庇俄斯出于傲慢或贪婪威胁的宇宙秩序，也有人说他是为金钱所惑。如果没有宙斯的旨意，没有凡人能成为不朽的人，而对于希腊讲故事的人而言，医生的技艺却有可能打破人类生存的这些严格限制。

古风时代晚期，对阿斯克勒庇俄斯的崇拜开始传播。公元前6世纪初，这种崇拜到达伯罗奔尼撒小城埃皮道鲁斯附近的偏僻森林。在这里，阿波罗在可以俯瞰美丽山谷的山顶上有一个长期的崇拜地；在青铜时代晚期，这座山上曾有一座至高庇护所——尚不清楚迈锡尼人在那里崇拜的是谁。尽管这种崇拜在青铜时代结束前就消失了，但对庇护所的记忆还存在着。在中断了几个世纪之后，当地人建了一座祭坛，然后又建了一座小神庙，供奉一位被称为阿波罗·马勒塔斯（Apollo Maleatas/Ἀπόλλων Μαλεάτας）的新神。阿斯克勒庇俄斯庇护所建在阿波罗神社下方的山谷里，两座圣殿及其主人紧密相连：即使几个世纪后，当阿斯克勒庇俄斯庞大的治愈庇护所的影响力远远超过他父亲简陋的山顶神社时，官方文件仍将阿波罗·马勒塔斯和阿斯克勒庇俄斯放在一起。当地神学家重写了科洛尼斯的神话，这是阿斯克勒庇俄斯故事的第三个版本。当秘密怀上阿斯克勒庇俄斯时，她陪着在伯罗奔尼撒做生意的父亲。她在埃皮道鲁斯偷偷诞下男婴，并将其丢弃在附近一个偏僻的森林幽谷中。就像这类丢弃故事中经常发生的那样，婴儿奇迹般地获救了——然而，不是被其神圣父亲所救，而是被乐于助人的动物所救。一只山羊给他喂奶，还有一只牧人的看门狗守护着他，最后，牧人跟着他的畜群，发现了这个男孩，并把他当成自己的孩子抚养长大。这不仅解释了为何阿斯克勒庇俄斯的主要庇护所远离任何主要聚居点，还解释了为何阿斯克勒庇俄斯拒绝山羊祭，以及为何他的庇护所中有神圣的狗，还有神圣的蛇，这由另一个故事来解释。当阿斯克勒庇俄斯承诺救活米诺斯国王死去的儿子格劳科斯时，他退隐森林，思索治疗方法。这时一条蛇缠绕在他的手杖上，他因受到打扰而愤怒，便杀死了那条蛇，随后就看到另一条蛇带来一种药草，救活了它死去的同伴。他用同样的药草治愈了格劳科斯，遂将蛇视为他的圣兽，并将带有蛇的手杖视为他的象征。

阿波罗

埃皮道鲁斯庇护所迅速发展并将其崇拜广泛传播。许多故事都讲述了病人如何感谢神的帮助，并将对治愈英雄的崇拜引入他们的家乡。公元前421/420年，阿斯克勒庇俄斯到达雅典；大约在同一时间，一段铭文证实了他在伊特鲁里亚的崇拜，他使用的名字Aiskhlapios/Αισχλαπιος［阿斯克勒庇俄斯］，源自埃皮道鲁斯方言。这个崇拜还传到了科斯岛（Cos/Κως），它在那里与声称希波克拉底（Hippocrates/Ἱπποκράτης）为其创始人的著名医学院有关；公元前366年，阿斯克勒庇俄斯崇拜被加入库帕里西亚之神阿波罗（Apollo Cyparissius/Ἀπόλλων Κυπάρισσος）的庇护所。这座朴素的神社坐落在柏树林中（阿波罗的别号因此而来），后来迅速发展成为一个大型宗教疗愈中心。令人印象深刻的是，公元前3世纪，意大利小镇福莱杰雷（Fregellae/Φρέγελλα）的居民也为他们自己的阿斯克勒庇俄斯庇护所采用了这种建筑形式。在公元前4世纪后期，"阿里斯忒克穆斯（Aristaechmus/Ἀρίσταιχμος）的儿子阿基亚斯（Archias/Ἀρχίας）在狩猎时扭伤脚踝，在埃皮道鲁斯被治愈"：这就是他将神的崇拜带到小亚细亚西北部帕加马城的原因（帕萨尼亚斯［Pausanias 2.26.8］）。在这个庇护所，阿波罗和他的儿子一起受到崇拜，它也成为古代的一个主要治疗场所。公元前293年，罗马再次遭受传染病蹂躏时，罗马元老院派出使节前往埃皮道鲁斯请求神助。同时，一条神圣的蛇溜进了船。罗马人驶回意大利，行至他们航程的最后一段台伯河时，蛇滑下船，并在台伯河岛定居下来。通过这种方式，神指示了他想要的庇护所位置。岛上的治愈传统在异教徒时代的罗马得以幸存：尽管12世纪教堂里的一口井取代了庇护所，但仍声称它的水具有治愈功效。

阿斯克勒庇俄斯的仪式

治愈者阿波罗的庇护所与其他神的庇护所是无法区分的，他们都以祭坛、庙宇和护壁为其主要建筑元素。这些庇护所中没有特殊的治疗方法，祈祷和献祭足以带来神的帮助。阿斯克勒庇俄斯则不同。他所有庇护所里的主要仪式都是孵梦，即一种使神出现在梦中的仪式。他要么建议做梦人及时治疗，要么直接治愈他。夜幕降临时，患者向神和其他能帮助他们的力量献祭后，便退回到一个卧房。其中有忒弥斯，即"神法"，还有摩涅莫绪涅，即"记忆"：确保人们应该会得到美好而正当的梦，而非欺骗做梦者的梦，而且醒来时不会忘记梦。通常在第二天早上，祭司们会解释这个梦，从而将夜间的幻象转化为治疗。由于这种疗法的一部分可以在神庙中进行，因此阿斯克勒庇俄斯的主要庇护所变成了大型建筑群，这里既是神圣的疗养院，也是群落中心。他们不仅有一座神庙和一个可供入梦的房间，还有喷泉、客房、议事房，甚至还有一个剧院，用来招待病人和其他任何选择在神附近小住的客人。

就这样，阿波罗的儿子从父亲手中解放出来，成为古代世界希腊化时代和帝国时代的主要治愈神。其他宗教文化中的神医，如腓尼基（Phoenician/Φοῖνιξ）的爱斯蒙或埃及的印姆特斯（Imouthes/Ἰμούθης）/伊姆霍特普（Imhotep），也被希腊化为阿斯克勒庇俄斯，而非阿波罗，只有意大利和高卢仍然忠于医生阿波罗。在一个专业化的世界里，越来越多的人在焦虑中寻找私人帮手，神圣的医学专家阿斯克勒庇俄斯似乎比他的父亲，全能的阿波罗更有魅力。

治愈的概念

阿波罗和阿斯克勒庇俄斯的区别在于对什么是疾病的概念不同。这些概念是由不同的宇宙论所决定的。在一种宇宙论中，疾病是更大的邪恶世界的一部分，它面向并限制了人类的自由和幸福，因此疾病与其他影响人类的问题并没有本质区别，这些问题都有可能毁灭个人或摧毁整座城市；在另一种宇宙论中，疾病与其他邪恶完全不同，它通常可以被视为一种身体缺陷。

第一种宇宙论是阿波罗的，它在赫西俄德《劳作与时日》（*Works and Days*）中的一个著名神话中得到了最好的阐述。厄庇米修斯（Epimetheus/Ἐπιμηθεύς）打开潘多拉魔盒，即宙斯的危险礼物之前，"人类部落生活在大地上，没有邪恶，没有艰苦的劳作，也没有致命的痛苦疾病"（v. 90—92）。这与人类的生存现状形成了鲜明对比："大地充满邪恶，海洋充满邪恶；疾病无声无息地日夜缠扰人类，给凡人带来邪恶。"（v. 101—103）在这个世界上，阿波罗扮演着双重角色。一方面，他是强大的驱除邪恶之神，如赫拉克勒斯，即为了净化大地的魔物而战斗的英雄，也被视为治愈者。赫拉克勒斯在九头蛇许德拉（Lernaean Hydra/Λερναῖον Ὕδρα）和尼米亚猛狮（Nemean Lion/Leão de Nemeia）身上取得的成功比他在"年龄之神"革剌斯（Geras/Γῆρας）、"死神"塔纳托斯（Thanatos/Θάνατος）和冥王哈得斯身上取得的成功要大得多：但即使是最强大的英雄也无法消除强加于人类生存的限制。所有这些邪恶都是人类无法控制的，因而需要超人类的力量才能抵挡它们，所以人类通过祈祷、誓言和献祭向强大的诸神和英雄求助。但是邪恶，尤其是疾病的起源并不总是清楚的。通常情况下，在任何治疗开始之前，都必须使用预言寻找病原，而治疗可能要视人类为激怒神而做的赎罪而定：《伊利亚特》第一卷中的瘟疫就是一个典型案例。

预言在很大程度上是阿波罗的司职。

但不仅仅是预言需要治愈者阿波罗。在这个世界上，疾病被理解为一种污染，一种对宇宙秩序的扰乱。净化这种污染，也是阿波罗的司职。当奥德修斯带着他的赎罪使者沿着海岸航行去见克律塞斯和阿波罗·鼠神时，阿伽门农下令净化希腊军队："他们就洁身沐浴，把脏水倒进海里。"（《伊利亚特》，1.314）《神圣疾病论》（*On Sacred Disease*）的启蒙作者抨击的净化祭司延续了这一传统，约一个世纪后，一个偏执的雅典人来求教，米南德（Menander/Μένανδρος）的喜剧嘲笑他说："让女人们把你擦干净，然后给你香薰！"（米南德[Menander]，《幽灵》[*The Ghost* 54]）然而，在古风时代的希腊，这些事情要重要得多，且不容置疑。它的践行者是先知，也受到阿波罗的指导，阿波罗本人则结合了预言和净化的天赋。在埃斯库罗斯《善好者》中，当德尔斐女先知看见可怕的女神在阿波罗神庙围攻奥瑞斯忒斯（Orestes/Ορέστης）时，她通过提醒自己拥有阿波罗的力量而获得自信："他是先知治愈者（iatromantis/ιατρομαντης），不祥征兆的解释者和房屋净化者。"（v. 62f.）神话中的先知，或者在早期的描述中，iatromantis/ιατρομαντης［医生和先知］墨兰普斯（Melampus/Μελάμπους）治愈了普洛托斯（Proetus/Προίτος）的女儿和被赫拉逼疯并染上皮肤病的阿尔戈斯女人。

他的技艺正是阿波罗本人传授给他的。他的孙子是安菲阿拉奥斯,"阿波罗深爱"的另一位先知(《奥德修纪》,15.245)。安菲阿拉奥斯在奥罗帕斯的庇护所专门用于治疗。当斯巴达妇女集体发疯时,阿波罗派先知巴喀斯(Bacis/Βακίς)去治愈她们。流浪的阿巴里斯是希腊古风时代的神秘人物,是希帕波利亚的阿波罗的祭司,据说他能够骑着阿波罗的箭飞行,他教导雅典人和斯巴达人献祭以避免瘟疫,人们认为他有护身符和神谕。斯巴达人萨勒塔斯是一名音乐家和颂歌作曲家,但他也治愈了一场肆虐斯巴达的传染病,据推测是用他的颂歌。迪迪马神谕的创始人布兰库斯在一次传染病中治愈了米利都人——他将月桂树枝撒向他们,并唱了一首奇怪的非希腊语的颂诗。阿波罗、预言和仪式治疗之间的联系是持续且庄重的。

　　学者们关于阿波罗本人能否作为专业的净化者意见不一。特洛亚的希腊人不仅在仪式上净化他们的军队,而且"在海岸上向阿波罗献祭隆重的牛羊百牲大祭"(《伊利亚特》,1.316);阿波罗则用乳猪的血净化了奥瑞斯忒斯弑母的罪行,从而治愈了他的疯狂(图8)。但在希腊神话中,诸神通常都会净化人类的谋杀行为:因此,这并非阿波罗的特权;而特洛亚的希腊人可能只是想安抚阿波罗,毕竟他们激怒了他。我们只能说,净化是围绕阿波罗的预言、疾病和治愈整个关系链的一部分,神

阿波罗

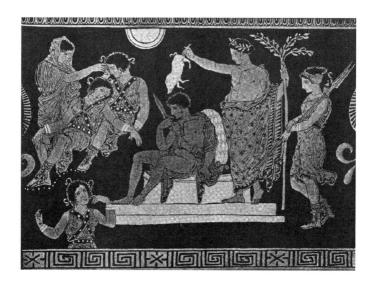

图 8：阿波罗在德尔斐净化奥瑞斯忒斯。欧墨尼得斯画师创作的普利亚红绘钟形调酒缸，公元前 380—前 370 年。巴黎卢浮宫博物馆。转自富尔特文格勒和赖希霍尔德的《希腊陶器绘画》（慕尼黑，1904）（Apollo purifies Orestes in Delphi. Apulian red-figure bellkrater by the Eumenides Painter, 380—370 BC. Musée du Louvre, Paris. Reproduced after A. Furtwängler and K. Reichhold, Griechische Vasenmalerei［Munich, 1904］）

无法凭此就成为仪式净化的专家。

　　北非的殖民地城市昔兰尼从阿波罗那里获得了一份关于净化的冗长而详细的法律——不是因为他格外关注净化，而是因为昔兰尼人问过他什么制度对他们的殖民地最有利。神这样回答他，是因为仪式净化保证了人与神之间的良好关系。

在第二种宇宙论中，疾病不同于其他邪恶。它是身体的问题，可以通过特殊知识和经验来治愈。这就是《神圣疾病论》的作者主张的宇宙论。这位博学的医者把他的思想建立在一种激进而开明的神学上，这种神学借鉴了当代哲学而非宗教传统：神的自然本质是善，因此他们不能伤害人类。阿斯克勒庇俄斯庇护所里的神庙医学基本上也认同这种宇宙论，唯一的不同之处在于它对人类的治愈能力不太乐观：只有阿斯克勒庇俄斯才拥有这种知识，他是至高无上的内外科医生。与其他宇宙论相比，这一理论更具现代色彩。然而这一古老宇宙论的不同领域并没有随着时间的流逝就受到这种现代化的影响。公元前5世纪和前4世纪的治愈祭司成为现代思想者争论和嘲讽的对象，这代表着旧形式的缩小。以前的祭祀和颂诗是治愈和净化的主要仪式手段，但这些专家更多专注于使用洗涤和净化手势语言的仪式行为，打破了与阿波罗的联系。

小结

治愈者阿波罗延续了青铜时代治愈神派阿翁的传统，派阿翁也在阿波罗的别号和歌曲中幸存下来，即派翁和颂歌。我们无法判断荷马是否仍将这两位神分开，但即使他这样做了，也并不一定反映他所在时代的宗教现实。阿波罗作为治愈者的崇拜传播至黑海殖民地和远在西方的罗马，尽管他的儿子阿斯克勒庇俄斯后来居上，但阿波罗仍是一个治愈者，尤其是在罗马西部行省，他被视为当地的治愈神。阿波罗的治愈术与其消除混乱和驱赶邪恶的能力密切相关，而他的儿子则是一个积极的治愈者：埃皮道鲁斯和其他阿斯克勒庇俄斯庇护所有趣的奇迹故事将他描述为一名真正的医生，他亲力亲为，介入药物和手术，完全不同于他那冷漠而投机的父亲。两千年后，治愈者阿波罗在一部小说中再次出现：他是约翰·厄普代克（John Updike）的小说《马人》（*the Centaur* 1961）中善良能干但又有些阴险的阿普尔顿（Appleton）医生，他的妻子科琳娜（Corinne，科洛尼斯）在被怀疑通奸后失踪了。

五、阿波罗，青年人和城邦

青年神和青年人 1：剪头发

在《伊利亚特》接近尾声时，阿喀琉斯终于下令准备帕特罗克洛斯的葬礼。尸体放在了叠垛好的柴堆上，但随后"阿喀琉斯想到了别的东西"，他走到一边，剪下一绺"为斯佩耳凯奥斯河神（Spercheius/Σπερχειός）留的金发"，"注视着碧蓝色的大海"，向他父亲远在忒撒利的王国的主要河流斯佩耳凯奥斯河致意。佩琉斯曾立誓，如果儿子从外战中归来，他将把儿子的头发和五十只羊一起献给斯佩耳凯奥斯河。现在，阿喀琉斯知晓他将在特洛亚附近归于尘土，于是把自己的头发献给死去的好友。"说着，他把头发放在他亲爱的朋友手中，所有人都悲痛不已。"诗人没有说明他们在哀悼谁：死去的帕特罗克洛斯——或阿喀琉斯，但其姿态清楚地表明了他即将到来的命运（《伊利亚特》，23.138—157）。

阿喀琉斯谈到的仪式出奇的模糊,对于荷马的听众和我们而言都是如此。在最初的理解中,他似乎在谈论希腊人和罗马人陷入危险时的惯用誓言:如果神能让他们平安归来,他们承诺献上祭品和礼物。河流是强大的地方神,有时也是皇室王朝的祖先,因此似乎是国王及其继承人的合理保护者,而发祭通常与从海上航行的危险中获救有关。当托勒密三世(Ptolemy III/Πτολεμαῖος)从小亚细亚一次危险的战役中归来时,他年轻的妻子伯伦尼斯(Berenice/Βερενίκη)把自己的一绺头发献给了诸神;当它从庇护所消失后,宫廷天文学家很快就在一个迄今还未命名的星座中发现了它,今天的天文学家仍称其为"伯伦尼斯之锁"。然而博学的塞萨洛尼卡(Thessalonica/Θεσσᾰλονίκη)大主教尤斯塔修斯(Eustathius/Εὐστάθιος,约公元1115—1195年)在对这一场景的漫谈中还阐明了第二层含义:

> 在古代,青年男子的习俗是让头发留至成年,然后为当地河流剪发……他们将河流视为青年人(kourotróphoi/κουροτρόφοι)的滋育者,是因为它们的湿润,就像他们把太阳阿波罗视为青年人的滋育者,是因为他的温暖一样。

阿喀琉斯是一个处于青春期和社会成熟期之间的年轻人,

从战争中归来将标志着他的成年。

赫西俄德在《神谱》的奥刻阿诺斯（Oceanus/Ὠκεανός）谱系中，就将阿波罗与这一仪式联系起来：他的女儿们"遍布大地，同阿波罗神和河流一起，把青少年塑造成男人"（v. 346f.）。赫西俄德用了一个罕见的词来表示我译的"塑造青少年"，即kourízein/κουρίζειν。基础名词koûros/κοῦρος是"青少年"的术语之一，它的词根为ker-/κερ-，即"剪/剪（头发）"。剪发，就是定义青少年。在社会成熟时剪发的习俗贯穿了大部分的异教徒时期，并且成为一种具有重要社会意义的仪式行为。在泰奥弗拉斯托斯（Theophrastus/Θεόφραστος）的人物速写集中，"招摇之人"带着他的儿子去德尔斐进行仪式性剪发：头发会留存在庇护所，展示给所有希腊人（*Characters* 21）。他效仿了一个著名的榜样：忒修斯是所有雅典年轻人的行为榜样，据说他已经在德尔斐把自己的头发献给了阿波罗，但也有说法称他在成为雅典的新国王之前，和情人阿里阿德涅从克里特岛航行回家时，在得洛斯也这样做过。

这一奉献的神圣接受者因地而异。当地的河流和仙女，有时被称为koûrai/κοῦραι，即"女孩"，经常出现在我们的文献中。在罗马帝国时代，甚至连阿波罗的儿子阿斯克勒庇俄斯也会收到类似的发祭。一位皇帝以泰奥弗拉斯托斯笔下招摇之人的方式做了这样的事情：图密善（Domitian）最喜欢的男孩厄里努斯（Earinus）成年时，在世界闻名的帕加马阿斯克勒庇俄斯庇护所中举行了仪式，并由宫廷诗人斯塔提乌斯（Statius，《诗草集》[*Silvae* 3.4]）和马提亚尔（Martial，《隽语》[*Epigram* 9.16]）庆祝。

但在整个希腊，阿波罗如仙女与河流一般，是仪式的中心。阿波罗的形象反映了希腊青少年的形象。他总是以未经修剪的长发示人，从荷马开始，他就有了一个常见的绰号"不剪头发的神"，akersekómēs/ἀκερσεκόμης。和阿喀琉斯或忒修斯一样，阿波罗是一个 koûros/κοῦρος [青少年] 或男青年。而且，因为希腊男青年最热衷的消遣是体育运动，即裸体运动，所以在古风时期的希腊，阿波罗最喜欢的雕像祭就是裸体的长发男青年，考古学家恰如其分地称之为青年雕像。考古学关于这一形象是代表神还是代表青年人的争论——就像在讨论一尊青年雕像是否代表了一座青年墓——在这种背景下似乎毫无意义。但阿波罗并非普通男青年：他是最美丽的男青年，是希腊社会中男性魅力的典范。在像古典时期的雅典这样的社会中，美是男性的，而性是以同性恋术语表达的，青少年阿波罗代表一切审美完善的标杆。雅典的文化成就意味着这一观点代代相传，传到了罗马乃至更远的地方。在 18 世纪的欧洲，古典艺术史的奠基人温克尔曼（J.J. Winckelmann）也再次为阿波罗的青春之美所倾倒（参阅第七章）。

阿波罗的长发并非他作为男青年的唯一标志。和很多男青年一样，他是歌手和舞者，而且有时他并非"缪斯的领袖"（Mousagétēs/Μουσαγέτης），而是"仙女的领袖"（或"新娘"，Nym-phagétēs/Νυμ-παγέτης）。我们记得，在古风时期的希腊，青年男女的歌舞活动是求爱和配对的主要时机（第二章）。阿波罗也和男青年一样，使用弓箭而非专属于公民武器的剑作战。在战斗中，年轻的弓箭手从后方射击。只有成年公民在前线作战——他们必须身强力壮，方能穿戴重型盔甲和挥舞刀剑。

青年神和青年人 2：一个不幸的情人

与其他神灵不同，阿波罗是个相当不幸的情人。阿波罗的爱情故事中只有一个是圆满的，即昔兰尼（Cyrene/Κυρήνη）的故事，这可能是他对异性的首次征服。昔兰尼是仙女而非普通女子。她没有留待家中纺织，而是在忒撒利山区看守父亲的羊群。当年轻的阿波罗看见她勇敢地打倒一头雄狮时，便爱上了她。于是，他把一个野性少女变成了王后。夫妇二人移居利比亚，昔兰尼在那里建立了以她命名的小镇，并成为小镇首位统治者。

他们的儿子是阿里斯泰奥斯（Aristaeus/Ἀρισταῖος）。他父亲把他变成了神，即牛和蜜蜂的守护神。这个故事，由昔兰尼的特莱西克斯（Telesikles/Τελεσικλής）委托品达在其《皮提亚凯歌》（*Pythian Ode*）第九卷中详细讲述，正好与青年主题相呼应。男青年的世界——"处于青年时期，hēbē/ἥβη［年轻的］"的男性——是沿着城市领土边界的山区和荒野。在这里，他们充当边防警卫和先行侦查队。只有婚姻才能教化他们，并将他们带回城市。然而，在神话中，婚姻只与昔兰尼有关。阿波罗从未因此就安定下来。他的儿子阿里斯泰俄斯也没有安定，他在荒野中长大，是马人喀戎的另一个学生，此外，他的情欲还导致了俄耳甫斯新婚妻子的死亡。

阿波罗的其他爱情故事结局就没那么圆满了。河神佩纽斯（Peneius/Πηνειός）的女儿达芙妮试图逃避他鲁莽的求爱，但神一直追着她跑，由于他跑得更快，如果不是她的父亲及时把她变成一棵月桂树，强暴似乎不可避免。这就解释了为何月桂是神的圣树。而另一位河神的女儿玛耳佩萨（Marpessa/Μάρπησσα）被凡人伊达斯（Idas/Ἴδας）掳走，阿波罗发现了她，还想把她从伊达斯身边带走。在这两个竞争者随后的战斗中，伊达斯解除了阿波罗的武装，宙斯不得不介入以恢复凡人与神灵之间的等级关系。在宙斯的支持下，玛耳佩萨选择了凡人丈夫，这是一段真正的婚姻，而非短暂的快乐（如果快乐的话）——毕竟不朽的阿波罗永远不会变老，而她，一介凡人，必然会走向朽迈。他在科洛尼斯那里比较成功，至少一开始是这样，但当科洛尼斯怀了他的儿子时，她却接受了一位凡人丈夫，被妻子背叛的神愤而杀死两人，甚至差点失去他尚未出生的孩子。男青年可能会有儿子，但他们不会结婚。

关于阿波罗情爱纠葛的其他故事，结局就没那么不幸了。但这些故事都更关注神的儿子，而非名字因来源而异的母亲，无论她是音乐家和诗人菲拉蒙的母亲，或是英雄利诺斯的母亲，抑或是神秘英雄得尔福斯（Delphus/Δελφύς）的无名母亲。准确来讲，这些故事不是爱情故事，而是表示与阿波罗有某种联系的宗谱。阿波罗引诱雅典国王厄瑞克透斯（Erechtheus/Ἐρεχθεύς）的女儿克瑞乌萨（Creusa/Κρέουσα）和他们的孩子伊翁（Ion/Ἴων）也是如此。作为一个爱情故事，它是悲剧性的：与神同房总是会导致怀孕，未婚母亲克瑞乌萨在绝望中暴露了她的孩子，后被阿波罗相救。神话的主旨是宗谱和政治的：阿波罗是伊翁的子民伊奥尼亚人的祖先和保护神，但在阿波罗和伊翁之间，还有一位雅典公主：在伊奥尼亚人中，雅典人是至高无上的，至少自称是如此。但除了这种政治主张，这个故事还可以像欧里庇得斯的《伊翁》（*Ion*）一样，被解读为一位强大的神如何拒绝为其行为负责的事例。然而,这变得令人不安了:我们该如何看待一个否认自己孩子的父神?我们可以把这部剧解读为对传统神明的缺陷、神话叙事的神学缺陷的探究,或者是对成年男性的社会问题本质的洞察。

团体和组织

古代诸神不仅保护个人,他们的力量渗透在生活的方方面面。团体政治生活的重要性不亚于家庭的私人生活。一些学者认为,个人信仰是一种较晚的发展。因此,阿波罗不仅是青少年的守护神,帮助他们长大成人,他的崇拜还与许多团体相关,且不仅仅是组成古代城邦(polis/πόλις)的公民团体。

希腊城邦的公民身份只涉及少数人,至少在雅典或后来的罗马这样的大城邦,自由居民和非自由奴隶的数量肯定超过了公民数量。此外,任何特定城邦的公民团体都是由分支和小团体组成的;在许多希腊城市中,有按降序排列的部落(phýlai/φυλαί)、氏族和宗族(génē/γένη),公民不仅由其城邦的公民身份来定义,还由一个小团体的成员身份和家谱来定义。在民主的雅典,核心群体是氏族:氏族主要涉及家庭、血统和公民身份的问题,因此,每一个在雅典出生、父母为雅典人的雅典公民都必须成为氏族的一员。氏族的主要仪式涉及如何将其成员的男性后代引入团体，这些仪式的执行被视为归属的最终证明。引入分几个阶段进行，每一步都要和所有氏族成员一起献祭：出生时，三岁时和社会成熟时。最后的献祭被称为 koúreion/κουρεῖον［剪发］，因为它与剪掉青少年头发的仪式有关。

这种献祭可能是年度节日阿帕图里亚节（Apaturia/Ἀπατούρια）的一部分，该节日在深秋的普亚诺普西昂月（Pyanopsion/Πυανοψιών）举行。节日的名称意为"泛父节"，其为所有的伊奥尼亚人共享，并定义了什么是伊奥尼亚人。铁器时代初期，伊奥尼亚人从雅典经爱琴海群岛扩张至小亚细亚。由于他们都在庆祝这个节日，那么它的存在必定早于这次扩张，甚至可以追溯至青铜时代。在雅典，节日的第三天被称为 Koureôtis/Κουρεῶτις，即"koúreion/κουρεῖον［剪发］日"：这是把青少年引入氏族的习俗日。

在古雅典时期，阿波罗在阿帕图里亚节未扮演任何角色：节日的主要祭品献给代表雅典国家的神灵，即兄弟会之神宙斯（Zeus Phratrios/Ζεύς Φρατρίος）和姐妹神雅典娜（Athena Phratria/Ἀθηνᾶ Φρατρία）。但是，阿波罗并不远，毕竟，普亚诺普西昂月是根据他的节日命名的，即普亚诺普西昂节（Pyanopsia/Πυανόψια）或普亚勒普西昂节（Pyanepsia/Πυανέψια），这个节日定在第七天，意为"炖菜节"。传说忒修斯从克里特岛返航时，在得洛斯向阿波罗发誓：如果他和他的十四名同伴平安返回雅典，他们将为阿波罗献祭。在普亚诺普西昂月的第七天，他们顺利登陆雅典，为履行誓言，他们将剩余食物全部放入一口大锅，煮成炖菜，然后一起吃了。忒修斯从克里特岛回归的神话是雅典青年变成成年公民的映像，这个仪式既与新的公民身份有关，也与公民团体有关。这里还有其他熟悉的主题。用蔬菜代替动物的非寻常献祭，可以被理解为反映了动物献祭之前的年代，并且是过渡阶段末期的标志，正如团体的主题一样。这种过渡是双重意义的——从一个节日到下一个节日；在此基础上，从青少年到成年。次日是雅典国王忒修斯的主要节日，人们会在当天举行大型动物祭和肉食大餐。与此同时，这个节日是承载eiresiṓne/εἰρεσιώνη［物体化身］的场合，就像萨格莉娅节一样：月桂树枝上装饰着羊毛、当季的首批果实和小蜜罐，象征着富足，这在公民身份和团体的背景下是有意义的，就像驱逐替罪羊那般。在希腊人的思想中，只有公民之间的和谐才能保障城市的福祉和财富。故此，这个月主要的阿波罗节围绕的主题再次出现在氏族的koureotis/κουρεῶτις［剪发］日，这对于整个希腊的阿波罗而言都非常重要。

始祖阿波罗

在公元前 4 世纪的雅典，至少有一个氏族在萨格莉娅节而非普亚诺普西昂节引入了小男孩，向父神阿波罗（Apollo Patroos/Ἀπόλλων Πάτρωος），即始祖阿波罗（字面意思是"众父之神"）（伊塞优斯［Isaeus］，《演说辞》［*Oration* 7.53］）献祭。父神阿波罗在雅典集市有一处庇护所，距离议事会，母神庇护所中的国家档案馆，还有"拯救者"宙斯（Zeus Eleutherios/Ζεύς Ελευθέριος）的庇护所都不远，庇护所和它的神是这个民主城邦政治生活的中心。集市上的第一座父神阿波罗神庙建于公元前 6 世纪。没有更早的痕迹，这也许有充分的理由：用一个父神阿波罗的中央庇护所取代众多小型的宗族庇护所，有利于让民主城邦更好地控制那些庇护贵族抵制民主的宗族崇拜。

这种崇拜还提出了一种更为深远的意识形态主张。"始祖"这个别号有双重含义。在整个希腊，保护宗族或类似组织的神灵被指定为始祖，即 patrôos/πατρῴος：这一别号指的是对共同祖先的神圣保护，而不一定是指神圣始祖。然而，在雅典却不是这样，在这里，阿波罗是伊翁的父亲，伊翁是伊奥尼亚人的得名始祖。伊翁的母亲是雅典公主克瑞乌萨：伊翁是雅典人，雅典人通过他宣称自己是伊奥尼亚所有城市的领袖。这个神话在政治上引起了回应，它不可能比公元前6世纪雅典宣称拥有领导权的历史更古老。这正与第一座父神阿波罗神庙的建造时期相吻合。

阿波罗·德尔斐尼俄斯

这并没有穷尽雅典的阿波罗与忒修斯产生关联的各方面，以及他到达雅典和男青年之间的关系。在城墙外不远，伊利索斯河（Ilissus/Ἰλισσός）的绿色山谷中，坐落着阿波罗·德尔斐尼俄斯的庇护所。尽管这个别号可能与希腊词中"兄弟"a-delphós/ἀ-Δελφός的词根有关，即"共享同一个子宫"，但希腊人将其读作"海豚之神阿波罗"（Dolphin-Apollo/Δελφίν-Ἀπόλλων）。帕萨尼亚斯讲述了一个故事，故事聚焦于年轻的忒修斯从出生和长大的地方特洛曾（Troizen/Τροιζήν）来到雅典，而他的父亲雅典国王埃勾斯对此并不知情。在一个酒醉的夜晚，来访的埃勾斯与当地公主埃特拉（Aethra/Αἴθρα）育了一子。但埃勾斯从未想过要这样做：埃特拉的父亲想从雅典国王那里得到一个外孙，因此偷偷地将他的小女儿送到了醉酒客人的床榻。约16年后，忒修斯来到雅典寻找他的父亲。他像男青年一样留着长发,穿着古代王子穿的伊奥尼亚式长袍(这件礼服只在阿波罗的侍仆——专业的七弦琴演奏者的帮助下才得以保存)。当他一头卷发并身着长袍经过德尔斐尼俄斯神庙的施工场地时,工人们戏称这位青年为可爱的少女。忒修斯满腔怒火,他急于证明自己的男子气概,便解开了恰巧等候在一辆施工车轭下的两头牛,并一举将它们扔到了庇护所尚未完工的房顶上。

这个故事再次指向了雅典的青年人。这一次,它解释了他们在为城市服务的一年中所举行的一项特殊仪式,就像忒修斯作为雅典王储所做的那样:他们模仿忒修斯抛掷两头牛的行为,肩扛一头公牛走向祭坛;他们也和忒修斯一样未修剪头发、身着黑色斗篷,使人想起忒修斯从克里特岛归来时的黑帆。然而,神话从来都不是一致的。在神话事件年表中,忒修斯在前往克里特岛之前就到达了德尔斐尼俄斯神庙。

忒修斯的另一个故事也属于这个先到者,它也与德尔斐尼俄斯神庙有关。当忒修斯从特洛曾到达这里时,他作为强大英雄的名声已先于他到达(无论建造阿波罗神庙的那些愚笨之人听到或想到什么)。在途中,他杀死了至少六只怪物和许多拦路抢劫的强盗,这些人危及了从科林西亚地峡通往雅典的繁盛道路。当他进入雅典后,他谨慎地掩饰了自己的身份,这差点导致了一场灾难。他的父亲认为他是危险的陌生人并感到害怕,因此受情人美狄亚（Medea/Μήδεια）教唆，给他下了毒。美狄亚虽认出了忒修斯，但还是一如往常地狡诈，她担心自己和年迈的国王可能还会有儿子，想确保自己能成为王母。埃勾斯邀请忒修斯去德尔斐尼俄斯神庙献祭以庆祝这位外邦人的到来，而为了表示敬意，他请这位客人切肉。为了完成这项任务，忒修斯拔出随身携带的剑。这把剑有它的故事：在那个决定性的夜晚后，埃勾斯把它留在了特洛曾，藏在一块巨石下，并告诉埃特拉，当忒修斯强大到足以举起巨石，这把剑就应该属于他。埃勾斯立即认出了这把剑是他的，而他的儿子正拿着它。随即他看到了迫近的危险：美狄亚正要向忒修斯献上有毒的迎宾酒。他迅速碰落美狄亚手中的酒杯，洒漏的酒水弄脏了地板——几个世纪后，雅典人仍然向游客展示着地上的红色印记。然后，埃勾斯正式承认他的儿子为其未来继承人。普鲁塔克（《忒修斯传》[*Life of Theseus* 12]）讲述的这个故事，可能是根据欧里庇得斯一部失传的戏剧改编的，它是另一个病原学神话：德尔斐尼俄斯神庙、阿波罗的庇护所，是法庭裁决亲子关系和公民身份问题的地方。

歌舞队与枯瑞忒斯

阿波罗·德尔斐尼俄斯不仅属于雅典,他在雅典的崇拜也不像在其他一些希腊城市那么重要,如米利都及其部分殖民地。尽管他的米利都庇护所非常简单——一个带有中央祭坛的露天庭院,但其崇拜的政治重要性不可低估,这一点已经可以从庇护所兼作米利都公共档案库的事实中看出。它是小型宗教团体的崇拜中心,即六个 Molpoi/Μολποί,"歌舞队"。他们的领袖也是这座城市的政治领袖,至少在古风和古典时代,他们被称为 aisymnētēs/αἰσυμνήτης,即"统治者"。约公元前 475 年的一段铭文标定了他们的仪式职责。他们把大部分祭品都献给了阿波罗·德尔斐尼俄斯,并且通常伴随着饮酒和歌舞结合的颂歌表演。然而,他们的主要仪式是从米利都到迪迪马的为期一天的游行,届时沿着神圣之路前行会有许多献祭和颂歌:这是一种仪式性声明,即迪迪马庇护所和米利都与迪迪马之间的广袤疆土隶属米利都。我们对奥尔比亚的阿波罗·德尔斐尼俄斯知之甚少,奥尔比亚是米利都在克里米亚的重要殖民地。自古风时代起,神就在那里得到证实,他的庇护所是歌舞队的中心,并形成了集市的一部分,集市是殖民地的商业与市政中心。因此,可以合理地假设，奥尔比亚歌舞队的宗教和政治作用与神在他们城市所起的作用非常相似。

歌舞队仅在米利都和奥尔比亚为人所知，但他们在距米利都北部海岸约 40 英里处的另一座伊奥尼亚城市以弗所也具有相似情况。在这里，铭文证实了一个 Kourētes/Κουρῆτες 团体，由六名主要公民及其助手组成，助手主要是音乐家。在铭文的时代（公元 1—3 世纪），这群仪式表演者与 prytaneion，即市政厅城市公共壁炉上燃烧着永恒火焰的赫斯提亚崇拜有关，也与对罗马皇帝的崇拜有关，他们会在这些崇拜中举行献祭和唱颂诗。但是，这一团体的历史比帝国时代还要悠久。公元前 4 世纪的文献将他们与城市的主要庇护所联系起来，斯特拉波证实了阿耳忒弥斯和一个当地神话的关联（14.1.20），讲述了他们的神话祖先如何围绕小阿耳忒弥斯跳舞，以保护她免受赫拉的怒火，就像克里特岛的枯瑞忒斯（Curetes/Κούρητες）绕着小宙斯跳舞，以保护他免受克罗诺斯（Cronus/Κρόνος）的伤害一样。为纪念这一仪式，以弗所的枯瑞忒斯在城外的一个小庇护所设摆筵席并跳舞，那正是勒托诞下女儿的地方。在现代人看来，想象以弗所上流社会的庄严而又可能有些肥胖的绅士们表演武装舞蹈似乎有些奇怪，但音乐和舞蹈确实是他们表演的一部分。他们的名字不仅将他们与古代克里特岛神话中的舞者联系在一起，还将他们与希腊古风时代的长发少年即 koûroi/κοῦροι 联系在一起，尽管在我们见到他们时，他们已经成年，就像六个歌舞队一样，他们同样是米利都上流社会的"歌舞队"。

我们在两个相邻的伊奥尼亚城市中发现的两个团体，相隔4个世纪，距离很近，足以让我们了解一个原本具有相似功能和作用的团体的变化。在这些古老城市的中心，有一小群人，他们将城市主要崇拜的仪式表演与强大的政治权力相结合，这些歌舞队以贵族团体的身份管理着这座城市，在更民主的时代，他们也设法保留了大部分权力。但是，伴随民主化而来的社会现代化逐渐导致了宗教和政治权力的分离，在帝国时代，尽管仍然存在政治影响和权力的痕迹，但他们的仪式作用更占主导地位。

阿波罗、入会和"Männerbund"

歌舞队的古老组织引人注意，必须对其进一步探索。通常，音乐和舞蹈表演的综合体，是阿波罗的主要职权之一，与城市的主要公民无关，而与即将成年的青少年有关。这种联系由来已久：在《伊利亚特》第一卷中，安抚阿波罗的颂歌是由 koúroi Akhaiōn/κοῦροι Ἀχαίων［青年合唱队］，即组成希腊军队的年轻人表演的。米利都的团体和以弗所的团体在现象上过于接近,以至于除了前面描述的转变,很难再激发起人们对他们之间如何联系的好奇。

过去的学者用来解释这种联系的模式是在19世纪末和20世纪初的民族学和人类学中发展起来的。对部落文明社会结构的兴趣促进了关于秘密社团的研究,这些社团里的男人紧密联系在一起,他们的凝聚力由秘密仪式保证,他们还掌握着相当大的政治权力。在其他社会,包括那些早期现代欧洲社会,青少年男性形成的类似团体,其结构或多或少是封闭的,这些团体成员会戴上面罩,伪装成可怕的掠食者,或者会以可怕的掠食者自称,如非洲的豹或欧洲的狼。最早研究这个主题的德国学者称他们为 Männerbünde [男人帮],这个词在被纳粹理论家采用之后变得有些令人反感,但意识形态上滥用某一概念并不一定证明这一概念本身有误。在一个存在更多假设的进化理论中,这些秘密社团被认为由部落的入会仪式发展而来。这种仪式不分性别,旨在将青少年转变为社会的成年成员,并使其具备部落传统提供的所有仪式和社会知识,部落领袖认为这对部落的自我定义至关重要。在这种情况下,年轻男子比年轻女子多,青少年按年龄分组一起参加仪式,在远离村庄的森林里或偏远的岛屿上,他们被引入仪式传统以及狩猎、捕鱼和战争活动中,返乡时，人们以万众瞩目的歌舞表演予以庆祝，这些表演展示了身体的才能，并表明他们已为结婚和生育作好了准备。

如果人们把米利都的歌舞队和以弗所的枯瑞忒斯置于这样的人种学背景下，那么人们就会倾向于认为他们在现象上与男性秘密社团有关，也就是德国学者所谓的"男人帮"。和这些团体一样，希腊的团体是由成年男子组成的小团体，他们的身份和一致性源于共同的仪式，而且他们在自己的城市中行使权力。但他们缺乏一个基本特征，即保密性。歌舞队和枯瑞忒斯在他们的城市中非常显眼，而且没有古代文献谈论与之相关的神秘事件或其他秘密仪式。在古风时代晚期的希腊，还有另一个团体更接近于秘密社团的现象：毕达哥拉斯学派被组织成一个仪式团体，他们有自己的秘密仪式，并统治了克罗托内一段时间。值得注意的是，阿波罗与毕达哥拉斯学派也有联系，团体领袖毕达哥拉斯，被视为希帕波利亚的阿波罗的人类形态。

因此，比较只能到此为止。如果我们将视野局限在希腊世界，那么歌舞队和枯瑞忒斯都根植于古风时期的希腊歌舞文化及其在社会中的核心作用。在两座城市里，出于我们未知的原因，这些与阿波罗和青年人有关的仪式和表演形式被转变为一种更具选择性的贵族统治制度。米利都的团体与阿波罗保持联系，以弗所的团体则与他的姐姐联系在一起——毕竟，以弗所是阿耳忒弥斯的城市；在其他城市，如帕加马或哈利卡纳苏斯（Halicarnassus/Ἁλικαρνασσός），类似的团体可能是与宙斯联系在一起。

伊奥尼亚与克里特岛的古老制度

米利都人保留了另一种古老的制度，并指向古风时代的社会结构。根据希罗多德的说法，他们在一起用餐，但他们的妻子不在场。他解释说，这是对独身殖民者与当地妇女结婚这一事实的记忆。这是当地的神话：米利都在希罗多德时代之前约一千年就有人定居了，历史记忆不太可能延续到这么远。

更重要的是，米利都人与另外两种希腊地域文化，即克里特岛和斯巴达，都认同这种激进的性别分离。斯巴达引以为豪的是 pheiditia/φειδίτια［公餐］制度，即所有成年战士公民共同进餐。后来的哲学家将其理解为斯巴达立法者来库古（Lycurgus/Λυκοῦργος）的一项道德改革，目的是防止斯巴达人屈服于奢华的餐食。克里特岛也保留着同样的习俗：在他们的城市中，"成年男子一同在他们所谓的男人屋（andreîa/ἀνδρεῖα）中用餐，如此穷人便可和富人吃同样的食物，因为所有人都由公费供养"（埃福罗斯［Ephorus F 149］）。难怪克里特岛的作者们认为，来库古来到他们的岛上也是为了介绍他的生活方式。一座城市通常有多处男人屋，大概是根据人口的分布而定，它们不仅是餐厅，也是政治决策的场所。就餐时，人们一起按照既定议程讨论政治，既有日常事务，也有国家大事。

在这两种文化中，这一制度都伴随着严格的男性社会年龄分层，以及在各个阶段之间精心安排过渡仪式。斯巴达的教育体系非常复杂，容纳了所有自由出生的斯巴达男孩，他们历时多年，训练这些男孩以使其成为亚历山大之前希腊最成功的军队成员。克里特岛的体系比较松散，包含三个阶段：青春前期（少年期）、青春时期（"herd"：青春期）和成人期。所有的年龄阶层都与男人屋紧密相连。克里特岛的小男孩们在男人屋中充当侍从，只有在完成这项服役后，他们才能成为"青少年"的一员。每处屋子都有一名成年官员负责训练青少年，他教他们射箭和"枯瑞忒斯引进的"武装舞蹈，以及战斗技巧："在规定的日子里，青少年互相攻击，伴着长笛和七弦琴的节奏而战斗。"

当斯特拉波写到枯瑞忒斯引入武装舞蹈时，他暗指了那个众所周知的神话，即武装舞者保护了新生的宙斯。他们唱着歌，用剑击打着盾牌，淹没了婴儿的哭声，这哭声可能会把宙斯暴露给其邪恶的父亲克罗诺斯。在这个神话和武装舞蹈的背后，它解释了当地观察者已经注意到一个相同的社会背景：这个社会的主要教育手段是青少年的舞蹈，而其中的成年男子组织为一个紧密的团体，统治着城邦。克里特岛是这些习俗保存得最完好的地区。在斯巴达，他们变成了军国主义国家的工具，国家拥有一支近乎职业化的公民军队。最终，在伊奥尼亚——在米利都和以弗所——一些元素以新的形式得以幸存，这些新形式与城市的管理和仪式生活息息相关。

阿波罗从哪里涉入了克里特岛和斯巴达的这一切呢？人们会认为他是与歌舞队密切相关的神灵。我们看到了他在米利都的这个角色，即阿波罗·德尔斐尼俄斯，歌舞队的神。阿波罗·德尔斐尼俄斯在克里特岛东部也很显眼，在那里他有重要的政治功能；这位神的主要节日非常重要，以至于有些城市在此之后用德尔斐尼俄斯命名了一个月。一些考古背景尤其引人注目。在小城市德雷罗斯（Dreros/Δρῆρος），他的古老庇护所已被挖掘。这是一栋只有一个房间的小建筑，中央有一个壁炉，最右边的角落里有一个空心祭坛，祭坛上摆满了献祭的山羊角（大部分是左角），在旁边的石桌上，立着三尊非常古老的青铜像，分别是阿波罗、阿耳忒弥斯和勒托。这个祭坛让人回想起得洛斯更著名的多角坛：我们面对的祭祀活动可能与青铜时代同样古老，当时伊奥尼亚的得洛斯与多利亚的德雷罗斯都属于爱琴海文化。神庙的外墙刻有城市的宪法，可追溯至公元前650—前600年，这再次强调了庇护所的政治重要性。在古风时代后，神仍然很重要，在希腊化时代的誓词中，德雷利亚人（Drerians/Δρεριανς）将他奉为他们的主神之一。阿波罗·德尔斐尼俄斯的另一座神庙位于赫尔塔基纳（Hyrtakina/Υρτακίνα）镇，里面有这座城市的"公共壁炉"（hestía koiné/ἑστία κοινή）。正如我们在以弗所见，这样一个燃烧着永恒火焰的壁炉是市政厅的特色。于是，我们发现在这些克里特城市中，阿波罗·德尔斐尼俄斯出现在同样关键的位置，和他在米利都一样，都是作为城邦政治传统的守护者。

公共壁炉特别有趣。它永恒的火焰不仅具有象征意义：在没有火柴的时代，公共祭坛也是城市公众祭坛上所有火的来源，想必也是私人祭坛和私人壁炉中的火源。与此同时，我们也可以试着将中央壁炉与克里特的男人屋联系起来，毕竟，男人屋需要一个中央壁炉，用于烹饪和与成年公民活动有关的祭祀。因此，考古记录中带有中央壁炉的克里特神庙被认为是从文学记录中所知的男人屋。然而,德雷罗斯和赫尔塔基纳的阿波罗·德尔斐尼俄斯庇护所似乎太小，因而无法实现这一功能。它们是城市的主要庇护所，而非各小团体的集会地。然而，有一间房和一个中央壁炉的神庙可能仍然是男人屋的写照。因此，我们就能更好地理解阿波罗·德尔斐尼俄斯在克里特岛和伊奥尼亚发挥的作用。米利都的歌舞队和以弗所的枯瑞忒斯似乎是公民团体,他们的先祖是我们从古风时代的克里特岛和早期米利都获知的男性公餐团体,经过几个世纪的政治变革后发生转变。雅典的德尔斐尼俄斯神庙则证实了另一种转变:在更加民主的环境下,古老的男人屋变成了与维护公民身份密切相关的庇护所。忒修斯在德尔斐尼俄斯神庙与其父亲相认的神话很符合这一点:毕竟,克里特岛的男人屋是儿子们晋升为成年公民的地方,这和忒修斯的经历很像。

116 我们开始看到阿波罗·德尔斐尼俄斯角色的发展,尽管还有些模糊。(我们将在下一章进一步探讨这些假设)最古老的克里特岛团体直接参与城邦事务,阿波罗庇护所是公民生活的中心,也反映了城市各地区的男人屋。鉴于克里特岛的武装舞蹈的重要性,祭礼不仅包括向阿波罗及其母亲和姐姐献祭的山羊,还包括舞蹈和歌曲——可能是克里特人最著名的颂歌,并由少年男孩和成年男子组成的合唱队表演。米利都与克里特岛都有成年公民的共同就餐团,但在一个参与度较低的政治体系中,一小群贵族领袖,即六个歌舞队,以其祭祀、舞蹈和歌曲接管了对阿波罗的崇拜。最终,在公元前5世纪更为发达的雅典民主制中,政治权利移交给了公民大会,而阿波罗·德尔斐尼俄斯的庇护所也沦为关于公民身份的诉讼场所。

斯巴达的节日与青少年

在斯巴达，阿波罗的三个节日尤为重要：叙阿琴提亚节、吉诺佩蒂亚节（Gymnopaidia/Γυμνοπαιδία）和卡尔涅亚节（Carneia/Κάρνεια）。在这三个节日期间，斯巴达人要尽量避免战争。我已经把叙阿琴提亚节视为一个音乐和战争对立的节日案例（见第二章）。另外两个将阿波罗与斯巴达各年龄段的团体以及歌舞联系起来的节日也是如此。

裸体之舞：吉诺佩蒂亚节

据帕萨尼亚斯的说法（3.11.9），吉诺佩蒂亚节是"斯巴达人非常重视的节日"，主要活动是跳舞和唱歌，它得名于一种特殊舞蹈，即 gymnopaidikè orkhesis/γυμνοπαιδική ὄρχησις，"男孩的裸体之舞"。吉诺佩蒂亚节是夏季节日，主要的特色是由三个合唱队表演舞蹈，分别是男孩、成年公民和老人合唱队。合唱队在斯巴达集市上表演，不仅面向他们的斯巴达同胞，而且面向阿波罗·皮昔乌斯（Apollo Pythaeus/Ἀπόλλων Πυθαεύς）、阿耳忒弥斯和勒托的神像，男孩们总是在中间表演，成年人在他们的左侧，老人则在他们的右侧。三个合唱队的领袖都戴着棕榈叶制成的花环，棕榈叶是阿波罗的神圣植物之一（得利亚的获胜者得到了一根棕榈枝），这些花环被称为thyreátis/θυρέατις［提莱亚提斯］，这个名字使人回想起公元前6世纪斯巴达的一场重大战役。这场战争中，斯巴达战胜其主要对手阿尔戈斯，获得了大片领土。另外还使人回想起逝者。据说男孩们唱起颂歌，以纪念那场战役中牺牲的斯巴达人。这些赞美诗的接受者是阿波罗·卡内奥斯（Apollo Karneios/Ἀπόλλων Καρνεῖος），他是多利亚的阿波罗，也是斯巴达神的一个主要形式。在炎炎夏日里跳舞已经被视为对所有斯巴达男人耐力的考验：当男孩们光着身子跳舞时，成年人和老人却都是全副武装。其他的比赛仅限于青少年，包括拳击、打球和仪式战斗。拳击还使人回想起伊奥尼亚的主要节日期间，在得洛斯举行的同样的比赛，即克里特岛agelai/ἀγέλαι［群体］之间定期且仪式化的战斗。

羊神阿波罗和卡尔涅亚节

吉诺佩蒂亚节只是斯巴达人的节日，而卡尔涅亚节是所有多利亚人最具特色的节日之一。它在许多多利亚城市的日历中都命名了一个月，从西西里岛的阿克拉噶斯和叙拉古到罗德岛，再到克里特岛的克诺索斯，都在阿波罗的名字上加上别号 Karneios/Καρνεῖος［卡内奥斯］。古代语法学家告诉我们，多利亚方言中的 kárnos/κάρνος 意指"公羊"：因此阿波罗·卡内奥斯就是"羊神阿波罗"。一枚斯巴达殖民地麦塔庞顿（约公元前400年）的硬币上绘有神美丽的头像，他浓密的头发里镌刻着羊角（图9）：这证实了语法学家的关注，并有助于理解斯巴达将刻有公羊头的古老柱子作为他们的阿波罗形象。公羊是一种稀有的祭祀动物，同时他也是羊群的领袖——羊群的象征意义在斯巴达和克里特岛社会中非常普遍，两地的青少年都被组织为 agelai/ἀγέλαι，"青少年群体"。在一种常见的比喻中，古代社会将青年人的社会化理解为将动物变成人，因此，羊神阿波罗很容易让人联想到青少年群体的领袖形象。与此同时，他也与政治权力中心联系在一起：他是昔兰尼殖民地的不灭之火，在那里，卡尔涅亚节是城市的主要节日。昔兰尼的创建者将其从锡拉岛带来，而锡拉的创建者从斯巴达带来了它。

卡利马科斯在其《致阿波罗颂诗》（*Hymn to Apollo*）中，描述了昔兰尼的卡尔涅亚节。那是一个快乐的春季节日，许多公牛被献祭，祭坛上装饰着初绽的鲜花。但斯巴达的卡尔涅亚节显得更加阴郁。公元前3世纪的一位作家，怀疑论者德米特里乌斯（Demetrius/Δημήτριος）称其为"对他们军事教育的模仿"，

图9：阿波罗·卡内奥斯。麦塔庞顿的银币（stater/στατήρ），约公元前425年。作者绘图（Apollo Karneios. Silver coin [stater] from Metapontum, ca. 425 BC. Author's drawing）

因为宴会遵守严格的命令：

> 有九个地方……看上去像营地帐篷。每个帐篷里都有九个人在用餐，一切都按传令官的命令进行。每个帐篷里都有三个兄弟会（phratríai/φρατρίαι），节日持续九天。

"兄弟会"是德米特里乌斯称呼三个传统多利亚部落的方

式，即海勒斯人（Hylloi[①]/Ὕλλοι）、狄马奈斯人（Dymanes/Δυμᾶνες）和庞菲洛伊人（Pamphyloi/Πάμφυλοι），这是遍居每个多利亚国家和城市的旧部落，包括斯巴达。每处帐篷里都有每个部落的三名代表，公共宴会在整体结构上是多利亚国家的镜像。帐篷，或者更确切地说，是遮光篷，不仅在军队中取代了坚固的建筑，而且在许多希腊仪式中，永久住所与临时帐篷之间的潜在对立，被用来表示节日的非凡时期中日常时间的悬停，发号施令的传令官的存在可能与此有关：日常生活的自发性和自由意志被整个群体所服从的命令指导所取代。

斯巴达人在他们主要节日的九天里，不可能只靠这种颇为拘谨的公共宴会来打发时间。跳舞和唱歌同样重要，但是比较寻常，也就没那么引人注意了。我们听到男孩们唱颂歌——卡尔涅亚节的音乐比赛在古风时代就已颇负盛名。关于昔兰尼，卡利马科斯描述了在第一次卡尔涅亚节，"厄倪俄（Enyo/Ἐνυώ，希腊战争女神）身穿盔甲的战士们与利比亚的金发女郎共舞"，再次谈及独身移民者娶当地妻子的话题。

另一种仪式不像跳舞和唱歌那样平淡无奇，因而再次引起了古代作家的注意。根据拜占庭词典，"在卡尔涅亚节"，

[①] 原文 Hyloi，改为了 Hylloi。——译注

一个以丝带为饰的人奔跑着为城市祈祷。年轻人追逐着他:他们被称为 staphylodrómoi/σταφυλοδρομοι,即"追葡萄的人"。如果他们抓住了他,斯巴达人就期待这座城市出现美好事物,如果没有,就会适得其反。

这再次背离了德米特里乌斯的军事解释,并指向了新年仪式:仪式竞赛的结果是来年的预兆。跑者象征着在未来的一年里总是难以捉摸的好运。关于葡萄的神秘提及(毕竟,仪式在早春举行,并非葡萄季节),可能只是另一种暗示非常令人向往之物的方式。未来的葡萄收成则代表着人们对来年的所有美好愿望。在古代的仪式中,农业的象征可用于指明更广泛的社会目标。

与节日相关的神话给出了互相矛盾的解读。博学的帕萨尼亚斯搜集了这些神话(《希腊志》[*Guide to Greece* 3.1.3])。在一个故事中,卡内乌斯(Carneius/Καρνεῖος)是斯巴达前多利亚时期的神,曾在一位名为"公羊"的先知家中接受崇拜,公羊的女儿帮助多利亚人战胜了斯巴达。另一个故事使卡诺斯(Karnos/Καρνος)变成了当地先知,并被入侵的多利亚人杀害。阿波罗,先知技艺的守护者,也是他的养父,惩罚了他们。为了安抚神,多利亚人建立了对先知的崇拜。在这两个故事中,英雄都是先知，因为他们解释了阿波罗的介入。两个故事都将节日与多利亚人征服斯巴达和斯巴达国家的建立联系起来：节日确保了成功的基础。这是同一概念的神话形式，在昔兰尼，阿波罗·卡内奥斯的不朽火焰在仪式上也表达了这一概念。在第三个故事中，希腊人在特洛亚砍伐了一片神圣的山茱萸林（kráneia/κράνεια）来建造木马，为此，他们把阿波罗的愤怒归咎于自己，并设立节日以安抚神。在这里，节日的创立先于多利亚人的征服。神话将多利亚人入侵伯罗奔尼撒理解为赫拉克勒斯子孙的归来，赫拉克勒斯被认为比阿伽门农及其军队早一代征服了特洛亚。然而，这个节日是泛希腊的：多利亚人采纳了它，并以此来强调他们基本的希腊性。

狼神阿波罗、多利亚的入侵与早期城市

羊神阿波罗之于斯巴达人及其殖民地，就像狼神阿波罗之于阿尔戈斯人一样，阿尔戈斯人是他们统治伯罗奔尼撒半岛的劲敌。"狼神阿波罗"，至少是对阿波罗在许多希腊城市拥有的别称吕刻俄斯（Lykeios/Λύκειος）最合理的解释，包括阿尔戈斯（见下一章）。狼有时也作为阿波罗的圣兽出现。

尽管对阿波罗·吕刻俄斯的崇拜在整个希腊世界的很多地

方都得到了证实,但它主要集中在科林西亚地峡周围,且在阿尔戈斯的中心。在这里,他的庇护所就建在集市,即市场和公民集会的场所旁边。根据当地神话,庇护所由阿尔戈斯神话中的国王达那奥斯(Danaus/Δαναός)建立,他是宙斯和当地河神的女儿伊娥(Io/Ἰώ)的后代,伊娥后来逃到了埃及。她的曾孙达那奥斯返回阿尔戈斯,要求继承祖传的王权。阿尔戈斯人已经有了国王,他们感到很窘迫,遂请求给他们一天时间来考虑这个棘手的要求。夜晚,一头狼袭击了一群牛,并杀死了领头的公牛。阿尔戈斯人认为这是一个预兆(因为他们更愿意这样做):孤狼是外来入侵者,它杀死了更大的牧群首领,象征着即将驱逐当地国王的外邦人达那奥斯。他们拥护达那奥斯为阿尔戈斯国王,为了感谢阿波罗的帮助,达那奥斯为他建造了庇护所,帕萨尼亚斯还在庇护所中赞美了达那奥斯的王权。

更重要的是,庇护所保存着这座城市的不灭之火,(阿尔戈斯人声称)是由定居阿尔戈斯的第一个人甫洛纽斯(Phoroneus/Φορωνεύς)点燃的。庇护所还藏有一尊阿芙洛狄忒神像,是达那奥斯的女儿许佩耳涅斯特拉(Hypermestra/Ὑπερμνήστρα)奉献的。达那奥斯从埃及到阿尔戈斯时,带着他的五十个女儿,然而他兄弟埃古普托斯(Aegyptus/Αἴγυπτος)的五十个儿子将他们逼至绝境,达那奥斯不得不同意一桩极不情愿的集体联姻——至少是暂时的：他为女儿们备上匕首，命令她们在新婚之夜杀死自己的新郎。四十九个女儿遵从了命令，但许佩耳涅斯特拉爱上了堂兄并救了他。她的父亲被激怒，以叛国罪审判她，阿芙洛狄忒出面亲自为她辩护，因此才有了雕像。达那奥斯死后没有男性继承人，许佩耳涅斯特拉和她的丈夫遂建立了一个统治阿尔戈斯达数世纪的王朝。

因此，庇护所不但与城市的重建有关（毕竟，在达那奥斯之后，阿尔戈斯人可以被称为达奈人［Danaoi/Δαναοί］），而且更具体地说，与婚姻和王朝的建立有关：在一个民主城邦中，每个公民都属于这样的王朝，因为他的父母都是自由公民，自由公民的父母必须是自由公民，等等。但是还有更多主题。在神庙里，有一位著名运动员的雕像，他把一头公牛和一位知名跑者的像扛到宙斯的祭坛。而在庇护所的其他地方，还有一座著名拳击手的墓，这极不寻常，因为墓既不能在庇护所，也不能在城内。在希腊，跑步和拳击不仅仅是体育运动，还是古代教育的仪式核心。在阿波罗·德尔斐尼俄斯的庇护所，雅典青少年会模仿忒修斯的壮举，经常举行把公牛抬上祭坛的仪式。因此，围绕阿波罗·吕刻俄斯的阿尔戈斯庇护所的主题引起了极大共鸣——有关于国家起源的故事及其与不灭之火的联系，有婚姻和公民身份，还有竞技活动和其他青少年日常活动。

在其他城市也能见到阿波罗·吕刻俄斯与周围的丰富联系。在另外两个城市，神的庇护所邻近集市——即伯罗奔尼撒半岛西北部的亚该亚（Achaia/Ἀχαῖα）的南意大利殖民地麦塔庞顿，以及科林西亚以西的西锡安（Sicyon/Σικυών）。在埃皮道鲁斯和雅典，庇护所旁边是一个体育馆、一个运动场；雅典的吕克昂（Lykeion/Λύκειον）不仅是以跑步比赛而闻名的地方（而且，在公元前4世纪，亚里士多德举办的吕克昂学园是所有学会或Lycée［学校］的前身），也是雅典步兵、骑兵和弓箭手定期进行训练的地方：体育运动和战争从来都是分不开的，这并非是希腊所独有的特征。当克里斯提尼（Cleisthenes/Κλεισθένης）因激进的民主改革在吕克昂的集会上进行了辩论，或者当勒斯布斯（Lesbus/Λέσβος）的伊里苏斯（Eressus/Ἔρεσος）在推翻其不民主的军政府，要求审判他们的法官在阿波罗·吕刻俄斯面前起誓时，我们可以推断，这些可能不仅仅是巧合。

通过某种假设性的历史重构来解释围绕狼神阿波罗的丰富主题——狼、战争、建国和公民身份——是很吸引人的。阿波罗·吕刻俄斯的意义在科林西亚地峡附近的多利亚城邦中得到了最好的证明，科林西亚地峡是伯罗奔尼撒半岛移民者或入侵者的必经之路。青铜时代末期，希腊南部的强国——迈锡尼、提林斯（Tiryns/Τίρυνς）、皮洛斯（Pylus/Πύλος）、克诺索斯——

崩塌了，多利亚人从希腊北部的家乡南迁，接管了这片土地：他们的方言未经迈锡尼文献证实，成为伯罗奔尼撒半岛和爱琴海南部诸岛包括克里特岛和罗德岛的通用方言。神话将这次运动描述为赫拉克勒斯的后代及其军队向祖先土地的回归，但回归的神话是使征服合法化的叙事策略。19世纪和20世纪初的历史学者以移民范式来阐述这一运动，并设想了全新的人口群体一次性从希腊西北部涌入。然而，考古研究并未发现如此大规模的移民和人口变化痕迹。我们所掌握的只有一种新方言，一些新城市和新政治结构。故此，移民范式逐渐被接管人口中心和丰饶土地的入侵军事精英所取代，这些精英受财富吸引，慢慢进入该地区，并不再被军事力量拒之门外。在许多早期社会中，成群的年轻人把自己视为某种凶猛的掠食性动物，如上所述；他们有时与官方发生冲突，有时组织军事行动，甚至发动暴乱。人们很容易想象到，年轻的多利亚战士如何在狼神阿波罗的指引下向南推进，接管前迈锡尼的土地，建立新的殖民地，如科林西亚。他们在那里将主要城市的神庙献予他们的神。

牧神阿波罗与复杂的理论

即使是古代作家，也将阿波罗·吕刻俄斯理解为"狼神阿波罗",但他们给出了不同的解释。许多故事都把神和狼联系在一起。我们已经看到了阿波罗·吕刻俄斯的阿尔戈斯崇拜是如何与达那奥斯和象征他的狼联系在一起的,当然还有其他故事。故事讲述了怀有宙斯孩子的勒托,是如何被狼群从希帕波利亚带到得洛斯并在那里生产的;狼群如何将她和新生婴儿从得洛斯带到吕西亚的克珊托斯,即她在安纳托利亚的主要神社;阿波罗如何派出一头母狼喂养他暴露在外的儿子米勒托斯(Miletus/Μίλητος),后来他是最强大的伊奥尼亚城市的创建者;阿波罗如何以狼的形态与昔兰尼仙女同眠,等等。德尔斐人叙述道,阿波罗杀死皮同后,一头狼从坦佩谷(Tempe/Τέμπη)为他带来了月桂枝。他们还展示了他们庇护所中的狼雕像,并说明小偷曾经如何潜入庇护所并携大量财物逃离,但当他入睡时,一头狼袭击并杀死了他——这显然是阿波罗派去的。在科林西亚附近的西锡安,帕萨尼亚斯听说了这样一个故事,说曾经有狼群大肆捕杀羊,而农夫根本无法驱走它们,后来阿波罗教他们如何用一种特殊的树皮毒死狼群,心存感激的牧民们则为阿波罗·吕刻俄斯献上了一座神庙,如今游客仍然可以在那里看到神奇的木头碎片。科林西亚人必定存在类似故事,与达那奥斯和狼的神话相竞争,因为索福克勒斯(Sophocles/Σοφοκλῆς)称阿尔戈斯的阿波罗并非吕刻俄斯,而是 lyko-któnos/λεκοκτόνος"狼杀手",即阿尔戈斯的抵御狼群的羊群守护者。

因此,无论故事是什么,神与狼的联系在整个古代都是持续且显眼的。只有在公元 4 世纪,维吉尔的评论员塞尔维乌斯(Servius)提出了另一种解释,即吕刻俄斯源自希腊语中表示白色的单词 leukós/λευκός[光、明亮],"因为阿波罗是太阳"。多数学者认为这种解释是基于错误的假设,而遵循了狼的解释,其他学者则从奉有勒托重要神社的吕西亚衍生出了神。部分学者认为狼的联系是动物崇拜的残余,狼乃图腾动物。但图腾崇拜从未真正影响过希腊宗教,因此大多数学者倾向于另一种立场:在诸多古代故事中,他们选择了将阿波罗解释为牧群保护者的故事,而抛弃了其他故事。他们这样做是因为有证据表明,阿波罗的角色之一是牛羊保护者。在这个角色中,他被称为诺米俄斯(Nomios/Νόμιος),即"牧人",而根据普鲁塔克的说法,波奥提亚人称其为伽拉西奥斯(Galaxios/Γαλαξιος),"奶神阿波罗",因为"充足的牛奶表明他的存在有益"。其他别号也表明了类似性质,"他被认为是牛的守护者和真正的牧人",正如罗马晚期的马克罗比乌斯(Macrobius)所言(《农神节》[*Saturnalia* 1.17.43])。但在《荷马史诗》中,他已经拥有了自己的牛;当宙斯罚他为人类服务时,他便看守着斐赖(Pherae/Φέραι)国王阿德墨托斯(Admetus/Ἄδμητος)的牛。阿波罗经常与agélai/ἀγέλαι［成群的］年轻人联系在一起，这一事实似乎也证实了这种联系：它是原始"农业"意义的延伸。

因此，我们掌握着几种关于吕刻俄斯的解释。有三种理解这一别号的基本方式，即源于吕西亚人、光或狼。在狼的衍生物中，同样有三种选择：图腾解释，阿波罗是狼崇拜；农业解释，阿波罗是牧群抵御狼群的保护者；社会学解释，阿波罗是青少年狼群的领袖。但有些理论比其他理论更容易被驳倒，比如与"光"的联系在语言学上不牢靠，一旦清楚表明勒托并非吕西亚女神时，与吕西亚联系的理论便瓦解了，而图腾崇拜作为一个被广泛滥用的概念先于萨满教，这两种理论都不应被推广到它所处的文化之外。最后，我们只剩下社会学解释和农业解释。这两种都与阿波罗崇拜产生了共鸣：他确实是牛羊的神，也是青少年的领袖。主要的问题是，哪个角色是优先或"原始的"，哪个角色是次要和派生的？

这就提出了一个有趣的方法论问题。在希腊宗教的其他案例下，这两种解释是相互对立的。最明显的案例是德墨忒耳，她掌管庄稼和已婚妇女的生育。在此，优先次序岌岌可危。答案与阿波罗的情况相同："起初"，德墨忒耳是农业女神（阿波罗是牛神），但后来这一功能又被隐喻地转移到孩子身上，即妇女的后代，或被转移到年轻男子身上，他们组成"团体"形式，生活在城邦外，就像牛与牧人一样。这种选择的唯一原因是假设农业（或畜牧）问题是宗教的核心，因为人类最初是农民和牧民，后来才变成城市居民。

这一理论受到法国社会学创始人埃米尔·杜尔凯姆（Émile Durkheim）的挑战。在杜尔凯姆看来，宗教和仪式与生育无关，而与社会凝聚力和身份认同有关：仪式创造了社会团体，并建立了社会秩序，而宗教是将早期男性塑造成一个功能性团体的主要力量。因此，这种解释完全依赖于我们从古代文献所获的观点。在农业／牧业理论下，社会问题从农业问题中发展而来，是农业问题的隐喻，而在社会学理论下，农业／牧业生活是社会问题的隐喻。

史前史的发展使得在这两种理论解释之间作出选择成为可能。史前研究表明，农业和牧业发展得非常晚，大约在公元前8000/7000年，也就是所谓的新石器时代革命时期。社会存在先于农业和牧业已有数千年之久，早在homo sapiens［智人］（甚至他的祖先）存在于非洲大草原时，就已经有了社会群体，即狩猎者和采集者，他们一定发展了仪式手段，从而把这些群体团结在一起。因此，对仪式的农业解释是次要的，而且相对稚嫩。

历代的领袖阿波罗

当然,这是史前史,如任何史前史一般,都是假设的。然而,不可否认的是,阿波罗与希腊历史上许多城市的政治生活都有密切联系,不仅在多利亚人中如此,在他作为所有人群祖先的角色中也是如此。在公元前6世纪末,希腊两大强国斯巴达和雅典之间的对抗日益加剧,使他们将希腊概念化为伊奥尼亚人和多利亚人之间古老而根本的对立,而多利亚的赫拉克勒斯反对伊奥尼亚的阿波罗,他是雅典国王之孙伊翁的父亲。

在希腊世界的城市中,阿波罗与雅典娜相互争夺最重要的城市庇护所。了解它们并无明确的模式,当然也没有多利亚/伊奥尼亚二分法,因此分配必须先于这种意识形态的构建。宙斯的爱女和爱子不仅共同承担着城市中主要神的职责,而且还关心着青少年公民战士,这两者息息相关。雅典的泛雅典人节游行队伍展示了年轻的骑士,他们是雅典军队的中坚力量和雅典娜的 protégés[受庇护者],而在斯巴达,在阿波罗的监护下,叙阿琴提亚节、吉诺佩蒂亚节和卡尔涅亚节也有类似展示。只有少数城市选择了其他神圣保护者,如阿尔戈斯的赫拉,那里的年轻战士们列队从城市游行,前往远在边境的女神庇护所。

在神话中，雅典娜是赫拉克勒斯或忒修斯等好战英雄的坚定保护神，但阿波罗杀死的英雄和他养育和守护的英雄同样多。尽管如此，希腊的主要守护神雅典娜和特洛亚的主要守护神阿波罗之间的荷马式对立，看似建立在这两位神功能重叠的背景上，但是作者也把他在自己世界中熟知的卫城雅典娜神庙投射到了他虚构的特洛亚城。

亚历山大东征后，希腊城市失去了部分权力和独立性，成为亚历山大征服后的王国的一部分。从亚历山大开始，神王补充了奥林波斯诸神对希腊城市提供的保护：统治者崇拜成为权力重新分配的宗教表现。但是，从为国王寻求神圣保护发展到对神圣统治者的完全崇拜，这种崇拜的形式却出奇的灵活。在这个世界上，阿波罗作为塞琉古王朝的祖先和保护者现身。塞琉古王朝是近东大部分地区的统治者，王朝的建立者，亚历山大的将军塞琉古成为国王塞琉古一世维克多（尼卡特［Nicator］；死于公元前281年），他将阿波罗称为其家族的领袖（Hēgemōn/Hγεμών）。因此，当一个城市为纪念塞琉古王而设立一个节日时，议事会将颁布法令，设立"音乐、体育和马术竞赛，如我们为王朝领袖阿波罗设立的表演"，对他的儿子和继任者也是如此。久而久之，阿波罗从王朝守护者转变为其祖先，历史学家能够准确地讲述这是如何发生的：

阿波罗

126   当塞琉古的母亲与马其顿（Macedonia/Μακεδονία）菲利普（Philip/Φίλιππος）宫廷的贵族安条克（Antiochus/Ἀντίοχος）成婚时，她感觉当她放松时，与阿波罗交好并怀上了他的孩子。为了感谢她的爱，神赐给了她一枚戒指，戒指的石头上刻着锚，并嘱咐她把戒指交予她即将诞下的儿子。

（贾斯汀［Justin］，《缩影》［*Epitome* 15.4, 3—5］）

这个故事在现代人听来很奇怪，但其有丰富的历史渊源：它也曾讲述亚历山大的构想来自宙斯·阿蒙，但又回到了埃及皇室意识形态的范式——所有法老都是其母亲与埃及万神殿的主神同眠时孕育的。

从一个凡人和在世国王的神化到他与奥林波斯神的等同，似乎只有一步之遥。但没有希腊国王，也没有几个罗马国王，在他们的有生之年亲自迈出这一步或允许一个城市这样做。而在死后做这件事，以希腊神的名义对已故国王建立崇拜，就是另一回事了。在塞琉古王朝的根基之一，即希腊北部塞琉西亚（Seleucia/Σελεύκεια）的一份祭司名单上，我们不仅发现了宙斯·奥林波斯神庙和合唱队领唱（Koryphaios/Κορυφαῖος，"山顶的神"）的祭司和阿波罗的两位祭司，还发现了塞琉古·胜利之神宙斯（Seleucus Zeus Nikator/Σέλευκος Ζεύς Νικάτωρ）

和安条克·拯救之神阿波罗（Antiochus Apollo Soter/Ἀντίοχος Ἀπόλλων Σωτήρ，"救世主"）的祭司。因此，在他们逝世后，这个王朝的创始人变成了宙斯的化身，而他的儿子和继任者安条克一世则变成了阿波罗，即这个王朝的神。

罗马的皇帝承袭了希腊化的国王，他们将这些世俗权力的宗教表现形式用于达到自己的目的。因此，阿波罗也成为罗马皇帝的神：此阿波罗非罗马的治愈神，而是希腊王朝的祖先。

公元2世纪中叶，安东尼·庇护（Antoninus Pius）的硬币上刻着"阿波罗·奥古斯都"（Apollo Augustus），即"帝国的"阿波罗。在此之前不到一个世纪，硬币把尼禄皇帝描绘为弹七弦琴的阿波罗，这显然暗示了尼禄的艺术抱负。但是，尼禄与阿波罗的关系要复杂得多，这可以追溯到他的谋士们为他设计的意识形态。他的老师和秘密顾问塞涅卡（Seneca）撰写了讽刺尼禄前任克劳迪乌斯（Claudius）的《变瓜纪》（*Apocolocyntosis*），在公元54年尼禄即位后不久就被传颂。在这部作品中，唱着歌的阿波罗帮助命运女神提出，新黄金时代的统治者尼禄就是第二个阿波罗，他"容光焕发的脸上洋溢着温柔的光辉，匀称的脖子上飘逸着头发"。在这个时代，阿波罗和太阳神赫利奥斯的等同很普遍：多年后，当他旅行至希腊时，希腊人专称尼禄为"新太阳神"，尼禄·赫利奥斯（Neos Helios），而当他自希腊返回时，希腊人把他视为他们的解放者，最具天赋的歌手和七弦琴演奏家，而他组织为奥古斯塔尼（Augustanei）的年轻贵族团体则把他誉为另一个阿波罗。

然而，尼禄自定义为阿波罗，就连他的元老们也觉得过于离谱，因为这完全依赖于帝国的开创者奥古斯都接纳了希腊的阿波罗。恺撒死后，内战再次爆发，恺撒的青年继承人屋大维（Octavian，后来自称奥古斯都）和恺撒最忠实的副手马克·安东尼（Marc Antony）瓜分了世界：马克·安东尼接管了灿烂辉煌的东方，包括性感而狡黠的埃及艳后克莉奥帕特拉（Cleopatra/Κλεοπάτρα），而他的搭档屋大维则用数十年公民动乱和内战引起的巨大问题征服了西方。随后，在前同盟国之间的宣传战中，马克·安东尼把自己献给了世界，成为新的狄奥尼索斯，即东方的胜利之神和舒适生活之神。屋大维最初对自己的神圣象征摇摆不定，倾向于称自己为新罗慕路斯（Novus Romulus），国家的新缔造者，这在希腊也有很多相似之处。但他的顾问们指出，罗慕路斯是个模棱两可的人物，不太适合用来塑造正面形象，毕竟，他杀死了自己的兄弟。因此，奥古斯都选择了阿波罗作为他要追随的神——与其说是罗马的治愈神，不如说是希腊青年战士的神和驱除邪恶的神。第一步已经在公元前42年的腓立比战役中达成：战争中，双方都用阿波罗的名字作为军事口令，这基于将阿波罗神谕及其象征与美好未来的希望联系在一起的传统。成为西方的统治者后，屋大维逐渐采用了这种象征意义。他把阿波罗的造物斯芬克斯（sphinx/εφίγξ）做成了他的图章象征，并在公共仪式上佩戴月桂花环。公元前36年，他将一场盛大的海战胜利归功于阿波罗和阿耳忒弥斯的帮助，因为他们的庇护所离战场西西里海岸不远。当他与马克·安东尼的宣传战演变为实战时，他以更大的规模做了同样的事：把自己在亚克兴海战（公元前31年）中战胜马克·安东尼和克莉奥帕特拉归功于阿波罗的介入，阿波罗的庇护所同样就在不远处。看来，在希腊的任何地方，要找到在附近的阿波罗庇护所并非难事。公元前17年，当他开创了一个新时代、一个saeculum［世纪、世界］时，他把自己再次置于阿波罗和他姐姐的保护下，并让诗人贺拉斯（Horace）为他们谱写颂诗《世纪之歌》（*Carmen Saeculare*），就不足为奇了。

与阿波罗结合是明智之举。对于二十岁出头就掌权的统治者而言，青年阿波罗神和好战青年的保护者是自己合适的守护神。阿波罗作为驱除邪恶之神、音乐之神、和谐之神和预言之神，他承诺会从长达一个世纪的内战中给予慰藉，并惩罚所有的傲慢，如同他和他的姐姐惩罚高傲的尼俄柏、杀死她的七子七女一样。这绝非偶然，这个神话在罗马奥古斯都时代的官方艺术

128

中多次出现。阿波罗克制的和谐与狄奥尼索斯——马克·安东尼的放纵是对立的,后者已然成为一个放荡的东方人和外国女王的性奴。这充分利用了狄奥尼索斯的所有负面联想,尤其是在倾向于把狄奥尼索斯仪式与性和犯罪联系在一起的罗马。不可避免的是,奥古斯都也被纳入了现在几乎是传统的王室神话中,甚至在亚克兴海战前,关于他的母亲阿提娅(Atia)如何受孕于神蛇的故事就很流行,神蛇是阿波罗神的另一种形式。像亚历山大和塞琉古一样,罗马的新国王正是守护神的亲生儿子。

奥古斯都,这位无与伦比的政治布道师,他所做的不仅仅是制造这些传言。为了将他与阿波罗神的亲密关系铭刻于罗马中心,他让所有人都能看到他在帕拉蒂尼山建了一座阿波罗神庙,毗邻自己的居所,顷刻便可到达,所以他的居所和神庙实际上是一个宏伟壮丽的建筑群。无论何人从广场抬头遥望帕拉蒂尼山,或从卡彼托山顶端凝视它,都会看见并意识到屋大维的居所和阿波罗神庙是一个整体。他自己的家门由神的象征——两棵月桂树和两根街道保护神阿波罗(Apollo Agyieus/Ἀπόλλων Ἀγυιεύς)的石柱守护着。根据维吉尔的一首著名诗歌(《牧歌》[*Eclogue* 4])记载,奥古斯都与阿波罗的联合,最终迎来了阿波罗的侍仆库迈的西比尔所预言的黄金时代。

小结

阿波罗与公共和政治生活的联系覆及领域广泛。故事的核心是他为年轻男子所扮演的角色:他本人是永恒的青年,也是青年的重要守护者,而且他的神话反映了青年的凯旋和受难。年轻男子群体——也许是社会团体中最具活力,但也是最不稳定的部分——在强权政治中至关重要,甚至他们还在当代伊斯兰恐怖主义运动中发挥作用。因此,阿波罗介入城市的权力和统治机构,这些机构又将音乐、舞蹈和权力奇怪地结合在一起,这些行为可以追溯至希腊政治生活的早期形式。然而,从奥古斯都开始,他的政治力量一直没有中断,甚至转变为罗马皇帝的保护神。最后一位将自己与阿波罗联系在一起的罗马皇帝不是别人,正是第一位基督徒皇帝君士坦丁,他在新罗马首都君士坦丁堡斑岩柱上的形象很可能就是阿波罗的形象。

六、起源

探索起源

如今,希腊宗教的研究者想知道,仪式和神话如何在希腊社会中发挥作用,宗教与习俗如何相互作用,神灵个体如何在城邦万神殿或在泛希腊宗教(如果泛希腊宗教是作为一个体系存在的,而不仅仅是神话和崇拜的松散集合)中彼此规定。这种相对新颖的兴趣点,源于20世纪60年代和70年代发生的根本性范式转变。这一转变反过来取决于社会人类学和宗教研究中两个早期的范式变化:从进化论(evolutionism)到功能论(functionalism),从对个体及其思想的兴趣到对群体及其需求的兴趣。与这些早期范式相联系的是对起源的强调,要理解一种文化现象,就要找到它的起源。后来的发展只会使真正的起源意义复杂化、重合化和模糊化。这些范式的根源在于历史决定论和进化论,它们主导了19世纪的大部分思想,但是再往前,可以追溯到古代对宗教的解释。以希腊诸神为例，他们往往拥有多重且混杂的功能，这意味着要从业已发展的混乱现实中找到其起源之核心：历史上的诸神被视为多方转变、积聚、有时是神灵合并的结果，这通常被理解为早期的"融合"。因此，按此进路，对混乱且异构的多元性质进行排序的逻辑操作，被认为是对其过去历史的重构。学者们认为，异质性随着时间的推移而产生，要想抵达最初的、简单且连贯的起源核心，就必须一步一步回溯。

文化进化论的第一个案例是对印欧语系的重构，把它作为印度和爱尔兰（Ireland）之间大多数语言的共同起源，在 18 世纪末和 19 世纪初已完成系统重构。在这一重构过程中，一套有些复杂的语音规则将混乱多样的现存语言缩减为一种重构的印欧语系原始语言（*Ur*-languag）。词义被视为以同样的方式演变，从一个假设的印欧语义发展到某种语言中一个词的多种不同意义；然而，在语义学上，制定规则就没那么容易了。用一个非常简单的例子就可以说明。英语单词 father、德语 Vater、法语 père、意大利语 padre、拉丁语 pater、梵语 pitar（以及其他语言中的大量词汇）都可以回溯到印欧语词根 *pə2tr-（* 提醒这是一个假设词，没有人说过，而 ə2 是短元音的常规符号，它被假设为现存单词中不同元音的起点）。这个词的基本意义在所有印欧语系语言中都出奇的一致,并且必定对应于一种非常基本的社会结构。但这个词还有其他含义,它们随着时间的推移并在特定的社会环境下发展出来。在某些语言中,这个词还被用来指称基督教神父或社会权威人物。印欧语系研究的创始人确信,他们在重构一种曾经被一群人使用的语言。他们或许可以重构这群人的聚居地,并且这种观点仍然存在,但它与下述更为复杂的观点相竞争:重构的语言仅存于重构的逻辑层面,而不一定存在于历史层面——奇怪的是,这种观点与但丁(Dante)的观点不谋而合,他认为拉丁语这种所有罗曼语言的共同起源,只是一种假想的语言,事实上从来没有人说过。

我选择与印欧语言学作比较并非偶然。在宗教研究中,语言重构常常成为重构印欧宗教的主要手段,印欧宗教是许多历史宗教现象的假定起源,包括神灵及其功能。最具说服力的例子仍然是希腊人称为宙斯的神。他在日耳曼人(*Tiu*[**蒂乌**])或印第安人(*Dyaus*[**特尤斯**]),及罗马人中都有同名者,他在罗马的名字与荣誉称号"家长"结合在一起,成为*Iu-piter*[**朱庇特**]。语言学家认为这些名字源自拉丁语中的词根*dies*,即"日(−光)"(day[-light]),并将潜在的神特尤斯(*Dyaus)界定为印欧的天空之神。这就引发了一系列复杂的理论来阐释这样一位神如何转变为希腊的乌云和风暴之神——他久居山巅,但统治着万神殿,他监督集市,还维护正义、友谊和私人财产。这些都被理解为重构历史。但值得牢记的是,印欧神特尤斯即天空之神,与其潜在的语言根源一样,也是种逻辑构想。更重要的是,除了宙斯和赫斯提亚女神,没有一位希腊主神拥有这般毫无疑义的印欧词源。

这并未阻止学者们为这些神名提出词源,以找出希腊神"真正"的身份,如果人们发现神名的真实意义,就会知道神的原始功能,有时甚至能获知神的原始家园。鉴于地中海世界的复杂性,学者们不仅推测了印欧语系的起源,还推测了安纳托利亚和古近东的借词或影响。这种方法的问题在于词源,如任何其他与语言有关的事物,没有清晰明确的规则。因此,这可能陷入循环:"正确"词源的选择依赖于语言学之外的理论。对阿波罗的别名吕刻俄斯词源探索的不同尝试清楚地表明了这一点,如上一章所论。认为阿波罗是太阳神的学者们将吕刻俄斯与印欧语系词根"光"联系起来,这一词根保存在拉丁词 *lūx* 中,属格形式为 *lūc-is*;于他们而言,这是一个支持他们的通用理论,即神话起源于自然现象。其他人则反对这一通用理论,并明确提出阿波罗和太阳的等同较晚;此外,Lykeios/Λύκειος 一词的第一个元音是短音,并非 lūx 的长 ū:因此,这一词源可以在语言学上被证伪(但这并不意味着它失去了捍卫者)。这就留下了另外两种语言学上的联系——吕西亚和狼。学者们认为阿波罗是安纳托利亚神,选择了吕西亚,他们将荷马史诗中阿波罗对特洛亚人的保护视为这一推论的证据。其他学者则沿用了与狼——希腊词 lykós/λύκος 的古老联系。根据他们的理论,这里提供了两种解释。那些从早期宗教根源看到农业问题的学者将神理解为狼的驱逐者,绵羊和山羊的保护者;那些与埃米尔·杜尔凯姆一样视宗教为社会及其组织的纽带的学者,将狼与古风时代的战士群体联系起来。在语言学上,这两个词源都不可证伪。吕西亚假说已被驳斥,因为最近发现和解读的吕西亚铭文已经清楚地表明,阿波罗在这种语言中有一个完全不同的名字(见第六章)。证伪必须关注各自的参照理论。

青铜时代晚期希腊书写体系线形文字 B 的破译,并未改变整体方法,但增加了新的史料,并扩展了年代架构。在破译前,希腊宗教的进化理论始于荷马和赫西俄德,以此作为神名的最早证明。在 19 世纪末和 20 世纪初,海因里希·施里曼发掘了特洛亚、迈锡尼和提林斯,阿瑟·埃文斯爵士(Sir Arthur Evans)发掘了克里特岛,尤其是其首都克诺索斯。于是揭示了两种辉煌的——绝对出乎意料的——青铜时代晚期的希腊文化,较早的米诺斯文化分布在克里特岛及其邻近岛屿,较晚的迈锡尼文明集中于希腊大陆;米诺斯文化极大影响了迈锡尼人,他们在公元前1500年后某个时间征服了克里特岛。大约在公元前1150年，迈锡尼世界分崩离析，归因于大地震和接踵而至的外敌袭击，敌人直接摧毁了已被自然力量削弱的城市和要塞。在它们被发现后的大约半个世纪里，米诺斯和迈锡尼两种文明仍保持缄默。尽管挖掘者发现了大量泥版文书，但他们的书写系统无法被语言学理解。学者们很快发现他们正在处理两种不同的系统，分别是线形文字A和线形文字B，对于字母表而言，两种文字都有太多符号，但对于为每个单词分配不同符号的系统而言，则是不够的。因此，它必定是音节文字，每个符号通常是一个元音和一个辅音的组合，但它的语言仍然很神秘。直到第二次世界大战后，建筑师兼语言爱好者麦克尔·文屈斯（Michael Ventris）才成功破译了这一代码：用迄今已经证明的更好的书写系统线性文字B书写的语言就是希腊语。顷刻之间，爱琴海的青铜时代就有了声音。

另一个主要系统，线形文字A，至今仍难以捉摸，尤其是因为它的文本数量要少得多。唯一确定的是，线形文字B由线形文字A发展而来，且线形文字A不可能是希腊语：这个系统并非为希腊语的复杂音系而发明。因此，线形文字A证实了希腊人接管了之前的非希腊文化。令人些许失望的是，这些泥版原来是商务票据，而非历史记载或诗歌文本。它们是黏土薄片，仅记录着宫殿几天的开销，这些临时票据会定期合并入总账，之后就被销毁了——只是在摧毁迈锡尼宫殿的灾难中，没有时间进行这样的合并。烧毁宫殿的大火也煅烧了这些黏土薄片，并将其为后代保存了下来。无论如何，线形文字 B 泥版改变了我们对青铜时代晚期希腊的认识，希腊是一个由战士主将统治的国家，这些战士主将生活在宏伟的要塞中，比如迈锡尼或提林斯，或在克诺索斯的通风宫殿中。突然间，我们获得了关于这些地方权力中心日常事务的高度细致的史料。这些例程的一部分是向偏远的庇护所派送祭品：泥版上详细记录着庇护所位置，受供神灵和祭品性质，这为我们保存了一些随意但数量可观的神名。其中许多神名已为人熟知，但还有更多神名不为人知。

阿波罗的史前史

阿波罗的名字在其他印欧语系中没有明显的相似之处，而且他是唯一一位名字未出现在线形文字 B 泥版上的奥林波斯山神（克诺索斯泥版上的一个单词残片被释读为其名的一种形式，但这种释读是高度臆测，很少有学者信服）。这种缺失很可能意义重大。我们拥有上千份文本，它们出自波奥提亚人的忒拜宫殿、伯罗奔尼撒的迈锡尼和皮洛斯、克里特岛的克诺索斯和哈尼亚（Chania/Χανιά），它们几乎来自迈锡尼世界的全部地域，除了小亚细亚西海岸。这其中只有一小部分包含宗教信息，不仅有神名及其庇护所，也有保存着主要节日的月份名，还有包含神名的人名（所谓有字义为"神"的名），但是，样本已经足够大了，可以保存几乎所有主要的希腊神名。因此，有足够的材料使"缺失"看起来具有统计学意义，而不仅仅是样本量小的结果。但这种缺失就产生了一个问题：如果阿波罗不存在于青铜时代的希腊，那么，他从何而来？

　　学者们尝试给出了几种答案，但没有一种毫无争议。主要有四种可能性：阿波罗可能是印欧神灵，虽然未在青铜时代的希腊得到证实，但已经存在，可能是在迈锡尼世界崩塌后从其边境引入的；或者他并非希腊神，而是近东神，这种可能性也有在青铜时代的希腊隐藏了存在和后来引入两种选择。那些接受了阿波罗缺席迈锡尼神殿的学者们也有两种选择。如果他在迈锡尼时代的希腊没有立足之地，他必定来自其他地方，在迈锡尼世界衰落到荷马和赫西俄德时代之间的某个时刻，即所谓的"黑暗时代"和随后的几何时代期间。在此期间的大部分时间里，希腊都脱离了近东的影响，但内部却因人口迁徙而发生改变，特别是多利亚人从迈锡尼世界外的希腊西北部山区移民至迈锡尼王国的核心地区，即伯罗奔尼撒半岛、克里特岛和爱琴海南部。因此，阿波罗的多利亚起源是一个显而易见的假设。由于多利亚人也是希腊人，尽管说着不同方言，学者们必须为他的名字找出希腊语或至少是印欧语系的词源，才能让人信服。但是，如果学者们找不到这样的词源，他们就会假设一个安纳托利亚或西闪米特族起源：在安纳托利亚西部，希腊人在迈锡尼时期就已定居，并在黑暗时代再次大量迁入，且他们与腓尼基人的往来在荷马之前就很频繁了，这一点从公元前800年字母表的传入就可以看出。最后，如果有学者不能接受阿波罗在线形文字B文本中的缺失作为他在迈锡尼世界历史上缺失的证据（毕竟，这一论点仅基于统计数据），或者如果有学者接受了克诺索斯的残片，在缺乏印欧语系词源的情况下，安纳托利亚人或近东起源的可能性就更大了。

青铜时代的阿波罗，无论是何种起源，都可以从阿波罗在塞浦路斯岛那惊人的露面中得到证实。考古挖掘找到了几处古风时代的庇护所，有些是带有祭坛的简易露天场所，其他的复杂如库里翁（Kourion/Κούριον）的阿波罗·许拉塔斯（Apollo Hylatas/Ἀπόλλων Ηυλατας）庇护所，可能早在公元前6世纪甚至前7世纪晚期就有了一座矩形神庙。当地塞浦路斯文字系统书写的铭文证实了数个不同称谓的阿波罗崇拜，有阿米克赖奥斯（Amyklaios/Ἀμυκλαῖος），塔马西奥斯（Tamasios/Ταμάσιος），还有一个月份名源自街道保护神阿波罗。

从某种意义上说，阿波罗不应存在于塞浦路斯，或者只应存在于后期，如果他是多利亚神或在青铜时代社会崩溃后才进入希腊世界的话。塞浦路斯是横跨安纳托利亚南部和叙利亚西部之间海域的大岛，岛上曾居住着原住民。希腊人在迈锡尼时代末期抵达此地——他们必定是迈锡尼的希腊人，在希腊帝国崩溃时因动乱而流离失所。他们带来了自己的语言，一种与伯罗奔尼撒中部阿卡迪亚方言相似的方言，迈锡尼人因多利亚人的入侵从那里撤离；他们还带来了自己的书写系统，一种与线形文字 A 和线形文字 B 紧密相连的音节系统，其迅速发展出自己的地方变体，并存续到希腊化时代，后来，它才被更便捷的希腊字母所取代。这一系统的长期存在表明，其在公元前 11 世纪传入后，塞浦路斯文化非常稳定，并逐渐成为大希腊世界的一部分。后来，在铁器时代，这里并无大规模或中等规模的希腊移民：当腓尼基人在公元前 8 世纪移民至此时，如果说有什么不同的话，那就是塞浦路斯文化转向了近东。唯一合理的假设是迈锡尼移民也带来了他们的崇拜和神灵。因此，塞浦路斯文献中证实的神灵和节日可能反映的并非铁器时代的希腊宗教，而是青铜时代末期传入的迈锡尼文明遗产。

这就为许多遵循我上述模式的理论和想法留下了空间。目前只有两种阐释获得了更多关注，一种是起源于青铜时代安纳托利亚的赫梯万神殿；另一种是多利亚假说，认为阿波罗是多利亚人的主神，在迈锡尼帝国覆灭后，多利亚人就从希腊西北部的原始家园向南推进。

阿波罗与赫梯人

1936年，破译赫梯语的捷克（Czech）学者贝德日赫·赫罗兹尼（Bedřich Hrozný），宣称在几个刻有赫梯象形文字的晚期赫梯祭坛上读出了神名阿普卢纳斯（Apulunas），还有鲁塔斯（Rutas）。他随即将他们视为阿波罗和阿耳忒弥斯的前身，并将阿普卢纳斯的角色定义为祭坛、圣域和大门的守护神。他因此补充道，如他所想，这证实了阿波罗、他的姐姐，甚至他们的母亲勒托都是安纳托利亚神这一观点，毕竟，荷马不是坚持他们对特洛亚的保护吗？而且他们三人不是都与吕西亚有密切的关系吗？但这种释读被其他专家否决——然而赫梯的阿波罗并未消失：他以阿帕里乌纳斯（Appaliunas）的身份出现，是赫梯王穆瓦塔利斯（Muwattalis）和维鲁萨（Wilusa）王阿拉克珊杜斯（Alaksandus）呼唤的（已受损）宣誓神灵名单中的一位神，但紧接在阿帕里乌纳斯前面的文本被损坏了。自从学者们将维鲁萨与伊利昂等同，阿波罗似乎就现身于特洛亚了，而德国考古学家曼弗雷德·科夫曼（Manfred Korfmann）也赫然改变了公认的青铜时代特洛亚的考古形象，立即接受了这一观点，并助其推广：荷马笔下的阿波罗，特洛亚人的守护神，在爱琴海的史前时期，在荷马歌唱的城市中，似乎已经完全建立。

除了阿波罗在线形文字 B 中的缺失，还有《伊利亚特》如何与青铜时代的历史相联系这一难题，甚至在赫罗兹尼的解读被否决后，问题仍然存在。安纳托利亚神阿波罗的当代拥护者仍然追随赫罗兹尼，并指出阿波罗与吕西亚的联系已存在于荷马史诗。他们受到了维拉莫威茨（Wilamowitz）的鼓励——这位赫罗兹尼时代最具影响力的古典学家也同意这一说法。但此后，在勒托主神殿所处的克珊托斯发现的吕西亚铭文，让人们对维拉莫威茨的正确性产生了严重怀疑。勒托和阿波罗的名字都未在当地文献中得到证实，其中最引人注目的是公元前 358 年一篇以吕西亚语、希腊语和阿拉米语（Aramaic）写成的文献。如少数其他当地文献所示，勒托是"圣殿之母"（意指克珊托斯那一处），但没有确切的名字。只有在阿拉米语文本中才出现我们所谓的阿波罗三联神，拉托（Lato，l'tw'）、阿耳特摩斯（Artemus，'rtemwš）和一位被称为赫萨特拉帕蒂（Hšatrapati）的神，即伊朗（Iranian）的密多罗 - 伐楼那（Mitra Varuna），他的身份类似于希腊人称为阿波罗的年轻而强大的神。在吕西亚文本中，希腊人名阿波罗多特斯（Apollodotus/Ἀπολλόδοτος），"阿波罗赋予的"在吕西亚的表达方式清楚地表明与阿波罗对应的吕西亚名是 Natr-，这是一个词源不明的名字，但与阿波罗在语言学上没有任何联系。因此，阿波罗三联神中没有一位神的吕西亚名听起来像勒托、阿波罗或阿耳忒弥斯：这些名字是希腊语，而非吕西亚的当地语言。吕西亚或许在神话（和荷马史诗）中是阿波罗的国家，但在历史上却不是。克珊托斯的庇护所并未将赫梯人的崇拜转入铁器时代，至少可以说，青铜时代的安纳托利亚阿波罗的存在似乎有些牵强。这就把我们的探索拉回了希腊。

阿波罗与多利亚人的集会

在不同的希腊方言中，阿波罗的名字有多种不同形式。伊奥尼亚人和雅典人称他为 Apollōn/Ἀπόλλων；忒撒利人省音称为 Aploun/Ἄπλουν；大多数多利亚人使用的 Apellōn/Ἀπέλλων 形式，与塞浦路斯人的 Apeilōn/Ἀπείλων 相似。有些学者——其中最有权威的是瓦尔特·伯克特，指出有一个希腊方言单词与神名的多利亚语形式 Apellōn/Ἀπέλλων，早在古代就已联系在一起：多数希腊人称他们的集会为 ekklesia/ἐκκλησία［公民大会］，而斯巴达人称为 apella/ἀπέλλα［议会］。在他们的方言中，Apellon/

Ἀπέλλων 就是"集会之神"。在多利亚城邦中,全体自由成年男性的集会是最高政治机关:这些男性每年至少聚集一次,就一切核心政治问题作出决议。作为集会之神的阿波罗在古风时代的城邦中确实称职,我在上一章已经阐述过了。为了证明这一点,我们必须假设在多利亚人进入伯罗奔尼撒半岛前,apella/ἀπέλλα[议会]在早期西北希腊人中就已经成为这一机构的专名。这一假设在如下事实中得到支持:大多数多利亚城市都有一个名为阿佩拉奥斯(Apellaios/Ἀπελλαῖος)的月份。希腊的月份名衍生于节日名,而非神名。所以阿佩拉奥斯月引向了一个名为阿波罗神祭(Apellai/Ἀπέλλαι)的节日。这一节日在德尔斐得到证实,虽然在多利亚方言区之外,但它在希腊西部地区是德尔斐氏族的主要节日。如我们在上一章所见,氏族与作为氏族守护神的阿波罗和公民身份密切相关,这再次将神和节日与同样古老的政治和宗教联系起来。

在这一解读中,阿波罗随多利亚人一起抵达希腊,后来多利亚人逐渐迁入伯罗奔尼撒,并在迈锡尼政权垮台后从那里占领了克里特岛的城镇。4个世纪后,在荷马和赫西俄德时代,这位神已是整个希腊公认的神,并成为史诗叙事传统的重要组成部分。这种扩张预设了在黑暗时代,整个希腊的宗教和文化存在一定程度上的渗透和交流。这与黑暗时代的传统形象有些矛盾，即希腊的社群个体大多面向自身，且彼此之间几乎毫无联系。但这一图景主要是基于普遍匮乏的考古证据，毕竟人与人的交流，甚至是移民现象，并不总是会留下考古痕迹，且崇拜是基于神话和故事，而不是基于史前古器物。早在荷马之前，希腊内部的交流就已经再度开放，这可以从字母表或所谓的原始几何时期陶器风格的迅速传播中看出——它们皆属于公元前 9 世纪或公元前 8 世纪早期。

这一假设的主要障碍在于阿波罗在塞浦路斯的存在已被充分证实，其形式 Apeilon/Ἀπείλων 与多利亚的 Apellon/Ἀπέλλων 非常接近：难道阿波罗并非塞浦路斯神？伯克特假设阿波罗很早就从多利亚的阿米克赖引入塞浦路斯，消除了这一障碍。我们记得，阿米克赖拥有一座重要且古老的阿波罗神殿。另一种假设也有可能：迈锡尼首领们在逃往塞浦路斯前，他们的社会已经融入了部分多利亚入侵者及其守护神阿波罗。毕竟，多利亚人向迈锡尼人持续施压了很长一段时间，而他们以阿波罗崇拜为中心组建的乐团，甚至可能在王国覆灭之前就已缓缓南下，并与迈锡尼人实现融合。

概而言之，我仍然倾向于遵循伯克特基于社会和政治史的假设，而不是接受含糊其词的安纳托利亚起源——即使我意识到，这一词源和功能的绝妙巧合很可能是又一个循环论证的幻象，而在这一幻象中，神名词源史非常丰富。需要强调的是，从入侵的多利亚人向希腊其他地区进行简单传播的图景过于简洁了。事情通常更为复杂，原因有二：阿波罗神话和崇拜受近东影响的痕迹十分清晰，还有一些迈锡尼传统的遗迹也不容忽视。

迈锡尼前身

阿波罗最显著的迈锡尼前身是派阿翁神，派阿翁神的身份已从源自克里特岛克诺索斯的两段线形文字 B 文本中得到证实。其中一段文本过于残缺，无法告知我们太多信息，另一段文本则非常简明地列出了一份受供者名单："献给雅塔娜女神（Atana Potinija/Ατανα Πότνια）、厄尼亚利俄斯（Enyalios/Ενυάλιος）、派阿翁（Paiawon/Παcάϝων）、波塞冬（Poseidaon/Ποσείδᾱον）"——即"女神雅塔娜"（雅典娜的迈锡尼形式）、厄尼亚利俄斯（荷马用此名作为阿瑞斯的别名，但当地宗教将这两位战神区分了）、派翁（paean）和波塞冬。这一名单并未告知我们任何功能，除了派阿翁似乎是一位主神，且与另外三位自荷马起就出现在奥林波斯十二主神之列的神同级。在荷马的语言中，迈锡尼的 Paiawon/Παιάϝων 发展为 Paiēōn/Παιήων，在其他方言中，此双元音被简化为 Paiān/Παιάν 或 Paiōn/

Παιών。这三种形式都在现存的希腊文献中得到证实。我们还讨论了这一问题,在荷马笔下,派翁似乎是一个独立的神话人物,即奥林波斯山的医神,但在后来的希腊神话中,派翁是治愈神阿波罗的别号,颂歌也是为他的献歌献舞。需要指出的是,任何颂歌的副歌总是"ie Paean/ἰὴ Παιάν",无论是唱给阿波罗或阿斯克勒庇俄斯,还是在极少数情况下,唱给狄奥尼索斯。我很想将此视为派翁神在之前独立的痕迹,甚至想象颂歌作为一种仪式形式也可以追溯到青铜时代。当然,这不可证。但是,克里特岛的治愈神和净化神在后来的希腊闻名于世,也许并非巧合:青铜时代的遗迹在克里特岛保存得更好,且颂歌也与治愈和净化有关。这并不意味着阿波罗本身就是一位迈锡尼神;它恰恰表明了相反的情况,即非迈锡尼神阿波罗吸收了过去独立的迈锡尼治愈神派阿翁,也许还包括他唱歌跳舞的颂歌仪式。

近东影响

希腊一直处于古代近东世界的边缘,而在希腊文化和宗教中寻找东方的影响总是那么引人入胜。以阿波罗为例,这些理论从局部影响转向了大规模的衍生。维拉莫威茨,曾是德国古典学领军人物,他从安纳托利亚衍生出了阿波罗,并挑起了一场论战，其意识形态上的共鸣是明确无误的，毕竟，自温克尔曼时代以来，阿波罗似乎就是诸神中最具希腊色彩的神。其他学者甚至更进一步强调了这位神在线形文字 B 中的缺失，并认为他源自叙利亚或腓尼基。这一说法就言过其实了，但毫无疑问，部分影响确实存在，尤其在疗法和历法这两个方面最为明显。

在过去，历法中的论据至关重要。在希腊的历法中，一个月与月亮的一个周期相吻合，因此，第一天是月亮刚好可见的日子，第七天是月亮半圆的日子，所以清晰可见。阿波罗与这两日都有关系。第七天尤为重要，每个月，阿波罗都会在第七天接受献祭，他所有的主要节日都在第七天举行，且他的诞辰也在特定月份的第七天。但在荷马史诗中，他也与新月，即 noumēnia/νουμηνία 联系在一起：他是努美尼奥斯，而他的崇拜者可以组织成努美尼奥斯团。20 世纪前半叶研究希腊宗教的领军学者马丁·佩尔森·尼尔森（Martin P. Nilsson），将这一点与巴比伦历法联系起来，在巴比伦历法中，第七天也非常重要。他甚至更进一步。每一个阴历都相当快，与定义季节年份的太阳周期不同步；为了弥补这一差距，所有系统都发明了设置闰日 / 月，以插入额外的天数。希腊立法每九年插入一个额外的月份，以弥补日月周期之间的差距。根据尼尔森的说法，他们这样做是受到巴比伦的影响，这种影响通过德尔斐来实现：德尔斐的主要节日最初都是九年举行一次，而在古风时代，只有德尔斐拥有足够的影响力将这一体系施加给所有希腊城邦。然而，这种说法过于臆断，尼尔森关于德尔斐引入月份制的附加假设必定是错误的，因为在希腊青铜时代，月份的名称就已经得到了证实。尽管如此，阿波罗的第七天与美索不达米亚历法中同一天的显著联系还是很有趣。

至于医疗，现在似乎已经确定，流动的近东医者在古风时代就已到访希腊，并留下了他们的痕迹。最明显的痕迹是狗在阿斯克勒庇俄斯崇拜中的作用。狗对于美索不达米亚治愈女神古拉（Gula）来说至关重要。公元前7世纪，古拉的两尊雕像被供奉在萨摩斯。在阿卡德语中，古拉也被称为 azugullatu，即"伟大的医师"。这个词可能是阿斯克勒庇俄斯名字的根源，并与阿纳斐（Anaphe/Ἀνάφη）岛上对阿波罗的一种崇拜别号阿斯格拉塔斯（Asgelatas/Ἀσγελάτας）相似。后来，希腊人将此别号转化为 Aiglatas/Αἰγλάτας [灿烂天空中的阿波罗]，源于 aigle/αἴγλη [光辉]，并讲述了如下故事：阿波罗作为一颗闪亮的星星出现在阿尔戈英雄面前，并拯救他们脱离海难。这似乎是后人对一个无人理解的词的理性化，它可能是东方医者建立这一特殊崇拜时留下的痕迹。另一个东方的细节，是阿波罗在《伊利亚特》卷一射出的瘟疫之箭，这一点我们已经讨论过，以及他作为抵御瘟疫的武装守门神角色,也在几个克拉鲁斯神谕中被证实。

东方影响的另一领域是阿波罗在神谱中的角色。对于赫西俄德和荷马而言,阿波罗是宙斯长子。宙斯是主宰当下社会、道德和自然秩序的神,阿波罗是其王储,也可以说是其指定继承者——如果宙斯退居幕后的话。这就解释了为何阿波罗能直接获取宙斯的计划和知识。类似的星群反复出现在西闪米特语族(Semitic)和安纳托利亚神话中。这些神话中,在功能和形象上与宙斯最为接近的是风暴神,其地方形式各异,他是诸王的神,也是当下政治和道德世界秩序的神。在赫梯神话中,风暴神的儿子特勒皮努(Telepinu)是一位年轻的神,神话谈及他在愤怒中消失的情节,而其仪式可能与新年节日有关,用以确保社会和自然秩序的延续。在某些方面,年轻暴躁的特勒皮努使人想起了阿波罗的形式之一。

在叙利亚北部乌加里特(Ugarit)的故事中,风暴神由瘟疫神或"弓箭之主"雷舍普相伴。在塞浦路斯的双语铭文中,他的腓尼基对应神,也叫雷舍普,后来变成了希腊的阿波罗。在图像学中,雷舍普通常被描绘为头戴盔帽,身着短外衣,边走边举起右臂挥动武器的战士形象,这些图像在从青铜时代晚期到希腊古风时期的地中海东部得到了证实。在塞浦路斯,这样的神现身于基提翁（Citium/Κίτιον）大型庇护所群的一尊著名青铜像，由于他戴着饰有两只角的头盔，因此，一些学者将他理解为后来塞浦路斯的阿波罗·克拉伊塔斯（Apollo Keraïtas/Ἀπόλλων Κεραιτας），即"有角的阿波罗"的青铜时代版。

希腊的阿波罗在大多数情况下看起来都不大一样。但在斯巴达南部阿米克赖的阿波罗庇护所中发现了一尊极其相似的小雕像。在此，它反映了阿波罗在这处庇护所中的古风时代的雕像形象，我们从帕萨尼亚斯的描述中得知：

> 我不知谁量过它的尺寸，但我猜想，它一定高约30腕尺。它不是巴提克勒斯（Bathycles/Βαθυκλῆς，雕像底座的雕刻家）的作品，而是古老且未施技巧的作品。它没有脸，手脚以石头添补而成，其余部分看起来像青铜柱。它头戴盔帽，手握长矛和弓。
>
> （《希腊志》[*Description of Greece* 3.10.2]）

一枚硬币上的图像不仅显示了其身披斗篷以弱化姿态的怪异，还显示了它举起右手挥舞着长矛的动作：这与雷舍普肖像的吻合似乎很完美，不得不说，东方的影响是显而易见的。甚至有人认为，阿米克赖这一地名就是源于近东的。有一个腓尼基人雷舍普·穆卡尔（Reshep Mukal），意指"强大的雷舍普"，塞浦路斯的希腊人将其对译为阿波罗·阿米克洛斯（Apollo Amyklos/Ἀπόλλων Ἄμυκλος）。这一希腊别称不可能衍生自地名（不然应该是 Amyklaîos/Ἀμυκλαῖος），但具有相同的动词词根；它的基本语音结构也与 mukal 相同。因此，人们不禁要问，到底是腓尼基人还是塞浦路斯水手率先在这偏僻的海角，在这通往西方的贸易线上建立了庇护所。

小结

阿波罗的起源非常复杂，远未得到充分解释。他没有在迈锡尼的线形文字 B 文本中得到证实（除了一个极不确定的例外），但在荷马和赫西俄德时代，他已在希腊宗教中完全确立，并且在古风时代的基本政治和社会机构中居于中心地位。在他的神话中，甚至在他的崇拜的某些方面，都有明显的近东影响，但是，神的西闪米特起源和安纳托利亚起源都不具有说服力，而他对特洛亚的保护也无须反映这样的起源。他在线形文字 B 文本中的缺失既让人着迷，又让人困惑；就算他早期存在于塞浦路斯，也不一定证明他在迈锡尼宗教中不为人知这一结论无效。可能他并未出现于此，但西北的希腊人在青铜时代就崇拜他为他们的 apéllai/ἀπέλλαι，即战士集会的保护神。作为战士的保护神，他与他们一起进入了前迈锡尼地区，时值青铜时代和铁器时代过渡初期（希腊的"黑暗时代"）：这使几个世纪的转变和适应成为可能，阿波罗的战士们甚至航行到了塞浦路斯，由此可见，融入迈锡尼难民和移民，也并非不可思议。

阿波罗效应

Apollo
Afterwards

七、阿波罗余波盛行

阿波罗的历史并未随着第二次被罗马接受,即作为奥古斯都在亚克兴战役(公元前31年)之后的个人神灵而结束,也未随着他诞生于不列颠群岛的神话而结束。帝国时期,阿波罗神在罗马各行省的许多庇护所中都受到敬奉。在德国亚琛成为查理曼大帝(Charlemagne)复兴的罗马帝国首都之前的几个世纪,这座城市曾拥有一处阿波罗·格兰努斯的著名疗养庇护所,而一直寻找治疗良方的卡拉卡拉皇帝,在那里待过一段时间。在帝国的另一端,神在叙利亚安提俄克(Antioch/Ἀντιόχεια,安塔基亚,Antakya)郊区的达芙妮(Daphne/Δάφνη)拥有一座富丽堂皇的庇护所,它以黄金和象牙制成的(chryselphantine)巨大崇拜形象而闻名。最后一位异教徒皇帝尤利安,在公元362年秋修复了这座神庙,以便于他访问这座城市,他还追随奥古斯都的领导,将自己塑造为新的阿波罗。安提俄克的崇拜是希腊移民带来的。亚琛的崇拜是继续敬奉一位被视为阿波罗神的本土神。这非常普遍：在整个古代世界，本土神灵都可以被视为阿波罗的地方形式，如阿斯卡隆（Ascalon/Ἀσκάλων）的法尼巴尔（Phanebal）、帕拉米亚（Palmyra/Παλμύρα）的雷谢夫（Reshef）、高卢的格兰努斯，或英国的马波诺斯（Maponos）。原因也各不相同，法尼巴尔，"巴尔（Ba'al）的信使"是一位年轻的战神，雷谢夫是乌加里特和腓尼基瘟疫神雷舍普的当地变体，而格兰努斯和马波诺斯则是治愈温泉的负责人。

尤利安修复达芙妮的庇护所是一种反抗行为，旨在反抗基督徒对异教崇拜的敌意。尤利安到达后不久，庇护所就被烧毁了，这给人的感觉是极具象征意义的，而且很可能确实如此，这必定也是尤利安理解大火的方式。公元 4 世纪的最后十年，狄奥多西皇帝颁布了若干法令，宣布举行异教仪式是非法行为。一群群狂热的修道士蜂拥而出，摧毁了那些在这个世纪的大部分时间里，尽管条件恶劣但仍在运作的主要和次要的庇护所。巫术之书——在各种异教仪式上都被贴上巫术标签——在许多地方都被焚毁，主教们迫切地阻止他们的会众陷入被禁的仪式。异教崇拜转入地下，并在随后的一个世纪中逐渐消亡。但是，诸神得以幸存，但不是在崇拜者的祈祷中，而是在书本和艺术作品中，尽管有些不稳定。在基督教时代，对阿波罗的生存至关重要的是他与赫利奥斯 / 索尔（Sol）的等同，和阿耳忒弥斯与塞勒涅（Selene/Σελήνη）/ 露娜（Luna）的等同并行。斯多亚学派和新柏拉图派的哲学家采纳了这种解释双生神的方式：这确保了他们在行星中享有声望。这一解释延续到中世纪及以后：文艺复兴时期的画家经常把阿波罗描绘成乘坐战车，头部环绕着光芒的太阳神。在整个中世纪和文艺复兴时期，阿波罗的另一个重要方面是他对音乐和诗歌的支持与启发，早期的现代诗人强调他与俄耳甫斯、缪斯女神和美惠三女神的关系。在18世纪中叶，早期只是偶尔被提及的青年阿波罗的美，现在却成为温克尔曼对希腊艺术的古典主义解读的必要条件；梵蒂冈（Vatican）的阿波罗大理石雕像，贝尔维德尔的阿波罗（Belvedere Apollo），象征着对希腊人融合了审美和性吸引的新观点（图10）。阿波罗"高贵的朴素和克制的伟大"（温克尔曼经常引用的德语短语是"edle Einfalt und stille Grösse"）再次产生影响，是在一个多世纪后，弗里德里希·尼采强调了阿波罗与狄奥尼索斯之间的紧张关系，在他看来，正是这种紧张关系造就了雅典悲剧和瓦格纳（Wagnerian）歌剧。

在最后一章中，我将概述阿波罗神从罗马帝国到现代这几个世纪的历史。尽管这一领域绝非未知，但在近两千年的时间里，确实没有关于受到阿波罗启发的全部作品和关于神的学术研究的全面记述。因此，后续内容只能是初步的概述，更多地取决于作者的个性和偏好,而非历史依据。

古风晚期的寓言和其他学术解释

希腊诸神早在基督教掌权之前就已受到审视和攻击。希腊古风时代晚期的哲学激发了一种期望,即诸神的行为是合乎道德的。正如柏拉图辩称,既然他们是至高无上的善,那么,为何故事要让他们作恶呢?

图10:贝尔维德尔的阿波罗,公元前4世纪希腊原作的罗马复制品。梵蒂冈博物馆的比奥·克莱门蒂诺馆,图片版权归阿里纳利/纽约艺术资源所有(Apollo Belvedere, Roman copy of a Greek original, fourth century BCE. Museo Pio Clementino, Vatican Museums. Copyright Alinari/Art Resource, NY)

因此，哲学家们拒绝接受传统故事，认为其不道德，且不适配于拥有高尚道德标准的时代。与此同时，荷马史诗的歌者、吟诵者，越来越多地成为他们所表演文本的诠释者。他们的听众需要解释，不仅需要解释诗中许多晦涩的生活细节，还需要解释诗中叙述或暗示的存疑神话。作为回应，歌者们开发了一种解释性工具，后来被学者们称为寓言。希腊语 allegorízein/ἀλληγορίζειν 意指"说或预示别的意思"：神话的解释者声称，这些神话的真正含义与它们在叙事表面上说的似乎有所不同。这一潜在意义可以是道德的，可以是物理的，也可以是历史的。赫拉克勒斯的十二项苦役可能象征着一个良善之人的道德冲突，宙斯用铁链将赫拉吊在空中，铁链上悬着铁砧，这可能意味着宇宙中元素的分层，从无重的火（天空）到较重的空气（赫拉的名字，被解读为空气的变位词 aêr/ἀήρ，在一种无字母"h"的语言中），再到沉重的大地（铁砧）；弥诺陶（Minotaur/Μινώταυρος）威胁雅典则可能意味着克里特岛米诺斯国王的海军上将正攻击雅典舰队。久而久之，这一方法变得越来越复杂，并被广泛地用作诠释学工具。犹太哲学家用它来调和托拉律法（Torah）与柏拉图哲学，而基督教神学家则以时代和社会需要的意义来解释圣经，甚至将享有盛誉的异教神话引入基督教教育、文学和具象艺术中。

阿波罗

阿波罗也未能摆脱寓言化。在极少数情况下,他也被基督化了,或者说,基督被视为真正的阿波罗,就像在5世纪一位匿名基督教诗人的颂诗中那样。文本敬奉基督为:

> 真正的阿波罗,著名的派翁,
> 地狱之蛇的战胜者。
> 你那誓约的箭袋是甜蜜的,
> 它由四部分组成。
> 箭头浸在预言的甜蜜里,
> 箭羽为先父的神谕。
> 弓因父的美德而强大,
> 弦因神迹而有力:
> 它们用自己的死亡杀了那条老蛇。
>
> (诺拉主教保利努斯[Pseudo-Paulinus of Nola],
> 《诗》2[拉丁教父全集41])

杀死巨蟒皮同的阿波罗,一点一点地变成了杀死地狱之蛇的基督。对阿波罗的这一解读经久不衰,它存在于米开朗琪罗的胜利基督在西斯廷教堂主持的末日审判中,还存在于17世纪的天主教神话中。然而,在温克尔曼之后,甚至在尼采拒绝基督教之后,阿波罗再次代表异教对抗基督教,就像耶稣会神父林奇(F. Lynch,1960)写的一本关于基督教文学理论的小书那样,书的标题《基督与阿波罗》(*Christ and Apollo*)颇具暗示性,其中阿波罗就代表文学作品中被拒绝的"新异教"读物。

但在多数情况下,阿波罗寓言都是物质性的,而且,从古代到现代相当统一。如马克罗比乌斯在其写于公元420年的《农神节》中所说:"阿波罗的名字在多种解释中都指代太阳。"这一说法概述了《农神节》的第一卷第十七章,该章旨在证明这一起源及其古老性。除了其他古代作家,还有马克罗比乌斯笔下博学的演说家贵族维蒂乌斯·阿戈里乌斯·普拉特塔图斯(Vettius Agorius Praetextatus),也援引了剧作家欧里庇得斯、哲学家柏拉图和早期斯多亚学派的主要哲学家克利西波斯(Chrysippus/Χρύσιππος)的话。他用大量的细节来证明自己的观点:包括阿波罗的名字和他别号的词源、他形象的图像学解释、他的个人神话及其崇拜事实。但显然这些词源都是虚构的,这再次证明了我的观点:宗教中的词源往往是循环的。阿波罗的名字意即"发送(希腊语 apopállein/αποπαλλήιν)光线"。阿波罗之所以被称为德尔斐尼俄斯,是因为太阳显现事物(délei/δήλη),而福玻斯是因为"他来得猛烈"(phoitâi bíai/φοιται βίαι),"金发的神"是因为太阳的金色光芒就是他的头发,且

"他是未被剪发的人……因为太阳的光芒永远无法从源头切断"。即使是单个的别号也会得到些许复杂的解释,那么整个神话的解释就更复杂了。马克罗比乌斯讲述了阿波罗的童年故事,尽管与《荷马颂诗》的版本存在不同:当勒托在继母赫拉的强烈阻挠中诞下他和他的姐姐时,巨蟒皮同侵入了神的摇篮,但被男婴用他的箭杀死了。这位博学的解释者认为,此乃宇宙及其太阳和月亮如何从混沌中诞生的表征。勒托是大地,赫拉是空气。寒冷且敌对的空气阻止大地滋育任何事物,直到她先诞下月亮,继而诞下炽热的太阳。太阳使空气升温,空气中的水分变成蒸气,威胁着新生命,直到太阳的光线征服它。这位解释者接着又对蛇作了另一番解释:它象征着太阳一年中曲折的行动轨迹,"而当太阳走完其轨道线,它也就终结了蛇"。这种思维方式的多种解释都是典型的,它们并不互相矛盾,而是证明了同一个故事可以包含多层含义。而有时,象征主义比这更为明确。马克罗比乌斯解释道,阿波罗肖像右边是美惠三女神的像,他的左手握着弓箭被动下垂,右手主动伸出,是"因为神不愿伤害人类,更渴望给予健康"。

在马克罗比乌斯关于阿波罗的长篇大论中,普拉特塔图斯呈现了神及其神话的综合体,因为它在希腊和罗马文学、艺术和哲学中发展了近一千年。在许多方面看来,这一章几乎是异教哲学神学的概要。其中展示了两个哲学流派，即柏拉图学院派与芝诺（Zeno/Ζήνων）和克利西波斯的斯多亚派如何塑造了通往神的方法。两个学派都发展出一种道德上的净化神学，他们并未完全否定传统的诸神及其神话，而是将其解读为寓言。学院派哲学家将神话解读为道德故事，而斯多亚学派则完善了物理寓言：对他们而言，诸神及其所有神话故事皆为自然进程的象征。

马克罗比乌斯是一位在中世纪被广泛阅读的作家。他的《农神节》是对身为中世纪教学主要作家之一的维吉尔冗长且精细的评论，而他另一部保存完好的作品是对西塞罗《西庇阿之梦》（*Dream of Scipio*）的讽喻性评论，这是中世纪教学的另一主要文本。两部作品都为中世纪保存了古代的知识，并传播了解读异教神话的寓言模式。

同样重要的是不久之后完成的另一部作品，即富尔根蒂乌斯（Fulgentius）的《神话集》（*Mythologies*）——其身份可能是非洲主教富尔根蒂乌斯，他死于532年或533年，并在之后成为圣人。《神话集》是对希腊神话的简短寓言性解释，主要是在维吉尔和奥维德之后叙述的，这是西方后来几个世纪里关于希腊和罗马神话的主要文本。富尔根蒂乌斯赞同马克罗比乌斯关于阿波罗是太阳的观点（第一卷，12—17章），并用阿波罗名字的词源和一些特定别号，以及神话的细节加以证明。细节和别号都与马克罗比乌斯选论的内容完全不同。因此，两位作者都独立地汲取了更广泛的知识。和马克罗比乌斯一样，甚至由于富尔根蒂乌斯的《神话集》是一本指南，而被中世纪的学者和诗人更加广泛地传阅和使用。富尔根蒂乌斯阐释的阿波罗神话大多出自奥维德《变形记》(*Metamorphoses*)，比如乌鸦、达芙妮还有法厄同（Phaeton/Φαέθων）的故事。他补充了关于三脚架、箭头和巨蟒皮同的解释；九位缪斯女神与阿波罗一起象征着十个语言器官：四颗门牙、两片嘴唇、舌头、上颚、喉咙和肺部。要将特定器官赋予特定神灵，似乎是无望的，重要的是两边数目都为十。我们在古代后期和拜占庭时期的希腊作家中也发现了相同的寓言，如塞萨洛尼卡的尤斯塔修斯写于 12 世纪（见第一章）关于荷马的评论。尤斯塔修斯毫不质疑阿波罗就是太阳，并用炼金术来解释这一点：他的祭司克律塞斯拥有金色权杖，"只因古人将这种金属献给太阳，就像他们将银献给月亮，而把其他金属献给其他行星一样"（《伊利亚特》，1.15）。

太阳神阿波罗

阿波罗与太阳的等同可以追溯到公元前 5 世纪的希腊，这一等同持续了几个世纪。福玻斯通常是表示太阳的一种诗意方式，就像阿耳忒弥斯/狄安娜被用以表示月亮一样：这是一种与荷马同样古老的修辞手法（荷马用德墨忒耳指代面包，用狄奥尼索斯指代葡萄酒），后来被称为转喻，即"名词转换"。博学的诗人则反过来，用物理元素来描述对应的神。帕诺波利斯（Panopolis/Πανόπολις）的诺努斯（Nonnus/Nόννος，公元5世纪），在其《狄奥尼索斯记》（*Dionysiaca*）中，叙述了奥林波斯诸神之间的系列斗争。雅典娜对抗阿瑞斯，赫拉对抗阿耳忒弥斯，波塞冬对抗阿波罗。最后的对决被描述为水火之战："如火的首领"阿波罗用"德尔斐冷杉枝"与掀起巨浪的敌人搏斗（36.83—87）。更为复杂的描述是用神名来阐释令人费解的季节模式。塞涅卡模仿这种诗意的想象，来形容秋天的降临："福玻斯已经在更短的路径上画出了他的光弧；黑暗的睡眠时间渐长，辛西娅（Cynthia/Κυνθία）洋洋得意地延长了她的统治。"或者，如他所补充："我认为如果我说：这个月份是十月，会更好地理解这一点。"（《变瓜记》[*Apocolocyntosis* 2]）：辛西娅是月亮女神阿耳忒弥斯/狄安娜，辛西乌斯（Cynthius/Κύνθιος）就是阿波罗，其以得洛斯的一座山命名。在此，它代表黑夜。将近一个半世纪后，一位不知名的诗人以同样的想象作了一首诗，以纪念那不勒斯的乔安娜女王（Joanna，1414—

1435）。他似乎更为神秘："辛西乌斯驾着他华丽的战车，将忒撒利箭袋抛在身后，瞄准了摩羯座（Capricorn）和回归的路"——也就是说，太阳正从射手座（Sagittarius，被表示为忒撒利半人马，也是射手）移动到摩羯座；冬日来临（*Carmen Bucolicum Gaddianum* 1）。与这段过于学术化的文本相比，弥尔顿（Milton）用回归的阳光唤醒了春天，显得直截了当，而且他用的是更优雅的拉丁语：

得洛斯的神来了：我看见他了，
头戴佩纽斯的月桂花环——得洛斯的神就要来了！

（挽歌［Elegy 5.13，写于 1628 年］）

当代唯一需要解释的是名字佩纽斯，一条流经坦佩山谷的河流，作为河神，他是达芙妮的父亲，而达芙妮是阿波罗的受害者，她变成了月桂树。

阿波罗与太阳的等同产生了一些影响。较小的影响是，阿波罗已被纳入太阳神赫利奥斯 / 索尔的神话：在富尔根蒂乌斯和奥维德的笔下，索尔的儿子法厄同，变成了阿波罗的儿子。更重要的是，阿波罗在行星神中也占有一席之地——且是最卓越的席位，和他的姐姐阿耳忒弥斯 / 狄安娜一样。在基督教世界中，这是一种教科书式的发展，人们很容易就忘记了赫利奥斯/索尔和塞勒涅/露娜是"真正的"神——他们曾拥有不同于阿波罗和阿耳忒弥斯的自己的崇拜。其他行星，从水星到土星（Saturn），都以主要的异教神命名，而太阳和月亮，或者说索尔和露娜，并不适合这一体系，但阿波罗和阿耳忒弥斯/狄安娜适合（我们必须牢记，对于古代和中世纪的天文学家而言，太阳和月亮是围绕着稳定的地球运转的行星；仅地球无须神名）。这种发展需要一些时间，博学的塞维利亚（Seville）主教伊西多尔（Isidore），在其《辞源》（*Etymologies*）中，仍将这两颗行星分别称为索尔和露娜，后来许多严格意义上的天文学著作也是如此：他们保留了希腊和罗马祖先的习俗。然而，在这些科学性文献之外，神与天体的等同传播得很快，甚至变得非常流行，阿波罗甚至以行星的姿态进入基督教堂：意大利和其他地方教堂的壁画描绘了七位行星神，其中就包括阿波罗和狄安娜，他们是或坐或立的人。

伊西多尔有充分的理由不把阿波罗变成行星。他追随着另一派寓言家，将诸神理解为远古人类的统治者，是后人将其提升为神。我们称这一派为犹希迈罗斯学派（Euhemerism），以麦西尼的犹希迈罗斯（Euhemerus/Εὐήμερος）命名，他在公元前300年左右撰写了这一主题最具影响力的书，然而，它的根源其实更为古老。基督教父们迫切地采纳了这一理论：通过将异教神转化为人，来帮助他们削弱异教神灵的力量。伊西多尔既是主教，也是颇有影响力的神学家，他遵循着既定的基督教传统。在关于异教神的章节中（"异教的诸神"〔"De diis gentium"〕，《辞源》〔*Etymologies* 8.11〕），他列出了一系列："他们开始崇拜的远古人类，每个人都有各自的功绩，如埃及的伊西斯、克里特岛的朱庇特……或得洛斯的阿波罗。"在他对阿波罗的论述中，提及其与索尔的身份等同，但并未对此加以评论。对他而言，基于纯粹罗马人的观点，阿波罗的作用仅限于预言和医疗。但是，希腊的阿波罗并未被完全遗忘："（他写道）同样的神被称为福玻斯，因为他是一位青年，是一个年轻人；因此，他们有时将太阳描绘成男孩，因为他每天都在出生，闪耀着新的光芒。"我们不应期望伊西多尔的作品中具有太多的理性凝聚，它本质上就是一部在中世纪之初汇集而成的关于希腊和罗马知识的百科全书。尽管伊西多尔笔下的阿波罗不是行星神，但在他那个时代，阿波罗与太阳的等同非常普遍，而且这种思想非常强烈，以至于他根本无法忽视这一点。

在博学的牧师的世界之外，阿波罗以一种完全不同的形态生存下来。保罗在致哥林多教会的第一封信中，将异教的神贬为恶魔，即 daimonia。这在后来的基督教思想中很常见：异教的神并未消失，他们以恶魔的身份继续存在。在一次布道中，葡萄牙（Portugal）普拉加（Praga）主教马丁（公元 6 世纪）列出了一长串恶魔名录，但奇怪的是，只有阿波罗不在其中，就像在沃尔特·梅普斯（Walter Mapes）的《廷臣琐事》（*Courtiers' Trifles/De Nugis Curialium*，12 世纪）中，阿波罗出现的时间也要晚得多。马丁的名录非常谨慎：只要异教崇拜还存在，异教神就会对基督徒构成威胁。每一个进入"朱庇特、阿波罗或狄安娜庇护所"的基督徒都会恐惧与崇拜形象的接触污染了他（《拉丁教父集》[*Patrologia Latina* 4, 898D]），且基督教守夜人在巡视结束后必须例行驱魔，以免被其中某个恶魔附身。一旦崇拜消亡，曾经的恐惧就变得有趣起来：因此现在，我们听到了术士朱庇特、魔鬼阿波罗或美丽女巫维纳斯（Venus）的故事。

中世纪和文艺复兴时期的解释者

异教传统不仅在伊西多尔的文本中幸存了下来，它们还催生了大量中世纪神话文集，这些书反过来又使神话传统在中世纪教学中保持活跃。罗马教皇图书馆有三本匿名手稿，即所谓的 *Vatican Mythographers* [**梵蒂冈神话作家**] 总结了中世纪学

阿波罗

校教授的神话。然而，最古老的文本只是简单地复述故事，后两本则进行了丰富的寓言解释和系统化，如以下（《梵蒂冈神话作家》[*Mythographus Vaticanus* 2.28]）：

> 众所周知，阿波罗的力量有三重：在天上，他是太阳；在地上，他是狄奥尼索斯；在地下，他是阿波罗。因此，我们看到他的形象伴随着三种属性：象征天上和谐的七弦琴；象征他为人间神灵的战车；象征他本性卑劣和邪恶的箭头（这就是他在希腊语中是 Apollon/Ἀπολλων 的原因，意指"毁灭"）。

这里发现的文献都可以追溯至古代。阿波罗的名字源自希腊语 apóllymi/ἀπόλλυμι，即"毁灭"，这一词源与埃斯库罗斯一样古老。在毕达哥拉斯和柏拉图的传统中，七弦琴就是天体和谐的象征。只有系统化和说教目的才是新的。不难看出，对他属性的解释可以用来指引中世纪艺术家对肖像的选择。

在许多方面，文艺复兴延续了中世纪对希腊和罗马诸神的思考，尽管其作者对古代文学更为熟悉，可以借鉴希腊和罗马的文本。乔万尼·薄伽丘（Giovanni Boccaccio）的《异教诸神谱系》（*Genealogia Deorum*）是一部神话手册，它定义了近两个世纪以来的诗人和艺术家如何看待古代诸神。但薄伽丘非但没有打破中世纪的传统，反而将其延续了下去。与伊西多尔一样，薄伽丘的解释也是完全的神话历史论，与所有神灵一样，阿波罗曾是强大的国王，也是人类的恩主。薄伽丘的神学解释很大程度上依赖于西塞罗的《论神性》（*On the Nature of the Gods/ De Natura Deorum*）。在这部长篇著作中，罗马演说家和哲学家西塞罗阐述了当时三大哲学流派的神学思想，即持怀疑论的柏拉图学派，斯多亚学派和伊壁鸠鲁学派（Epicureanism），并以丰富的神话细节论证了他们的解释。薄伽丘对哲学神学的兴趣不及西塞罗那般浓厚：对于一个文艺复兴时期的基督徒而言，古代诸神已成为知识主题，而非信仰和崇拜的主题。因此，他只专注于西塞罗的神话事实：他通常如实地复述那些故事，但是在阿波罗的案例中，他直接将西塞罗列出的四个不同的阿波罗（《论神性》[*De Natura Deorum* 3.23]）缩减为两个。在这部精彩的神话历史论读物中，第一个阿波罗是"充满无限热情的炽烈之人……他发明了药物，并获得了药草知识"。第二个阿波罗是朱庇特和拉托娜的儿子，薄伽丘在他身上集中写道："虽然西塞罗写道，除了他，还有另外三个神，但一切都应聚焦于这个神，因为所有诗人都把精力集中在阿波罗身上，就好像他是唯一的神。"诗歌中的应用决定了薄伽丘的选择，毕竟，他自己就是一位著名的诗人。

好的神话手册经久不衰。直到两个世纪以后，薄伽丘的书才被纳塔莱·孔蒂（Natale Conti，1520—1581，来自米兰；他将自己的名字拉丁化为纳塔莱斯［Natales］）的《神话》（*Mythologiae*）取代。1551年此书第一版问世，并于1561年大幅扩增了版本；在接下来的两个世纪里，它一直是关于希腊和罗马诸神、英雄及其神话的标准文本。孔蒂对神灵个体的叙述，比如对阿波罗的长篇大论，似乎首先是对古代作家——从荷马和赫西俄德到奥维德和普鲁塔克——关于特定神灵论述的集合，其中包括崇拜场所和别号的系统信息，就阿波罗而言，其别称范围从 Abaeus/Ἀβαῖος［阿拜俄斯］到 Zosterius/Ζωστήριος［佐斯特里俄斯］。所有这些与我们当代百科全书呈现给读者的内容相差无几。然而，在阿波罗相关内容的最后一段，作者表达的东西远远超出了百科全书式的资料和事实陈述。首先，他向读者致辞："现在，让我们来探讨一下他们这一切是什么意思。"毫无疑问，答案很简单：他就是太阳，而所有精心呈现的细节都可以从这一事实中得到详尽的解释。

孔蒂的手册不仅面向学者和其他好学的使用者，还面向艺术家。正因为如此，许多版本都收录了另一著名作品中的奢华图像，即文森佐·卡尔塔里（Vincenzo Cartari）的《古代诸神的形象》（*Le Imagini degli Dei Antichi/The Images of the Ancient*

Gods）。此书第一版于1609年问世后迅速成为艺术家描绘古代神的基本方式。但它远非图像的集合。卡尔塔里收集的史料比任何前人都多，他所列出的作家从荷马到新柏拉图主义哲学家。他是一个坚定的物理寓言家："最早书写诸神的诗人，创造了诸神的故事……他们把元素、星星、太阳和月亮变成了神灵。"这一纲领性语句开启了他关于阿波罗的篇章。毫无疑问，这位神就是太阳：这是卡尔塔里在脑海里用图像学探讨阿波罗很多事情的关键——图像学不仅仅被理解为形象塑造，而且被理解为哲学、道德和神学概念的视觉表达。他对古代形象作了许多描述，这显然遵循了"越陌生越好"的格言：外来的、东方的形象比希腊的普通形象表达了更多、更复杂的概念。他还描述了特定神的所有属性，并以寓言的方式加以解释；图版上还添加了必要的视觉说明（图11）。在阿波罗的案例中，有七弦琴和它的七根弦，象征着七大行星（包括太阳和月亮）之间的和谐；有九位缪斯女神，她们对应着九个"天体"，即地球、七大行星和恒星体。同理，他解释了阿波罗的圣兽。狼之所以属于阿波罗，是因为太阳光吞噬了所有湿气；或者因为狼的夜视能力可以战胜黑暗。天鹅闪耀着洁白纯正的光；公鸡播报旭日东升；鳄鱼也是阿波罗的圣兽，因为"埃及神学家将太阳放在了一条由鳄鱼运载的船上"。但是，即使是卡尔塔里的学养

图11：阿波罗的诸多形式，出自文森佐·卡尔塔里，《古代诸神的形象》（威尼斯，1571年），第60页（The many aspects of Apollo, from Vincenzo Cartari, Le imagini de gli dei antichi [Venice 1571], p. 60）

和才能，也无法解释阿波罗的太阳本性。乌鸦也是阿波罗的圣兽，因为它能预测天气，从而成为他的预言能力的一部分，就像他的圣树月桂一样。阿波罗偏爱的祭祀动物是公山羊，这一解释来自帕萨尼亚斯对德尔斐的描述（《希腊志》[*Description of Greece* 10.11.5]）。帕萨尼亚斯写道，克里奥奈（Cleonae/Κλεωναί）的人将青铜山羊献给阿波罗庇护所，因为阿波罗帮助他们战胜了传染病，并建议他们在日出时为自己献祭一只公山羊（卡尔塔里认为阿波罗与太阳等同的另一原因）。阿波罗右边是美惠三女神，左手紧握弓箭的形象，直接源于一千多年前马克罗比乌斯的描述：这就是中世纪传统的力量，甚至在文艺复兴时期也是如此。解释图像和属性的太阳关键同样适用于神话，阿波罗杀死巨蟒，是因为太阳晒干了湿气（同样出自马克罗比乌斯），而阿波罗杀死独眼巨人，是因为太阳驱散了云层——独眼巨人制造了雷电，因为云层会产生闪电。阿波罗·吕刻俄斯是狼神阿波罗，因此，狼也是太阳；阿波罗·鼠神驱赶老鼠，是因为老鼠和其他害虫象征着恶劣潮湿的空气。卡尔塔里添了一幅包含许多细节的插图，这幅插图取自早期的插画书，如《诸神形象手册》（*Libellus de imaginibus deorum*，约1400年），这本《神像手册》（*Booklet on the Images of the Gods*）包含了阿波罗的形象和他所有象征的属性，几乎与卡尔塔里的手册同样丰富，还结合了多种文学资源，从塞尔维乌斯对《埃涅阿斯纪》和马提亚努斯·卡佩拉（Martianus Capella）《墨丘利与菲洛勒吉娅的婚礼》（*Wedding of Mercury and Philosophy*）的评论，到中世纪对诗人马提亚尔的评论。这本《神像手册》反过来又可追溯到《神像之书》(*Book on the Images of the Gods*)，即《诸神形象之书》(*Liber de imaginibus deorum*)，是阿尔布里枯斯（Albricus Londoniensism——这也许是著名学者奈克汉姆［Neckham］的亚历山大［Alexander］的笔名，1157—1217）在12世纪末所著；其中也结合了许多文学资源。

这些早期现代神话手册的重要性不容小觑。他们延续了希腊和罗马诸神的知识，并通过收集不断增加的古代文献为其在内容上的积累作出贡献；他们还为这些神的"现代"诠释提供了模型——这些模型与他们以前在异教仪式和崇拜中的角色毫无关系。诸神及其神话，被理解为吸引当代观众的哲学和神学见解的体现。这不仅适用于文本，也同样适用于艺术表现形式。由早期现代艺术家绘制或雕刻的神话场景——他们通常依赖的是奥维德的《变形记》——可以直接唤起审美快感；但对一个更有见地的观众而言，它还意味着哲学甚至是精神上的深刻见解。中世纪通过把这首诗变成一个充满启发性故事的巨大宝库，证明了阅读奥维德《变形记》的合理性；中世纪晚期的《教化版奥维德》(*Ovide Moralisé*)将所有的道德教义都明确地表达出来，许多现存的手稿都表明了这是一个巨大的成功。早期的现代学者纷纷效仿，提供了各种各样的解释，这些解释可以参考任何手册，如卡尔塔里和孔蒂；也可以参考其他寓言，如佛罗伦萨（Florentine）的新柏拉图主义者（卡尔塔里非常信赖他们）。无论像保罗·委罗内塞（Paolo Veronese）和乔凡尼·洛伦佐·贝尼尼（Gian Lorenzo Bernini）这样的艺术家在绘制或雕刻达芙妮逃离阿波罗追求时的变形是何用意，他的赞助人或其他当代观众都可以自由地用学术文献提供的所有关键信息来释读它。

现代学术的开端

在文艺复兴及其开放的方式之后，反宗教改革的压力增加了寻找方法使异教神话为天主教思想所接受的紧迫性。在一本成就非凡的书，即 1672 年首次出版的《福音论证》（*Proofs from the Gospels/Demonstratio Evangelica*）中，皮埃尔·丹尼尔·尤埃（Pierre-Daniel Huet，1630—1721）主教，也是法国科学院成员和法国王储的教师，试图在基督教信仰和一般文化中珍藏的异教故事之间进行彻底的和解。对尤埃而言，阿波罗不是别人，正是摩西（Moses），他的论证利用了可能和不可能相似的全部记录，从圣经的预言到缪斯作为以色列（Israelite）妇女在沙漠中围绕摩西跳舞的形象，甚至到神话论者对皮同与法老（Pharaoh）的等同——法老是摩西的受害者。书中使用的传统，在古代神话中已经得到证实，其中还将阿波罗和狄奥尼索斯等同，并把婴儿狄奥尼索斯的死亡和肢解，视为对摩西曝于尼罗河（Nile）的歪曲描述。这本书在当时非常成功，直到18世纪仍被广为传阅。然而，随着启蒙运动的兴起，尤埃的书开始被视为一种看待异教神的过时的方式，这种方式被开明的怀疑论和现代意义上的学术开端所取代，这种学术的指导思想体现了历史距离意识和随之而来的百科全书式信息收集的必要性。

尤埃之后五十年，本杰明·海德里希（Benjamin Hederich，1675—1748，"格罗森海恩[Grossenhain]的前校长"——他自我介绍说）发布了第一版"详尽的神话辞典"《神话辞典大全》（*Gründliches Mythologisches Lexicon*, 1724）。他想编纂一部辞典，为所有受过教育的人提供古代神话的事实，以防止艺术家"犯错"。这部辞典取得了巨大成功，并被多次印刷，1770年，图书管理员兼哲学教授约翰·约阿希姆·施瓦贝（Johann Joachim Schwabe）出版了经过大量修订的第二版。海德里希的"阿波罗"词条呈现了任何辞典提及的神：因为这一辞典为我们所有人建立了模板。海德里希通过词源学、神话学、古代崇拜和图像学引领读者，并用现代诠释总结了这一切。另外，他还列出了阿波罗的别号、（女性）情人和孩子：在一个罕见的道德审查案例中，并无迹象表明阿波罗有许多男性情人。作为神话的诠释者，海德里希是温和的神话历史论者，但他也忠实地再现了圣经、物理和道德上的解释。他坚持认为阿波罗就是太阳，但又指出这是最近的观点：他是最早这样做的人之一，而我们当代许多畅销书却还不曾意识到这一点。第二版的序言中，施瓦贝与海德里希的解释有了距离："我承诺不会……去掉对寓言的物理和道德解释。我不喜欢它们，但它们可能会取悦别人，因为它们已经取悦了许多人。"18世纪的学者转而对希腊神话进行纯粹的历史解读，这意味着承认时间和世界观的距离逐渐扩大。19世纪将会延续这种历史化，这意味着人们拒绝寓言和象征性的解读。然而，正如我们即将看到的，阿波罗拒绝了将其变成历史展览的学术努力。

诗神阿波罗

最早出现在希腊文化中的mousikē/μουσικη[乐]，即"歌舞"，属于阿波罗，缪斯也是如此。这本身并未使神成为作家及其艺术品的守护者，毕竟这种情况在希腊化时代才发生，当时统一的古风mousikē/μουσικη[乐]被分为两个部分，文学创作和音乐表演。这就是我所说的诗歌私人化和个性化的结果：诗歌不

再只是为公众表演而写，而是为欣赏其精致细节的 *cognoscenti*
[**鉴赏者**]的狭小圈子朗诵或默读而写，为孤独的读者而写。
在卡利马科斯《起源》的序言中，神严肃地告诫初露头角的诗
人要坚持新的审美理念（见第二章）。因此这位孤独的希腊诗
人必须追随自己的灵感，与他的古典前辈们不同，他不依赖集
体传统。卡利马科斯些许戏谑地解释这一新的诗歌范式是诗人
受阿波罗所迫，做出的违背自我意愿的选择。从维吉尔的《牧歌》
（*Eclogues*）开始，拉丁作家们将这一场景当作自己的目的，并
让阿波罗成为他们的保护者和灵感源，如奥维德的短祷文（《爱
情三论》[*Amores* 1.15.35]）:

愿金发的阿波罗

给我一杯，盛满卡斯塔利亚圣泉的水。

正是在他的拉丁伪装下，诗歌守护神阿波罗开始了他在西
方传统中的事业，他始终保持着文学创作。在罗马人的生活中，
并非阿波罗，而是密涅瓦主持了诗人组织，即 *scribae*[**作家**]联盟，
"公共文士"——罗马阿波罗的职业生涯始于医生，而非诗人。

在此，我们只能简单地概述阿波罗后来作为诗歌和音乐守
护神的职业生涯。描绘阿波罗拿着七弦琴或小提琴，独自一人

或与缪斯同行的画作不胜枚举，且在1928年伊戈尔·斯特拉文斯基（Igor Strawinski）和乔治·巴兰钦（George Balanchine）将《众神领袖阿波罗》（*Apollon Musagète*）作为现代芭蕾舞剧上演之前，诗人和作曲家就已将阿波罗搬上了舞台。此处，"缪斯的领袖"阿波罗占据舞台中心，他在一些早期作品中皆是如此，如巴赫（Bach）的世俗康塔塔"福玻斯与潘神之争"（1731），或莫扎特（Mozart）令人愉快的*singspiel*[**歌剧**]《阿波罗与许阿辛托斯》（1767）。然而，更多的时候，这位神是处于舞台外。欧洲歌剧始于他的儿子俄耳甫斯：1480年，安杰洛·波利齐亚诺（Angelo Poliziano）的《奥菲欧》（*Favola d'Orfeo*）在曼托瓦（Mantua）的贡萨加（Gonzaga）宫廷上演；1607年克劳迪奥·蒙特威尔第（Claudio Monteverdi）创作的歌剧《奥菲欧》（*L'Orfeo*）确立了这一流派的标准。俄耳甫斯的悲剧命运为早期现代歌剧创造了一个更有力的故事，其倡导者认为这是对古代悲剧流派的复兴。因为永生的神不是合适的悲剧英雄。但阿波罗仍然是艺术家的守护神。按照古老的习俗，诗人继续以他为向导；书院和音乐学校都装饰着他的肖像；剧院和电影院仍以他的名字作为文化抱负的见证。甚至，他的预言能力偶尔也会促使人们使用他的名字。理查德·桑德（Richard Saunder）于1664年首次出版的年鉴《英国国教徒阿波罗》（*Apollo Anglicanus*），在近一个世纪里一直都是畅销书。年鉴应允：

> 帮助所有人正确地理解今年的革命，以及过去、现在和未来的事情；用必要且简洁实用的附录……其中还添加了一段关于彗星的简短论述，以及在过去几年里，它们发生的意外事件。

紧接着，威廉姆·利利（William Lilly）的《英国国教徒梅林努斯》(*Merlinus Anglicanus*)也在1644年登场。从长远来看，这位希腊的预言神比撒克逊（Saxon）巫师活得更久，甚至还衍生出了昙花一现的《美洲的阿波罗》(*American Apollo*)。

但是，无论多有趣，这些都是次要的。在此，我想做的以及我能做的都不同，我也没那么大的雄心。它将呈现欧洲文学的一些段落，其中诗歌守护神阿波罗的存在非常显眼，且这些段落往往为未来的一段时间定下基调。

其中一部作品是但丁写于1307年后的《神曲》(*Divina Commedia*)。在诗歌三部曲的每个开头，但丁（1265—1321）都为其诗歌事业召唤了不同帮手。在第一部《地狱》(*Inferno*)中，这位帮手毛遂自荐——罗马诗人维吉尔，他在创作《埃涅阿斯纪》第六卷时，曾穿越了冥界。在《炼狱》(*Purgatorio*)的开头，但丁召唤了缪斯（o sante Muse 1.8），特别是其中的卡利俄佩，他这样做是带着一种令人惊讶的辩论精神：诗人准备为他自己及其作品辩护，就像缪斯在受到傲慢的庇厄里得斯（Pierides/Πιερίδες）的挑战时，把她们都变成了喜鹊一样（奥维德［Ovid］，《变形记》［*Metamorphoses* 5.295—678］）。在《天堂》（*Paradise*）的序言中，事情变得更加令人惊讶。在这首巨作的第三部分，但丁不能仅仅只依靠缪斯了，他需要一个更神圣的帮手，即阿波罗神本人：

> 啊，仁慈的阿波罗啊，为这最后的事业，
> 愿你让我吸取你的威力
> 配得上接受你心爱的桂冠！
> 迄今为止，帕耳那索斯山的一峰
> 已使我满足；但现在我必须在
> 两座山峰下踏进这最后的决斗场，
> 你进入我的胸怀，吐出灵气，
> 像你把玛耳绪阿斯的肢体
> 从裹着的剑鞘里抽出时那样。①
>
> （《天堂》［*Paradiso* 1.13—21］）

---

① 译文参考［意］但丁著《神曲》，朱维基译，上海：上海译文出版社，2007年。——译注

阿波罗

预言性和诗意性的启示是成功完成这项任务的唯一途径，而这只有阿波罗才能提供。阿波罗的启示能够将灵魂与身体尽可能地分离，而这种分离是描述天堂所必需的——天堂是一个完全脱离物质身体的纯粹精神的地方。如果解读正确的话，玛耳绪阿斯的故事就展示了阿波罗的这种力量：它不是说玛耳绪阿斯被活活剥皮致死，而是说在一场痛苦的净化仪式中，玛耳绪阿斯受阿波罗所迫而离开了自己的身体。但丁解读奥维德的故事时非常重视奥维德的戏谑和机智。正如这位罗马诗人所说，玛耳绪阿斯对阿波罗最后的呐喊是"你为何要把我从我自己身上扯下来（qui me mihi detrahis）？"（《变形记》[*Metamorphoses* 6.385]）——这句残酷的名言引发了更深的思考：但丁的理解为佛罗伦萨的新柏拉图主义者效仿，他们的哲学旨在与肉体分离。只有当诗人与自己的身体分离时，他才能戴上阿波罗的取自其初恋达芙妮的月桂花冠：

> 神圣的力量啊，你若赐我帮助，
> 让我描绘铭刻在我脑中的幸福境界，
> 把那里的种种情景表现出来，
> 你就会看到我来到你宠爱的树下，
> 攀折树上的枝叶戴在头上，

这题材和你都会使我配受这荣誉。①

(《天堂》[1.22—27])

对但丁而言,与过去相比,这样的加冕仪式在他的时代确实变得非常罕见:

父亲啊,由于人欲的迷误和卑贱,
为恺撒的凯旋或诗人的凯旋
往那里攀折月桂枝的人并不多见,
因此佩尼俄恩的树叶
在激起追求它的欲望时,
应使快活的德尔斐神欢喜。②

(《天堂》[1.26—33])

正如几个世纪前的卡利马科斯所写,召唤阿波罗的是一个诗意的程序。诗歌,作为阿波罗的天赋,必须回归到与古代典范相媲美的卓越状态。文艺复兴就在眼前。

---

① 译文参考[意]但丁著《神曲》,朱维基译,上海:上海译文出版社,2007年。——译注
② 译文参考[意]但丁著《神曲》,朱维基译,上海:上海译文出版社,2007年。——译注

一代人之后，随着弗朗西斯科·彼特拉克（Francesco Petrarca [Petrarch]，1304—1374）的出现，意大利诗歌正式进入这一阶段：1341年的复活节（Easter），在罗马市政厅，一位罗马元老用阿波罗的神圣花冠为彼特拉克加冕，赋予他 *Poeta Laureatus* [**桂冠诗人**] 的尊荣，即"荣获桂冠的诗人"。在过去几个世纪，很少有诗人获得桂冠，在他之后则出现很多，如康拉德·赛尔蒂斯（Conrad Celtis），德国首位桂冠诗人（1487年，由马克西米利安一世 [Maximilian I] 加冕），还有本·琼森（Ben Jonson），英国首位桂冠诗人（1616年，由詹姆斯一世 [James I] 加冕）。但直到约翰·德莱顿（John Dryden）（1668年，由查理二世 [Charles II] 加冕，标志着内战结束），才开启连续不断的桂冠诗人体系，持续到安德鲁·莫森（Andrew Motion，1999年，由伊丽莎白二世 [Elizabeth II] 加冕）之前，这无疑证明了阿波罗在当代世界的秘密存在。

彼特拉克的加冕并非偶然。当他让女孩劳拉（Laura）成为他大部分诗歌的亲密主题时，他的作品（也许还有他的生活）就与阿波罗的圣树联系在一起了：他很清楚，Laura 是拉丁词 *laurus* [**月桂**] 的阴性形式。在但丁热切地恳求阿波罗的帮助后，这一切是如此巧妙，以至于当他宣称"她第一次出现在我眼前，是在我年轻的时候，在公元1327年4月6日，在阿维尼翁（Avignon）的圣克莱尔（St. Clare）教堂，在晨祷时"，一些彼德拉克同时代的人不得不怀疑这个女孩的存在。不管怎样（将生活从诗人叙述和重温这一生活的文本中分离出来可能是徒劳的），神对达芙妮的爱（希腊的劳拉——在希腊语中是一个阴性名词，与拉丁语不同）为诗人的爱提供了范式。这并非没有危险，因为阿波罗是一个善妒的情人，而诗人不断为劳拉叹息可能会激起他的愤怒：

假如太阳神阿波罗没有怨恨，

而在讴歌四季常绿的月桂

他一定会成为一个流芳万年的诗人。①

（《歌集》[*Rime Sparse* 5.12—14]）

但概而言之，诗人很自信，甚至有些自大，就像在《歌集》（*Rime Sparse* 43）中，阿波罗既是劳拉的情人，也是俯视大地寻找她的太阳，但由于失望而隐匿于恶劣的天气之中，因此错过了她：

---

① 译文参考 [意] 彼特拉克著《歌集》，李国庆，王行人译，广州：花城出版社，2001 年。——译注

阿波罗

拉托娜之子已从高台眺望了九次,
寻着她
她曾经徒然地引起了他的赞美,
现在却引起了另一个人的赞美。

他找得好苦,已经疲惫不堪,
也找不出她身在何处,是远是近?
他就像一个衰颓的凡夫俗子
因为找不到恋人而悲痛欲绝。

他就这样孤苦伶仃地离去,也不见她回来,
如果我能活得长久,那么我将用
我的诗篇不厌其烦地为她歌吟。

一个世纪后,在另一个时代,一位诗人称阿波罗是他一生的领袖:

我出生之时,缪斯的领袖阿波罗,
作为这个世界的向导,
以一种微妙而有力的精神激励着我

让我爱上了学习和荣誉。

这一指称由法国宫廷诗人彼埃尔·龙沙（Pierre Ronsard，1523—1585）的《秋之颂》（*Hymn to Autumn*）开启。这首颂诗于1563年首次出版，以对龙沙早期诗歌的长篇叙述开篇，尽管是从缪斯模仿赫西俄德的入会仪式开始，但也唤起了人们关于卡利马科斯诗学的记忆，这种诗学以稀有和细腻为目标：

温柔的欧忒耳佩（Euterpe/Εὐτέρπη），牵着我的右手，
为了消除我的死亡，我沐浴了九次
在人迹罕至的喷泉中。

但龙沙最崇拜和遵从的并非阿斯克拉（Ascra/Ἄσκρα）的希腊诗人，而是佛罗伦萨的诗人。在龙沙对近代诗歌史的理解中，彼特拉克战胜了但丁和其他中世纪诗人的黑夜，将阿波罗的天赋之美带到意大利（"les dons d'Apollon dont se vit embellie, quand Pétrarque vivait, sa native Italie"），因此，他也像佛罗伦萨人一样要求获得桂冠——他也看到了自己以阿波罗的桂冠加冕，"un laurier sur le front"（《诗人与缪斯的对话》[*Dialogue du Poète et des Muses*，1556]）。

阿波罗

在创作诗歌之始召唤阿波罗和缪斯，并未成为希腊和罗马诗人及其文艺复兴追随者的习惯。但在古代晚期，这种召唤已经改变了它的性质。只要诗歌是异教诗人所作，并在多神世界中被诵读，那么任何读者都能理解其宗教含义：这些召唤通常遵循既定的祈祷和颂诗形式。然而，转入基督徒的世界中，阿波罗和他的缪斯女神就会成为诗歌和诗意启示的象征和隐喻。即使在这种新的形象下，一些宗教色彩仍会继续存在。当但丁称阿波罗为"父亲"时，他使用了一种主要是基督形式的神圣称谓。没有哪个异教徒会这样做，因为异教的阿波罗过于年轻，不适合这一称谓。在新的宗教世界中，对异教神的强烈情感，同时也是对诗意启示的放大，它可以与对神话字面意义的广泛漠视并存。这就解释了为何但丁可以轻易地提及玛耳绪阿斯剥皮的寓言意义，或者为何彼特拉克有时几乎将阿波罗和他自己的诗意人格融合。

随着时间的推移，这种召唤的传统愈演愈烈，诗人的反应是摒弃这些传统形式，人们不必等到浪漫主义运动才能看到这一点。但即使是在启蒙运动后，要摆脱诸神的束缚也并不容易。20世纪初期，一位著名的德国诗人再次与阿波罗一起打开了他的两本诗集。然而，他这样做的方式是告诉我们，自但丁、彼特拉克和龙沙以来，时代已经变了。

赖内·马利亚·里尔克（Rainer Maria Rilke）在 1907 年和 1908 年分别出版了他的《新诗集》（*Neue Gedichte/New Poems*）两卷本。当时，里尔克声名鹊起，成为德国最著名的诗人之一。两卷都是由一首关于阿波罗的十四行诗介绍开篇的——这已不再是召唤，而是对一件艺术品的描述。

较早的那首诗，也是新诗集的第一首，题为"早年的阿波罗"（"Früher Apollo"）。

像有时一个早晨沐浴着春光
一眼望穿光秃秃的枝条：
他的头颅里也没有什么
能够阻止诗的光芒

直射我们，几乎令我们夭亡；
因为他的目光还没有阴影，
他的眠息对月桂还太凉，
那座玫瑰园，需一段光阴，

才高树一般白眉间升起，
赎回的树叶将飘出花园，

阿波罗

一片片飘向嘴的战栗,

至今未启用的嘴沉寂而闪亮,
只是以微笑将什么啜饮,
仿佛正为他注入他的歌唱。①

诗人从几个层面探讨了早的概念。"早"的第一个意思是"希腊艺术史的早期":我们将看到古风时代的阿波罗形象,比如当时已经成名的青年雕像群。但这也是"生命早期"的阿波罗,他还没有戴上橄榄花环,目光依然谦逊,而且他还没有创作诗歌——后来这些诗歌被灌进了他的身体里,就像液体灌进孩童嘴里一样。同时,"早"的概念表现在两个意象上,清晨和年初。春日清晨"尚未"承诺一天和一年完全的辉煌:树木还未生叶,以阻挡朝阳照射我们,但总有一天,它们会枝繁叶茂;玫瑰花园也会绽放,随后,花瓣飘落,色彩斑斓,香气四溢。但主要的承诺是隐喻的,已通过诗歌的观点表达出来。这是完美诗歌即将到来的承诺,开篇的诗就承诺了读者将获得迄今为止尚未有过的审美体验。

---

① 译文参考[奥地利]里尔克《里尔克诗选》,林克译,成都:四川人民出版社,2017年。

第二首诗明显不同。它再次着眼于古风时代的阿波罗,但这次只是躯干。躯干意味着距离和反身性。因此,这首诗的标题使用了专业术语"古风的"而非"早年的"。

> 我们没见过他的头,也无人听闻,
> 脸上眼珠成熟,像苹果一般。
> 但他的残躯似烛台闪烁至今,
> 透出他的目光,只是已收敛,
>
> 依然闪亮。否则胸部的肌肉
> 不可能令你目眩,一丝微笑
> 不可能从悄悄扭动的腰
> 滑向那承担生殖的中枢。
>
> 否则双肩透明的垂落之下
> 这站立的石头丑陋、粗短,
> 不会像兽皮那么耀眼;
>
> 也不会每条边缘灼灼喷发,
> 像恒星:因为它从每个角落

阿波罗

看着你。你必须改变你的生活。[①]

这是一个形象迥异的阿波罗,也是一首与众不同的诗。它的全部焦点都在视觉上,从遗失的头部和想象像水果一样成熟的眼睛开始。但即使没有眼睛,它的整具身体也不只是发光,而是在注视外界;它的动态之美是如此强大,以至于产生了改变受益者,即我们的生活的吸引力。与此同时,这一躯体具有强大的性吸引力。它的腰(德语"Lenden",带有明确的性内涵)动感十足,而吸引观众目光的中心是活跃的男性生殖器(德语"Zeugung"是生殖行为)。从隐喻上讲,它向读者允诺了感官上的愉悦。但与之前的文本不同,这首诗不太需要隐喻的解读。它独立存在,创造了一个强有力的男性形象,即使这一切发生在阿波罗的躯体上。

诗歌创作于 20 世纪初,已无法像早期诗歌那样在这两首诗中援引阿波罗作为指导。唯一能接近神的途径是希腊古风时代保存下来的具体形象。从彼特拉克和龙沙时代到里尔克时代,异教诸神作为一种直接存在已经消退了,它们牢牢地扎根于过去的历史,只留下审美上的体验,作为文化训练的一部分。我

[①] 译文参考 [奥地利] 里尔克《里尔克诗选》,林克译,成都:四川人民出版社,2017 年。

们已经在神话手册的发展中看到了这一过程，海德里希的《百科全书》（*Encyclopedia*，1770）第二版就开始了这种历史化处理。

但这并不意味着诸神不能再作为人被唤起；尽管这听起来往往很讽刺。1946年，W·H·奥登（W.H. Auden）为哈佛大学斐陶斐荣誉学会（Phi Beta Kappa）写了诗歌《七弦琴之下》（"Under Which Lyre"）。时代和观众呼唤传统学习，而这首诗的副标题"时代的反动手册"标志着诗人的矛盾和反讽立场。诗歌主题是战后学术常态的回归，如第一行所述，"阿瑞斯终于退出了战场"。年轻的战士们回来参加其他的战争，他们已经转向了新的神：

让阿瑞斯沉睡吧，另一场战争
已经再次打响
交战双方是
同少年早成的赫耳墨斯一路的追随者
与对傲慢的阿波罗毫无疑虑的服从者。

标题中的七弦琴，是赫耳墨斯即兴创作的七弦琴，也是阿波罗庄严的七弦琴。神圣的兄弟俩分别代表了两种生活方式：阿波罗代表了成功者对中产阶级的认真，他们从战争中归来，渴望在大学期间为体面的职业生涯打下基础；赫耳墨斯则代表着一种更讽刺和轻视 joie de vivre［生活乐趣］的方式。奥登似乎很怀念他的听众和整个社会的这种 joie［乐趣］，他认为这个社会完全致力于对阿波罗的追求。

> 我们必须承认，今天他的双手，
> 从右到左都取得了成功，
> 他的旗帜飘扬
> 从耶鲁到普林斯顿；
> 从百老汇到书评杂志传来的消息
> 又是多么沉重。

对此，这位诗人反对他的"赫耳墨斯十诫"——一份禁忌之事的清单，听起来几乎和阿波罗的价值观一样陈腐，这显然是针对大学生的，因为在奥登看来，他们需要放松和平静。

阿波罗与狄奥尼索斯

奥登笔下"傲慢的阿波罗"是文雅调整的象征，并不完全属于他个人的创造。他对阿波罗和赫耳墨斯的二分与阿波罗原则与狄奥尼索斯原则之间的对立密切相关，我们将这两种原则与德国古典学家和哲学家弗里德里希·尼采的著作联系起来。尼采在他的《悲剧的诞生》（*Birth of Tragedy/Die Geburt der Tragödie*，1872）中分析了艺术本源中的情感。他坚持"在雕刻家关于阿波罗的艺术与非具象的音乐之间，存在着深刻的对立，就是狄奥尼索斯"。他认为这两者是他在所有艺术创作中看到的基本力量。光明神阿波罗代表着不同人物的理性，狂欢守护神狄奥尼索斯则代表在灵感体验中丧失自我。在整个艺术史上，只有两场运动能够将这两种相反的原则融合成一件艺术品——一场是希腊古代的阿提卡悲剧，另一场是当代德国理查德·瓦格纳（Richard Wagner）的歌剧。

尼采远非首位看到这两神之对立的人。在古代，德尔斐庇护所的圣年就是在阿波罗和狄奥尼索斯之间分配的。在冬季的几个月里，阿波罗置身于遥远北方的希帕波利亚。在此期间，狄奥尼索斯统治着德尔斐，他和他的女祭司们的节日都在冬天举行，而阿波罗的节日是从春天一直持续到秋天。甚至阿波罗神庙也显示了神性存在划分：阿波罗和缪斯女神的形象展示在神庙入口上方的东侧墙上，狄奥尼索斯及其狂女追随者梯伊阿得斯（Thyiades/Θυιάδες）的形象则展示在神庙后方的西侧墙上。这一对立甚至以死亡和不朽来表达。德尔斐人确信，阿波罗神庙中有一座狄奥尼索斯的坟墓。

两神之间的对立一定表达了希腊人对他们的不同看法；在许多方面，希腊人认为他们彼此对立又互补。两人都是宙斯的儿子，阿波罗的母亲几乎和赫拉一样，而狄奥尼索斯的母亲是一位凡间公主，她在分娩前就逝去了；两人都永远年轻，尽管，古风时代的希腊描绘狄奥尼索斯长有胡须，但他后来通常被视为一个少女般的青年神。狄奥尼索斯娶了阿里阿德涅，他是完全的异性恋者（但有一个鲜为人知的例外，他是被动的情人），而阿波罗仍然是明确的双性恋者。两人都与精神状态的改变有关，阿波罗与预言的附身相关，狄奥尼索斯则与舞蹈和毒品的狂欢相关。他们都有自己的音乐，阿波罗是宏伟七弦琴（kíthara）的庄严音乐，狄奥尼索斯更常见的是管和鼓的狂热音乐，以及小型的弦乐器乐。两神之间的对立在罗马变得更加明显，甚至在政治形象扭曲的压力下，两个相互竞争的罗马人，马克·安东尼和奥古斯都，曾分别求助于这两位神来表达他们不同的政治纲领，如前所述（第五章）。这位强大的奢侈与和平繁荣之神征服了整个东方——从安纳托利亚到印度，似乎正是马克·安东尼熊熊野心的恰当象征。恺撒的继承人屋大维——后来成为奥古斯都皇帝——把阿波罗变成了他个人的神。对于那些仍在饱受内战之苦的意大利人而言，治愈和咨询之神阿波罗似乎比轻佻奢华的狄奥尼索斯更合适，也更容易接受。

然而，现代的对立却借鉴了另一种来源，即狄奥尼索斯音乐和阿波罗音乐之间的差异。希腊人认为kíthara/κιθάρα[七弦琴]是一种庄严而隆重的乐器，只能由男性演奏，而长笛和鼓则属于狂欢的音乐，通常由女性演奏，如酒神节女祭司，或hetairai/ἑταῖραι[高等妓女]。如我们所见，古代音乐理论家及其现代继承者都详细阐述了这种对立。19世纪30年代，德国古典学界坚持认为阿波罗音乐和狄奥尼索斯音乐之间有本质的区别，这一理论远超古代权威所言。尼采是希腊音乐理论的专家，他熟悉这一点，并将其用于自己的理论构建。但他比音乐理论家更进一步：他将古希腊两种在根本上对立的音乐类型之间的对比扩展为两种艺术表现和体验模式。通过将同样的对比运用到瓦格纳歌剧中，他将其输出到了自己的当代文化中。在接下来的几年里，尼采的追随者们迈出了最后一步，将这两种艺术体验模式投射到了一般的文化甚至生活方式上。这意味着将这些原则淡化为了理性与非理性之间，甚至是传统与反传统之间非常普遍的对立。更重要的是，对于20世纪的欧洲而言，这种一般化帮助非理性主义获得了合法性，但事实证明，它也确实对德国文化和社会造成了极大破坏。当意大利法西斯独裁者贝尼托·墨索里尼（Benito Mussolini）为新近在德累斯顿（Dresden）

建立的尼采档案馆寻找合适的捐赠品时,他送给希特勒(Hitler)一尊希腊的狄奥尼索斯头像,这绝非巧合。因为在当时的欧洲政治中,占据主导地位的是狄奥尼索斯的狂欢,而非阿波罗的理性。

阿波罗、艺术与考古学

我们在里尔克两首诗中发现的即时性的丧失,反映了始于启蒙运动时期的文化观念的变化。与文艺复兴时期的知识分子和艺术家不同,19世纪和20世纪欧洲的继任者不再将希腊人和罗马人视为他们效仿并希望延续其价值观的直接祖先。在我们所知的大学和学术兴起的时代,研究希腊文本和艺术品的不再是诗人和艺术家,而是历史学家,即使这些艺术品的纯粹之美能够激发起类似里尔克第二首诗中的个人反应。

这种对古代艺术的新鉴赏的变化始于18世纪,当时希腊艺术本身开始受到认可和重视。古代艺术作品——几乎全是雕像,早已为人所知。在近代早期不断扩张的罗马城市中,偶然的发现和蓄意的挖掘产生了大量古代雕像,其中大多数是早期希腊作品的大理石复制品;贵族、主教和教皇竞相创作自己收藏的古代雕像。许多雕像在普林尼《自然史》(*Natural History*)和帕萨尼亚斯《希腊志》(*Description of Greece*)的描述中被发现。近代早期的欧洲慢慢开始看到古代伟大雕塑家的真实作品，或者至少是他们的复制品。然而，这些雕像并未激发起对希腊艺术史的研究，而是为当代艺术家提供了典范。重要的是他们的存在，而非他们的历史。

这种境况在18世纪发生了变化。这一变化主要归功于约翰·约阿希姆·温克尔曼（Johann Joachim Winckelmann，1717—1768）。温克尔曼开始对古代艺术产生兴趣时，他还是萨克森州（Saxony）布瑙（Bünau）伯爵的图书管理员，这使他得以接触到首都德累斯顿（1748年）丰富的文物收藏。七年后，他移居到古代研究的中心，罗马。在此地，他写下了开创性著作《古代艺术史》(*Geschichte der Kunst des Alterthums/History of the Art of Antiquity*, 1764)，这标志着对希腊和罗马艺术进行学术研究的开端。在温克尔曼对希腊艺术的看法中，阿波罗起了非常关键的作用。在他看来，希腊艺术是人类历史上美的极致具体化，希腊雕塑是希腊艺术的巅峰，而阿波罗的形象是希腊美的巅峰：

男性青年美的最高标准特别体现在阿波罗身上。在他的雕像中，成年的力量与优美的青春期的温柔形式结合在一起。

173 这些形式以其充满青春活力的统一而显得雄伟,用伊比库斯(Ibycus/Ἴβυκος)的话来说,他不是在树荫中游情度日的维纳斯的情侣,不是在玫瑰花丛中为爱情之神拥抱的美少年,他是品德端正的青年,为从事伟大的事业而诞生。①

美不是从审美角度,而是从伦理角度感知的。阿波罗的形象之所以美,是因为体现了人类存在的一种特定形式。在这方面,温克尔曼将希腊人视为永恒的理想。但对他而言,这一理性不是形成于哲学或诗文,抑或寓言性神话,而是形成于视觉艺术作品。

温克尔曼在罗马的一座著名大理石雕像中发现了阿波罗最完美的形象,即所谓的"贝尔维德尔的阿波罗"。它是在 15 世纪晚期被发现的,1511 年,它的主人教皇尤利乌斯二世(Pope Julius II)将它从他故居的花园转移到梵蒂冈的宫廷观景殿。它是一件遗失的希腊青铜原作的复制品,原作由雅典雕刻家莱奥哈雷斯(Leochares/Λεωχάρης)在公元前 320 年左右所创,复制品是在哈德良皇帝统治时期制作的。它并不代表阿波罗神话的某个特定时刻,但传达了对神的外貌和本性的一般印象。他步

---

① 译文参考 [德] 温克尔曼著《论古代艺术》,邵大箴译,北京:中国人民大学出版社,1989 年,158 页。——译注

履轻盈，快步向前，左手持着弓箭，肩上披着一件短斗篷以蔽体。温克尔曼想象他正在进行他的首次冒险，即杀死蟒蛇皮同，这让他在雕像中看到了"高贵的年轻人，生而伟大"。虽然他了解希腊艺术的历史发展，但他没有意识到这尊雕像是复制品，而直接将其视为纯希腊工艺的作品。阿波罗的身体是完美的，他指出：

> 这里没有凡人，没有人类必需品；既不是血管也不是肌肉热量驱动这具身体，而是一股神圣之气，宛如一股清流弥漫开来，似乎充斥了整个人的躯体……我的胸脯似乎因崇敬而膨胀，就像那些胸脯中充盈着预言精神的人，我感觉自己被送到了得洛斯和吕西亚圣林。
>
> （《古代艺术史》[*History of Ancient Art* 11.3.11]）

温克尔曼并不是第一个欣赏这一阿波罗形象的人。自从这座雕像在梵蒂冈的位置变得容易接近后，它就对艺术家们产生了影响，尤其是米开朗琪罗，他的保佐人是尤利乌斯二世。但是，温克尔曼的赞誉使贝尔维德尔的阿波罗变成了梵蒂冈吸引罗马游客的主要景点，并且，这一复制品的模型在阿尔卑斯山（Alps）以北享负盛誉并备受珍视。伦敦皇家艺术学院18世纪晚期就拥有这样一个模型（现已佚失），当时引起了高度关注。在 1795 年，由亨利·辛格尔顿（Henry Singleton）绘制的一组群像中，院士们在两座古代雕塑前摆好姿势——一座巨大的拉奥孔（Laocoon）铸像，另一座是著名的梵蒂冈雕像，位居正中，右边是贝尔维德尔的阿波罗。1771 年，年轻的约翰·沃尔夫冈·冯·歌德（Johann Wolfgang von Goethe，1749—1832）在曼海姆（Mannheim）王室宫廷里看到另一尊阿波罗像时，他惊呆了。"你可以想象，我整个人都震惊了"，他在给导师约翰·哥特弗雷德·赫尔德（Johann Gottfried Herder）的书信中写道。但与里尔克不同的是，这位早期的德国诗人并没有改变自己生活的冲动。这座雕像向他展示了自己身体不可改变的极限："贝尔维德尔的阿波罗，你为何赤身裸体，让我们为自己的裸体感到羞愧吗？"没有年轻人能与希腊神的完美身体相媲美。然而，一年后，在其《漫游人的夜歌》（*Wanderers Sturmlied*/ "Wanderer's Storm Song"）中，关于雕像的记忆激发了歌德的灵感，他塑造了一个人的肖像，他的天才将这个人的生命带向新的壮举：

他将漫步

如踏着花的脚步

踏过丢卡利翁（Deucalion/Δευκαλίων）的泥泞洪水，

猎杀皮同，光辉灿烂的

皮提俄斯·阿波罗。

同温克尔曼一样，歌德也把贝尔维德尔的阿波罗理解为年轻的神攻击巨蟒的形象。洪水退去后，在德尔斐的帕耳那索斯山上留下了痕迹，人们认为丢卡利翁曾在那里登陆过他的方舟。

这并不是阿波罗在歌德诗歌中的唯一存在。它完全关涉灵感，指的是希腊两位灵感之神，即阿波罗和狄奥尼索斯。与开创了浪漫主义时代的时代精神相吻合，激发诗人灵感的天才是狄奥尼索斯，一位不羁的狂欢神。歌德诠释了狄奥尼索斯和阿波罗之间的对立，阿波罗是一位鼓舞人心的神，对他而言，阿波罗更有节制，也更容易被大多数人接受，但却与贝尔维德尔的阿波罗一样傲慢："他那威严的目光会迅速掠过你。"（"kalt wird sonst /sein Fürstenblick/über dich vorübergleiten."）

歌德不是第一个，也不是最后一个受贝尔维德尔的阿波罗启发的人。对于几代受过教育的欧洲人而言，这座雕像——通过温克尔曼之眼所见的——仍然是希腊艺术无与伦比的缩影。当大众品味从4世纪希腊艺术的软形式转向5世纪雅典的硬形式，从巴洛克和洛可可艺术转向欧洲古典主义时，分歧就开始了。威廉·哈兹里特（William Hazlitt，1778—1830）的一篇评论强调了这种变化,他当时是著名的新闻记者和 *arbiter elegantiae*[**仲裁者**]。当他在意大利旅行时,他拜访了阿波罗,并抱怨道:"那里存在极大的温柔、甜美、匀称和羞怯的优雅——一种完美的顺从,一种消极的完美。"与埃尔金勋爵(Lord Elgin)在1806年卖给大英博物馆的帕特农雕像相比,"贝尔维德尔的阿波罗确实糟糕,一个戏剧性的花花公子"。尽管人们感觉,盎格鲁撒克逊人(Anglo-Saxon)反对软弱的拉丁人是一股暗流,但这比当代政治自我定义更加危险:我们察觉到一种普遍的品位变化,这体现在对希腊雕塑的鉴赏喜好中。4世纪的流线型雕塑,深受18世纪观众的喜爱,但后来却让位于5世纪更凌厉和更清晰的雕塑形式,如菲狄亚斯和波利克里托斯(Polyclitus)的雕塑,甚至包括前古典艺术。19世纪末,奥林波斯的德国挖掘者从宙斯神庙的西侧山墙发现并修复了阿波罗像,他很快就取代了贝尔维德尔的阿波罗,并成为最受推崇的阿波罗像,尽管它残缺不全。

曾在奥林波斯宙斯神庙的东侧山墙上看到过阿波罗的人,永远不会遗忘他。艺术家在一个无比宏伟的时刻描绘了他:在一片混乱之中,神骤然出现,伸出手臂命令大家安静。他的脸庞散发着壮丽的光芒,双眸通过注视的纯粹力量来发号施令;

然而，高知的忧郁却在他那厚实而高贵的嘴唇上作祟。在我们这个混乱野蛮的世界中，人们无法想象会有比这更令人兴奋的神性出现。

因此，1929年，德国古典学者沃尔特·F. 奥托（Walter F. Otto）将这座雕像提升为他所能想到的最具说服力的神性代表，一位可以在混乱和野蛮的当代满足他对和谐的渴望的指挥神。然而他还未察觉，在不到十年的时间里，这些时代将变得更加野蛮和混乱。

尽管如此，贝尔维德尔的阿波罗的声名依然存在。1914年，意大利画家乔治·德·基里科（Giorgio de Chirico）描绘了阿波罗的头部，显然是取自梵蒂冈雕像的模型，置于他神秘作品《爱之歌》（*Canto d'Amore*）的中心，画面上还有一只红手套和一个绿球（现收藏于纽约现代艺术博物馆）。最近，美国国家航空航天局（NASA）1972年12月的阿波罗17号任务（Apollo XVII）的徽章上也出现了同样的头像。而温克尔曼的感情仍然隐藏在美国人罗伯特·威廉·瑟维斯（Robert William Service，1874—1958）吟唱"爱达荷州的南瓜"的诗句中，他晚年远离教育，在罗马度过了一个星期（《钻工之歌》[*Rhymes of a Roughneck*, 1950]）：

我站在他们中间寻找，视线迷惑地转向，
抓住我目光的是人们所称的贝尔维德尔的阿波罗。
看，我没有文化，也不懂艺术，
但那雕像打动了我，
他站在一个饰有天鹅绒的亭子里，看起来永远明亮，
像诗人的幻想，充满美丽，优雅和光；
虽然我知道这些话听起来很女人气，
这就是我见到贝尔维德尔的阿波罗时的狂喜。

如果瑟维斯还没有在这种诗意的欣赏中放弃他的比赛，这更像是威廉·布莱克（William Blake），而不是爱达荷州的南瓜，他肯定会在最后的诗句中这样做：

所以我会回到南瓜镇，回到我简陋的家，
梦想着我在永恒的罗马看到的所有景象；
但是，关于那片迷人的土地，我会只字不提
这就把你带到了过去——人们是不会理解的；
在我的记忆中，我会紧紧地珍惜
那冻结的音乐，那贝尔维德尔的阿波罗。

如果我们仍然认为阿波罗是希腊诸神中最具希腊色彩的神，那么这一点与贝尔维德尔的阿波罗的魅力不无关系。现在摆在我们眼前的是，温克尔曼将一尊雕像提升到如此具有象征意义的高度，而这座雕像实际上只不过是遗失原件的罗马复制品。这可能会让第一个描绘出古代艺术从开始到结束的发展脉络的学者感到惊讶。但这是历史的众多讽刺之一，最终，事实证明，感知比历史现实更为强大。

小结

这是一条既粗略又宽泛的脉络，有着不小的总结难度。神和诗人同样不朽：只要他们的故事被流传，他们就会获得永生，并影响着人们的情感和想象力。即使在基督教兴起后，阿波罗也发挥了很大的作用——中世纪及之后的太阳形象、文艺复兴时期的诗意灵感、温克尔曼及其追随者的希腊象征、近代男性的性欲表达。他现在还活着：在玛丽·菲利普（Marie Philips）2007年出版的《不守规矩的诸神》（*Gods Behaving Badly*）中，阿波罗生活在当代伦敦，是一个永远充斥着贪欲、百无聊赖和蓬头垢面的青少年，他想文身，但他的力量足以杀死凡间情人或遮蔽阳光，当然，这是最糟糕的原因。

后 记

在研究阿波罗的过程中，我经常引用荷马的《伊利亚特》和《奥德修纪》，这并非偶然。荷马对神性人格的建构，历代都发挥着其隐含的力量，希罗多德并不是第一个明确提出这一点的人。过去的几个世纪里，从众多雕像中脱颖而出的两尊阿波罗雕像，充分证明了这一点。奥林波斯宙斯神庙西山墙的阿波罗和贝尔维德尔的阿波罗，都是令人着迷的、美丽的、傲慢的男性形象，如果没有荷马式的肖像作前鉴，绝不可诞生出如此这般想象，几乎没有关于神的学术讨论可以绕过他们。然而，研究希腊宗教的历史学家却不得不抵制这种强大的吸引力。沃尔特·F.奥托屈从于此，写下了精彩的专著《希腊诸神》（*The Gods of the Greeks*）和《希腊宗教的精神意义》（*The Spiritual Significance of Greek Religion*, *Die Götter Griechenlands. Das Bild des Göttlichen im Spiegel des griechischen Geistes,* 1929）。他笔下的希腊诸神完全是荷马的诸神：荷马是"希腊精神的镜子",而他笔下的诸神几乎是神在希腊唯一的化身。他之所以能这样做,是因为他并没有打算写一部希腊宗教史,而是要向读者展示他对希腊人和神的独特见解。

片面的画面,无论多么强大,都无法捕捉到历史现实。无论是在希腊和罗马世界的神话和崇拜中,还是在后世对他的接受中,阿波罗总是复杂而矛盾的。每个时代都有自己的神像,比如古风时代早期德雷罗斯的小金属雕像,以及尤利安在安提俄克用金和象牙制成的雕像。同样,每个希腊城市都有自己的阿波罗,其不同的功能由传统和欲望决定。前面几章试图将神的诸多功能凝结起来,并赋予它们历史深度。音乐和舞蹈、预言、治疗、青年和城邦都表明阿波罗在这些领域发挥了重要,有时甚至是决定性的作用,其重要性因城市而异。历史学家受理智所驱,欲将这些领域构建为一个潜在的统一体。这样的结构可能会满足思想者对整洁的需要,但损失了太多的历史多样性,这对于宗教历史学家而言,无疑是失去了所有价值。同样,致力于呈现信服力的阿波罗史前史也是如此。当青铜时代和随后的"黑暗时代"崩溃后,希腊世界变得更加清晰可见,我们感知到了一个复杂的历史世界,在这个历史世界里,地方传统经历了漫长的成长和发展,它们有时彼此孤立,有时交流互通,通过与安纳托利亚、塞浦路斯、腓尼基和埃及的多方面联系,与古近东文明接触：几何时代出现的方言和地方文字系统令人困惑的多样性是这些地方发展的一个迹象，也是对设想东地中海和爱琴海世界交流中断的一个警告。许多事情可能是新近的发展，但有些传统可以追溯到更久远的青铜时代，甚至比我们所能接受的还要久远：我们所看到的迈锡尼文明是一个相对同质的统治阶级的问题，它的痕迹仅为我们了解青铜时代的希腊提供了一个狭窄的窗口。

特殊与一般的辩证法、地方传统的吸引力与希腊统一的愿望，是研究希腊宗教的主要吸引力之一，也是简单理解其历史的主要障碍之一。为此，我们还必须加上多神体系的辩证法，尽管该体系仍然无视极具说服力的概念分析。韦尔南对封闭体系的比喻是最相似的——但这个体系并不是封闭的，而是向整个希腊世界及其周围文明开放的。宗教是一个只能靠强制力的封闭体系，通常是依托教义的力量和集权的神职人员来强加这种教义的权力。阿波罗的许多面孔是这个复杂体系的一部分：他的形象由万神殿中的其他神灵塑造，最突出的是宙斯和雅典娜，以及希腊世界内外与他等同的神。在天文学中，塑造天体的力超出其旋转力，那是所有其他天体的引力；在宗教中，这种吸引力由社会和个人的多种欲望和需求激活，而多神体系则以其众多的神来回应。如果本书成功地让读者对塑造阿波罗形态的广阔宇宙以及由此产生的诸多形态有了初步的印象,那么作者就认为他已经完成了自己的工作。

扩展阅读

除了希腊和罗马宗教通史,以及虽已过时但仍然有用的法内尔的《希腊城邦的崇拜》(*The Cults of the Greek States*, Oxford: Clarendon Press, 1907),关于阿波罗的书籍其实很少。在希腊方面,马塞尔·德蒂安(Marcel Detienne)的《阿波罗,手中的刀:研究希腊多神教的实验进路》(*Apollon le couteau à la main. Une approche expérimentale du polythéisme grec*, Paris: Gallimard, 1998)有些片面,但振奋人心,菲利普·蒙布兰(Philippe Monbrun)的《阿波罗的声音:弓、七弦琴和神谕》(*Les voix d'Apollon. L'arc, la lyre et les oracles,* Rennes: Presses Universitaires de Rennes, 2007)也是如此。乔恩·所罗门(Jon Solomon)等人编著的《阿波罗:起源与影响》(*Apollo. Origins and Influences*, Tucson and London: University of Arizona Press, 1994)也是不完整的。在罗马方面,让·加杰(Jean Gagé)的《罗马的阿波罗:论阿波罗崇拜和罗马的"希腊仪式"从起源到奥

古斯都时期的演变》(*Apollon Romain.Essai sur le culte d'Apollo et le développement du "ritus Graecus" à Rome des originesà Auguste*, Paris: Boccard, 1955)非常重要；另外可以阅读乔治·杜梅齐尔（Georges Dumézil）《阿波罗的声音和其他短文：神话概述》(*Apollon sonore et autres essais. Esquisses de mythologie*, Paris: Gallimard, 1982)收录的一些文章。

第一章

关于荷马史诗中的阿波罗，艾米莉·维梅尔（Emily Vermeule）的《神祇崇拜》（荷马考古学第五卷）(*Götterkult. Archaeologia Homerica V*, Göttingen:Vandenhoeck & Ruprecht, 1974)虽已过时，但尚未有替代品。关于《奥德修纪》的信仰问题，汉斯·施瓦布尔（Hans Schwabl）的《〈奥德修纪〉中的信仰：对神祇体系和宗教仪式的探讨》（"Religiöse Aspekte der Odyssee. Zu Götterapparat und Kultgegebenheiten", Wiener Studien 12［1978］5—28）仍然有用。关于奥德修斯归来的日期和仪式背景，克里斯托夫·奥法斯（Christoph Auffarth）《迫在眉睫的堕落：在古代近东和希腊的神话和仪式中的"创造"，以〈奥德修纪〉和〈以西结书〉为例》(*Der drohende*

Untergang. "Schöpfung" in Mythos und Ritual im Alten Orient und in Griechenland am Beispiel der Odyssee und des Ezechielbuches, Berlin: De Gruyter, 1991）的章节（6.3）极具启发性。

对《荷马颂诗：致阿波罗》（*Homeric Hymn to Apollo*）的讨论最有助益的是安德鲁·M. 米勒（Andrew M. Miller）的《从得洛斯到德尔斐：对荷马的阿波罗颂的文学研究》（*From Delos to Delphi. A Literary Study of the Homeric Hymn to Apollo*, Mnemosyne Supplement 93）（Leiden: Brill, 1986）。

第二章

关于颂歌，参阅卢茨·卡佩尔（Lutz Käppel）的《颂歌：对一种体裁历史的研究》（*Paian. Studien zur Geschichte einer Gattung*, Berlin: De Gruyter, 1992）和伊恩·卢瑟福（Ian Rutherford）的《品达的颂歌：对残篇的解读及其体裁概述》（*Pindar's Paeans. A Reading of the Fragments with a Survey of the Genre*, Oxford: Clarendon Press, 1996）。关于毕达哥拉斯，参阅瓦尔特·伯克特的《古代毕达哥拉斯学派的传说与科学》（*Lore and Science in Ancient Pythagoreanism*, Cambridge, Mass.: Harvard University Press, 1972）；关于阿里斯特亚斯，参阅博尔顿（J.P.D. Bolton）

的《普罗克奈苏斯的阿里斯特亚斯》(*Aristeas of Proconessus*, Oxford: Clarendon Press, 1962),关于恩培多克勒,参阅彼得·金斯利(Peter Kingsley)的《古代哲学、神秘和魔力:恩培多克勒与毕达哥拉斯传统》(*Ancient Philosophy, Mystery, and Magic. Empedocles and the Pythagorean Tradition*, Oxford: Clarendon Press, 1995)。在关于俄耳甫斯的众多书籍中,我推荐查尔斯·西格尔(Charles Segal)的《俄耳甫斯:诗人的神话》(*Orpheus. The Myth of the Poet*, Baltimore: Johns Hopkins University Press, 1989)和马丁·L. 韦斯特(Martin L. West)的《俄耳甫斯的诗》(*The Orphic Poems*, Oxford: Clarendon Press, 1983)。

第三章

神谕长期以来一直被学者们忽视。莎拉·艾尔斯·约翰斯顿的《希腊神谕》(*Greek Divination*, Oxford: Blackwell, 2008)是几十年来第一本重要的专著;维特·罗森伯格(Veit Rosenberger)的《希腊神谕:一部文化史》(*Griechische Orakel. Eine Kulturgeschichte*, Darmstadt: Wissenschaftliche Buchgesellschaft, 2001)只对考古记录有用。

德尔斐

在一般的研究中,我特别推荐帕克(H.W. Parke)和沃梅尔(D.E.W. Wormell)合著的《德尔斐神谕》(*The Delphic Oracle*, Oxford: Blackwell, 1956),还有约瑟夫·方腾罗斯(Joseph Fontenrose)的《德尔斐神谕:回应和运作》(*The Delphic Oracle. Its Responses and Operations*, Berkeley and Los Angeles: University of California Press, 1978)。皮埃尔·阿曼德里(Pierre Amandry)的《德尔斐的阿波罗神谕:对神谕运作的论述》(*La mantique apollinienne à Delphes. Essai sur le fonctionnement de l'oracle*, repr. 1975, Paris: Boccard, 1950)仍然有帮助;由安妮·杰奎明(Anne Jacquemine)编辑的百年卷《大挖掘百年后的德尔斐:法国雅典学院组织的国际研讨会论文集》(*Delphes cent ans après la grande fouille. Essai de bilan. Actes du colloque international organisé par l'École Française d'Athènes*, Athens: École Française d'Athènes, 2000)则有些不够完整。关于皮提亚的附身和一般的附身现象,丽莎·毛里齐奥(Lisa Maurizio)的论文《人类学与灵魂附体:对德尔斐的皮提亚的再思考》("Anthropology and Spirit Possession. A Reconsideration of the Pythia's Role at Delphi", Journal of Hellenic Studies 115[1995],

69—86）是基础性的参考文献，克里斯托弗·福布斯（Christopher Forbes）的《早期基督教及其希腊化环境中的预言与启示性言辞》（*Prophecy and Inspired Speech in Early Christianity and its Hellenistic Environment*, Tübingen: Mohr, 1995）也是重要的参考。

关于最新的地质发现，德泊尔（J.Z. De Boer）、黑尔（J.R. Hale）和强顿（J. Chanton）在论文《古代德尔斐神谕的地质起源的新证据（希腊）》（"New Evidence for the Geological Origins of the Ancient Delphic Oracle［Greece］", Geology 28［2001］, 707—710）中作了总结。

克拉鲁斯和迪迪马

尽管法国进行了考古挖掘，但我们还是缺乏关于克拉鲁斯的详细资料；已知的神谕被收集在莱因霍尔德·默克尔巴赫（Reinhold Merkelbach）和约瑟夫·施陶伯（Josef Stauber）的《克拉鲁斯的阿波罗神谕》（"Die Orakel des Apollon von Klaros", Epigraphica Anatolica 27［1996］, 1—53 中，再版于默克尔巴赫的《文献学》［*Philologica*, *Stuttgart and Leipzig: Teubner*, 1997］, 155—218）。关于迪迪马，约瑟夫·方腾罗斯的《迪迪马：阿波罗的神谕、崇拜和伴侣》（*Didyma. Apollo's Oracle, Cult, and Companions*, Berkeley: University of California

Press, 1988）是有用的，但启发性不足。关于古代晚期，奥德·步西尼（Aude Busine）的《阿波罗的话语：古代晚期（2—6世纪）的神谕实践和传统》（*Parolesd'Apollon. Pratiques et traditions oraculaires dans l'Antiquité tardive [IIe-VIe siècles]*, Leiden: Brill, 2005）是博学而透彻的。

关于西比尔，参阅约翰·J. 柯林斯（John J. Collins）的《希腊化时代罗马犹太教中的西比尔、先知和智者》（*Sibyls, Seers and Sages in Hellenistic-Roman Judaism*, Leiden: Brill, 1997）。

第四章

一般而言，宗教治疗以及阿波罗作为医者的角色相对被忽视。欲知详情，请参阅诺伯特·埃尔哈特（Norbert Ehrhardt）《Apollon Ietros：在伊奥尼亚失踪的神？》（"Apollon Ietros. Ein verschollener Gott in Ionien?" Istanbuler Mitteilungen 39 [1989], 115—122）关于米利都及其殖民地的论述；瓦尔特·伯克特的《奥尔比亚和迪迪马的阿波罗：一段新的神谕文本》（"Olbia and Apollo of Didyma. A New Oracle Text"，收录在乔恩·所罗门（Jon Solomon）主编的《阿波罗：起源与影响》（*Apollo. Origins and Influences*, Tucson and London: University of Arizona Press, 1994, 49—60, 145—147）中，该文讨论了奥尔比亚的阿波罗；卡斯滕·施耐德（Carsten Schneider）的《阿波罗·乌利亚斯在韦利亚》（"Apollon Ulias in Velia?", Archäologischer Anzeiger［1998］, 305—317）讨论了爱利亚/韦利亚的阿波罗。

关于阿斯克勒庇俄斯，艾玛（Emma J.）和路德维希·埃德尔斯坦（Ludwig Edelstein）的二卷本《阿斯克勒庇俄斯：证言的收集与解读》（*Asclepius.Collection and Interpretation of the Testimonies*, Baltimore: Johns Hopkins University Press, 1945）仍然不可或缺。埃皮道鲁斯的治愈性故事经编译为林恩·R. 利多尼奇（Lynn R. LiDonnici）的《埃皮道鲁斯铭文：文本、翻译和评论》（*The Epidaurian Miracle Inscriptions. Text, Translation and Commentary*, Atlanta: Scholars Press, 1995）。

第五章

关于希腊入会仪式的批判性讨论，参阅瓦尔特·伯克特的《"入会"：一个现代概念和古代术语》（"'Iniziazione'. Un concetto moderno e una terminologia antica"）收录于布鲁诺·真蒂利（Bruno Gentili）和弗兰卡·佩鲁西诺（Franca Perusino）

编辑的《布劳龙的熊：阿耳忒弥斯神庙中的女性入会仪式》（*Le orse di Brauron. Un rituale di iniziazione femminile nel santuario di Artemide*[Pisa,2002], 13—27），还有弗里茨·格拉夫的《入会：一个历史上备受争议的概念》（"Initiation. A Concept with a Troubled History"），收录于大卫·B. 多德（David B. Dodd）和克里斯托弗·A. 法拉奥内（Christoper A. Faraone）编辑的《古希腊仪式和叙事中的入会：新的批判视角》（*Initiation in Ancient Greek Rituals and Narratives. New Critical Perspectives*, London: Routledge, 2003, 3—24）；两者都是从一个新世纪的角度来看待这个概念。关于男性组织，最早在20世纪初就有争论，现在在酒会（symposium）的背景下进行讨论，参阅奥斯温·穆雷（Oswyn Murray）编辑的《Sympotica：关于入会的酒会》（*Sympotica. A Symposium on the Symposium*, Oxford: Clarendon Press, 1990）中的一些论文，尤其是简·N. 布雷默（Jan N. Bremmer）的《青少年、酒会与少年爱》（"Adolescents, symposium, and pederasty", 135—148）。关于阿波罗·德尔斐尼俄斯，参阅弗里茨·格拉夫的《阿波罗·德尔斐尼俄斯》（"Apollon Delphinios", Museum Helveticum 26 [1979], 2—22）；关于阿波罗·吕刻俄斯，参阅迈克尔·H. 詹姆森（Michael H. Jameson）的《雅典的阿波罗·吕刻俄斯》（"Apollo Lykeios in Athens", Archaiognosia 1 [1980], 213—232）。关于米利都的歌舞队，参阅亚历山大·赫达（Alexander Herda）的著作《米利都的阿波罗·德尔斐尼俄斯崇拜与迪迪马的新年游行》（*Der Apollon-Delphinios-Kult in Milet und die Neujahrsprozession nach Didyma*. Ein neuer Kommentar der sog. Molpoi-Satzung, Mainz: Zabern, 2006）。关于斯巴达的阿波罗，参阅迈克尔·佩特森（Michael Pettersson）的著作《斯巴达的阿波罗崇拜：叙阿琴提亚节、吉诺佩蒂亚节和卡尔涅亚节》（*Cults of Apollo at Sparta. The Hyakinthia, the Gymnopaidia and the Karneia*, Stockholm: Åström, 1992）。

第六章

关于多利亚的阿波罗，参阅瓦尔特·伯克特的文章《阿佩莱和阿波罗》（"Apellai und Apollon," Rheinisches Museum 118 [1975], 1—21）。安纳托利亚假说得到了罗伯特·S. 比克斯（Robert S. Beekes）的《阿波罗的起源》（"The origin of Apollo", Journal of Ancient Near Eastern Religions 3 [2003], 1—21）和埃德温·L. 布朗（Edwin L. Brown）的《寻找安纳托利亚的阿波罗》（"In Search of Anatolian Apollo", in *Essays in*

Honor of Sara A. Immerwahr, Hesperia Supplements 33［2004］, 243—257）的重新关注，主要是出于语言学的原因。瓦尔特·伯克特也在东方联系方面作了开创性的研究，参阅"Rešep-Figuren, Apollon von Amyklai und die 'Erfindung' des Opfers auf Zypern", Grazer Beiträge 4（1975）, 51—79；《东方化革命：古代早期近东对希腊文化的影响》（*The Orientalizing Revolution. Near Eastern Influence on Greek Culture in the Early Archaic Age*, Cambridge, Mass.: Harvard U.P., 1992），还有《巴比伦、孟斐斯、波斯波利斯：希腊文化的东方背景》（*Babylon, Memphis, Persepolis. Eastern Contexts of Greek Culture*, Cambridge, Mass.: Harvard U.P., 2004）。

第七章

让·塞兹内克（Jean Seznec）的《古代神祇的延存》（*La survivance des dieux antiques*, London: Warburg Institute, 1940; 1953年译为《异教神的延存：神话传统及其在文艺复兴人文主义和艺术中的地位》（*The Survival of the Pagan Gods. The Mythological Tradition and its Place in Renaissance Humanism and Art*, Princeton: Princeton University Press, 1953）仍然值得尊

重,但这个主题还需要更多的研究。简·戴维森·里德(Jane Davison Reid)宏伟的作品目录是一个有用的起点,其《艺术中的古典神话,1300—1990》(*Classical Mythology in the Arts, 1300—1990*, New York and Oxford: Oxford University Press, 1993)涵盖了文学和具象艺术。关于温克尔曼以来的德国考古学的历史,参阅苏珊娜·L. 玛珊德(Suzanne L. Marchand)的《从奥林波斯山下来:德国的考古学和希腊崇拜,1750—1970年》(*Down from Olympus. Archaeology and Philhellenism in Germany, 1750—1970*, Princeton: Princeton University Press, 1998)。

索 引

Abaris/Ἀβάριος 阿巴里斯 47, 49, 99

Achilles/Ἀχιλλεύς 阿喀琉斯 13, 14, 16, 103

Aeschylus/Αἰσχύλος 埃斯库罗斯 64, 68, 76, 99

Agrippina/Ἀγριππίνη 阿格里皮娜 73

Allegory 寓言 147—148, 157

altar of horns 多角坛 25, 36, 115

Amphiaraus/Ἀμφιάραος 安菲阿拉奥斯 99

Amyclae/Ἀμύκλαι 阿米克赖 40, 138, 141

andreion/ανδρείω 男子气概 113—114

Apaturia/Ἀπατούρια 阿帕图里亚节 107

Apeilon/Ἀπείλων 阿波罗 138

apella/ἀπέλλα 议会 137

Apellaios (month)/Ἀπελλαῖος 阿佩拉奥斯月 137

Apollinar 阿波罗神 88

Apollo, Anatolian/Ἀπόλλων 安纳托利亚的阿波罗 12, 132, 136—137; birth, birthday 出生，诞辰 27—28, 65, 122, 145; Dorian/Δωριεύς 多利亚的 116—120, 137—138; Mycenaean/Μυκηναϊκός 迈锡尼的 82, 139; priests 祭司 22, 126; sanctuaries 庇护所 10—11, 19—15, 32, 56—62, 109—110; sanctuaries in city centre 城市中心的庇护所 10, 21—22; sanctuaries in sacred grove 神圣丛林的庇护所 19, 21, 97; *see also the single place names*; Apollo and other gods: 阿波罗和其他神; Ares/Ἄρης 阿瑞斯 29, 34, 40; Artemis/Ἄρτεμις 阿耳忒弥斯 11, 13—14, 21, 34, 56, 93, 95 115—116, 127, 136, 137; Asclepius/Ἀσκληπιός 阿斯克勒庇俄斯 55, 94—98; Athena/Ἀθήνη 雅典娜 11—13, 37, 125; Christ 基督 32, 148; Dionysus/Διόνῡσος 狄奥尼索斯 169—171; Hermes/Ἑρμῆς 赫耳墨斯 29, 33—34, 37, 54—55, 78, 169; Leto/Λητώ 勒托 11, 27—28, 83, 115—116, 137; Poseidon/Ποσειδῶν 波塞冬 11, 21; Zeus/Ζεύς 宙斯 9, 27—28, 33, 40, 52, 61, 78, 108, 141; Apollo, epithets: 阿波罗，别号; Agyieus/Ἀγυιεύς 街道保护神 93, 128; akersekomes/ἀκερσεκόμης 不剪头发的神 104; Alexikakos/Ἀλεξικακως 驱除邪恶之神 44, 93; Asgelatas/Ἀσγελατας 阿斯格拉塔斯 140; Augustus 奥古斯都 126; Belenus 贝勒努斯 91; Citharoedus/Κιθαρῳδός 弹竖琴的歌唱家 126; Cyparissius/

阿波罗

Κυπάρισσος 库帕里西亚之神 97; Delius/Δήλιος 得利俄斯 26; Delphinios/Δελφίνιος 德尔斐尼俄斯 85, 109—111, 114, 115; Embaterios/Ἐμβατήριος 昂巴特里俄斯 13; Galaxios/Γαλαξιος 伽拉西奥斯 123; Grannus 格兰努斯 91, 145; Hegemon/Ἡγεμών 家族领袖 125; Hylatas/Ηυλατας 许拉塔斯 135; Iatros/Ἰατρός 医生 85; Karneios/Καρνεῖος 卡内奥斯 117—120; Keraïtas/Κεραίτας 克拉伊塔斯 141; Killaios/Κιλλαῖος 基拉俄斯 23; Loimios/Λοίμιος 洛伊米奥斯 84; Lycius/Λύκειος 吕刻乌斯 47; Lykegenes/Λυκηγενής 生于吕西亚的 12; Lykeios/Λύκειος 吕刻俄斯 120—122, 132, 156; Maleatas/Μαλεάτας 马勒塔斯 96; Medicus 梅迪库斯 25, 88, 89; Mousagetes/Μουσαγέτης 缪斯引领者 105; Nomios/Νόμιος 诺米俄斯 123; Noumenios/Νουμήνιος 努美尼奥斯 20, 140; Nymphagetes/Νυμπαγέτης 仙女的领袖 105; Oulios/Οὔλιος 奥留斯 84; Paean/Παιάν 派翁 16, 81—82, 89; Patroos/Πάτρωος 父神 108; Propylaios/Προπυλαίος 守门神 93; Pythaeus/Πυθαεύς 皮昔乌斯 116; Pythius/Πύθιος 皮提俄斯 26; Smintheus/Σμινθεύς 鼠神 9, 22, 23, 24, 44, 77, 157; Toutiorix 图蒂奥里克斯 91;

  Appaliunas 阿帕里乌纳斯 136

  Ap(u)lu 阿普鲁 86—88

Apulunas 阿普卢纳斯 136

Archaeology 考古学 172—176

archer, archery 射手，射箭 9, 14—15, 20, 33, 91

Argus/Ἄργος 阿尔戈斯 120—122, 125

Aristeas/Ἀριστέας 阿里斯特亚斯 47—48, 49

Aristotle/Ἀριστοτέλης 亚里士多德 56

Artemis/Ἄρτεμις 阿耳忒弥斯 27, 36, 111

Asclepios/Ἀσκληπιός 阿斯克勒庇俄斯 16, 44, 53, 55, 81, 85, 88, 94—98

Athena/Ἀθηνᾶ 雅典娜 10—11, 13, 22, 32, 37, 107, 125, 151

Athens/Ἀθήνα 雅典 86, 93—94, 105, 107—108, 109—110, 121, 125

Auden, W. H./W.H. 奥登 168—169

Augustus 奥古斯都 77, 127, 128, 145

Bellytalker 腹语者 68

Belvedere Apollo 贝尔维德尔的阿波罗 173, 174, 175, 176

birthday, Apollo's 阿波罗的诞辰 93, 140

Boccaccio, Giovanni 乔万尼·薄伽丘 154

Boxing 拳击 29, 117, 121

Boys 男孩们 41, 87—88

Branchidae/Βραγχίδης 布兰希达 61

Branchus/Βράγχος 布兰库斯 56, 61, 64, 100

bull, carrying 搬运公牛 109, 121

Burkert, Walter 瓦尔特·伯克特 137, 138

Caesar, Julius 尤利乌斯·恺撒 90

Calendar 历法 140

Callimachus/Καλλίμαχος 卡利马科斯 50, 117, 159, 164

Callinus of Ephesus/Καλλῖνος 以弗所的卡利努斯 24

Caracalla 卡拉卡拉 91

Carneia/Κάρνεια 卡尔涅亚节 117—120, 125

Cartari, Vincenzo 文森佐·卡尔塔里 155

Cassandra/Κασσάνδρα 卡珊德拉 50, 63, 76

Cassotis/Κασσοτίς 卡索提斯 67, 75

Castalia/Κασταλία 卡斯塔利亚 75

children 孩子们 86

Chirico, Girgio di 乔治·德·基里科 175

Christians, and Clarus 基督徒，和克拉鲁斯 61, 62, 64, 77—78

Christians, Christianity 基督徒，基督教 61, 62, 64—65, 78,

91, 129, 152—153, 154, 158

Chryse, Apollon/Χρύσην 克律塞，阿波罗 16

Chryses/Χρύσης 克律塞斯 22, 79

city divinity 城邦神灵 125

Clarus, oracle/Κλάρος 克拉鲁斯，神谕 60—61, 71—73, 91

cognitive theory 认知理论 53—54

Comes, Natales 纳塔莱斯 154

Constantine 君士坦丁 I78, 129

contest, musical 竞赛，音乐的 41

Cook, Arthur B. 阿尔图尔·伯恩哈特·库克 3

Coronis/Κορωνίς 科洛尼斯 95, 96, 102, 106

Cos/Κως 科斯岛 97

Crete/Κρήτη 克里特岛 113

Croesus/Κροῖσος 克罗伊萨斯 56, 57, 73

Cumae/Κύμη 库迈 77

Curetes/Κούρητες 枯瑞忒斯 111, 114, 115

Cyprus/Κύπρος 塞浦路斯 135, 138, 141

Cyrene/Κυρήνη 昔兰尼 101, 105, 117, 119, 122

Danaus/Δαναός 达那奥斯 120

Dancing 跳舞 111, 116; and citizenship 公民身份 35

Dante (Alighieri) 但丁 160—163

Daphne/Δάφνη 达芙妮 56, 105—106, 162

Daphne (suburb of Antioch) 达芙妮（安提俄克郊区）145

death, of young men 青年男子之死 13, 15

Delia, festival/Δηλια 得利亚节 28—29, 36, 117

Delphi/Δελφοί 德尔斐 25, 29—32, 36, 57—60, 94, 140

Delus/Δῆλος 得洛斯 25, 27—29

Demetrius of Scepsis/Δημήτριος 怀疑论者德米特里乌斯 117

dialects, Greek 希腊方言 137

Didyma, oracle/Δίδυμα 迪迪马神谕 43, 55, 61—62, 74—75

Dio Chrysostom/Χρυσόστομος 迪奥·克里索斯托 67

Diodorus of Sicily/Διόδωρος 西西里的狄奥多罗斯 64

Dionysus/Διόνῡσος 狄奥尼索斯 127—128; mysteries 神秘 47

divination 预言 52—78, 99; in Homer 在荷马史诗中 52; methods 方法 52, 62—64

dog 狗 96

Dorian Apollo 多利亚的阿波罗 134—135

dragon fight 斗蛇 31, 42

Dreros/Δρῆρος 德雷罗斯 115

Durkheim, Émile 埃米尔·杜尔凯姆 124, 132

ecstasy 迷狂 37—38, 76

eiresione/ειρεσιόνε 物品化身 108

Elea/Ἐλέα 爱利亚 84—85

Eliade, Mircea 米尔恰·伊里亚德 48

Empedocles/Ἐμπεδοκλῆς 恩培多克勒 50, 85

Enthousiasmos/ενθουσιασμός 灵感 69

ephebe, ephebes 男青年 13, 109, 104

Ephesus/Ἔφεσος 以弗所 93, 111

Ephorus/Ἔφορος 埃福罗斯 114

Epidaurus/Ἐπίδαυρος 埃皮道鲁斯 96, 121

Epilepsy 癫痫 79

Epithets 别号 5, 81, 84

Erra 埃拉 79

Erythrae/Ἐρυθραί 厄立特利亚 44, 77

Eshmun 埃什蒙 88

Etruria 伊特鲁里亚 86, 97

etymology 词源学 24, 131—132

Euhemerism　犹希迈罗斯学派 152, 154

Eustathius of Thessalonica　塞萨洛尼卡大主教尤斯塔修斯 103, 150

Evans, Arthur　阿瑟·埃文斯爵士 133

Farnell, Lewis R.　法内尔·路易斯·理查德 3

fire, undying　不灭之火 94, 111, 120

flute　长笛 37

Frazer, James G.　弗雷泽·詹姆斯·乔治 3

Fregellae/Φρέγελλα　福莱杰雷 97

Freud, Sigmund　西格蒙德·弗洛伊德 3

Fulgentius　富尔根蒂乌斯 150, 152

fusion of deities　神灵的融合 82-84

Gaia/Γαία　盖娅 69

gas, in Delphi　德尔斐的气体 64, 66, 68, 70, 71

Gaul　高卢 90—91

Germanicus/Γερμανικός　日耳曼尼库斯 72

Glossolalia　语焉不详 69

Goat　山羊 65, 68, 69, 96, 115, 155, 156

Goethe, Johann Wolfgang　约翰·沃尔夫冈·冯·歌德 174

Graviscae/Γραουῖσκαι　格拉维斯卡 88

Grove　小树林 60

Gryneion/Γρύνειον　哥瑞内恩 55

Gryneum/Γρυνείῳ　格里尼姆 60

Gymnopaidia/Γυμνοπαιδίαι　吉诺佩蒂亚节 116, 125

hair offering　发祭 13, 103, 104

Harrison, Jane Ellen　哈里森·简·艾伦 3

Hazlitt, William　威廉·哈兹里特 175

Healing　治愈术 15—19, 79—102, 122, 140

hearth, common　公共壁炉 111, 115

Hecate/Ἑκάτη　赫卡忒 93

Hederich, Benjamin　本杰明·海德里希 158

Helenus/Ἕλενος　赫勒诺斯 76

Hermes/Ἑρμῆς:　赫耳墨斯

and Apollo　与阿波罗 169

and oracles　与预言 55

Hesiod/Ἡσίοδος　赫西俄德 95, 98, 104, 141, 164

Hierakome/ Ἱερὰ Κώμη　希拉科姆 55

Hierapolis in Phrygia/ Ἱεράπολις Φρυγία　弗里吉亚的希拉波利斯 70

Hitler, Adolf　阿道夫·希特勒 171

Hittite　赫梯 136, 141

Homer　荷马 9—32, 141; *Iliad*　《伊利亚特》9—19, 21—25, 34, 79, 80—81, 103; *Odyssey*　《奥德修纪》19—21, 25

Homeric Hymn:　荷马颂诗

to Apollo　阿波罗颂 25—32, 33, 40, 149

to Hermes　赫耳墨斯颂 37, 54, 123

Hrozný, Bedřich　贝德日赫·赫罗兹尼 136

Hšatrapati　赫萨特拉帕蒂 137

Huet, Pierre-Daniel　皮埃尔·丹尼尔·尤埃 158

hunting　狩猎 14, 56

Hyacinthia/Ὑακίνθια　叙阿琴提亚节 40, 94, 125

Hymenaeus/Ὑμέναιος　许墨奈奥斯 35, 43, 45

Hyperboreans/Ὑπερβορέοις　希帕波利亚人 47, 49—50

Hyrtakina/Ὑρτακίνα　赫尔塔基纳 115

Ialemus/Ἰαλέμῳ　伊阿勒摩斯 45

Iamblichus/Ἰάμβλιχος　伊安布利霍斯 71, 74

Iconography 肖像学，图像学 4, 155

Identification 认同，等同 83

illness and transgression 疾病与犯罪 17—18, 79

incubation 孵梦 52, 98

Indo-European language and religion 印欧语言和宗教 130—132

Inscriptions 铭文 18, 44, 61, 73, 74, 85, 91, 110, 111, 136, 141

Interpretation 解释，诠释 90

Ion/Ἴων 伊翁 106, 108—109

Isidore of Sevil 塞维利亚主教伊西多尔 152

Ithaca, festival of Apollo/Ἰθάκη 伊萨卡岛，阿波罗的节日 19, 20

John Chrysostom, on the Pythia 约翰·克里索斯托，关于皮提亚的 64

Judaism, and Sibyl 犹太教和西比尔 78

Julian 尤利安 145

Keraton/ Κερατών 角制坛 36

Kerényi, Karl 卡尔·凯莱尼 3

Kithara/κιθάρα 七弦琴 36

Korfmann, Manfred 曼弗雷德·科夫曼 136

Koureion/κουρεῖον 剪发日 107

Kourizein/κουρίζειν 塑造青少年 104

kouros/κοῦρος 青少年 17, 104, 112

Lactantius 拉克坦提乌斯 78

Laurel 月桂树 48, 67, 75, 106, 122, 128, 155, 163; see also Daphne 达芙妮

Leto/Λητώ 勒托 27, 36, 61, 91

Linear B 线形文字 B 82, 132—133, 134, 139

Linus/Λῖνος 利诺斯 35, 39, 45, 106

Livy 李维 59, 88

Lucian/Λουκιανός 卢西安 75

Lycia/Λυκίᾱ 吕西亚 12, 47, 122, 123, 132

lykabas/λυκάβας 新月日 20

lyre 七弦琴 37

Machaon/Μαχάων 玛卡翁 95

Macrobius 马克罗比乌斯 90, 123, 149, 156

Magic 巫术 46

Männerbund 男人帮 112

Marc Antony 马克·安东尼 127—128

Marcius, seer 先知马尔西乌斯 89

Marduk and Tiamat 马耳杜克与提亚玛特 31

Maron/Μάρων 马戎 22

Marpessa/Μάρπησσα 玛耳佩萨 106

Marsyas/Μαρσύας 玛耳绪阿斯 37, 161, 165

Martin of Praga 普拉加主教马丁 153

meals, ritual 仪式膳食 113

Medea/Μήδεια 美狄亚 110

Melampus/Μελάμπους 墨兰普斯 99

Messene/Μεσσήνη 麦西尼 95

Metapontum/Μεταπόντιον 麦塔庞顿 117, 121

Miletus/Μίλητος 米利都 43, 85, 110, 113, 114

Milton, John 约翰·弥尔顿 151

Molpé/μολπή 歌舞 17, 29

Molpoi/Μολποί 歌舞队 17, 43, 110, 115

Moses 摩西 158

Mousiké/μουσικη 乐 34, 159

music 音乐 39—40, 160

Mussolini, Benito 贝尼托·墨索里尼 171

Mythograpy 神话集 153—155; Handbook 手册 157, 158

Nero 尼禄 126, 127

new moon 新月 20, 140

New Year 新年 20, 44, 94, 119

Nietzsche, Friedrich 弗里德里希·尼采 170

Nilsson, Martin P. 马丁·佩尔森·尼尔森 140

Niobe/Νιόβη 尼俄柏 14, 91

Nonnus/Νόννος 诺努斯 151

Olbia/Ὀλβία 奥尔比亚 85, 111

Olen/Ὠλήν 奥伦 47

Olympia, Apollo 奥林波斯的阿波罗 175

origin, theory of 起源理论 12

Orpheus/Ὀρφεύς 俄耳甫斯 45—47, 146, 160

Otto, Walter F. 沃尔特·F. 奥托 175, 179

Ovid 奥维德 159

Paean, the song 颂歌 10, 16—17, 41—45, 80, 112, 116, 118

Paean, the god see Apollo Paean 派翁

Paeon/παιών 派翁 81

Paiawon/ΠαιάϝωV 派阿翁 16, 82, 83, 139

painting, European 欧洲绘画 159, 160

palm tree 棕榈树 116—117

Paris/Πάρις 帕里斯 15

Parmenides/Παρμενίδης 巴门尼德 84—85

Paul, apostle 传道者保罗 63

Pausanias/Παυσᾰνῐᾱς 帕萨尼亚斯 75, 109, 116, 119, 156

Pergamum/Πέργαμον 帕加马 97

Petrarca, Francesco 弗朗西斯科·彼特拉克 163—164, 165

Pharmakoi/φαρμακοί 替罪羊 93

Philammon/Φιλάμμων 菲拉蒙 47, 106

Philips, Marie 玛丽·菲利普 177

Phoenicia/Φοῖνιξ 腓尼基 135

Pindar/Πίνδαρος 品达 39—40, 43, 45, 50, 94—95, 105

Plague 瘟疫 9—10, 91—93, 140; arrow 瘟疫之箭 9—10, 15, 140

Plato/Πλατών 柏拉图 39, 62, 93, 146, 149—150

Pliny 普林尼 74

Plutarch/Πλούταρχος 普鲁塔克 59, 64, 67, 70, 71, 77, 110

Podalirius/Ποδαλείριος 波达勒里奥斯 95

poeta laureatus 桂冠诗人 163

Polemon of Troy/Πολέμων 特洛亚的帕勒蒙 24

Polis/Πόλις 城邦 107

pollution 污染 18—19

Polycrates, historian/Πολυκράτης 历史学家波利克拉特斯 41

Polycrates, tyrant/Πολυκράτης 僭主波利克拉特斯 26

Porphyry 波菲利 55, 71

Poseidon/Ποσειδῶν 波塞冬 11, 21

Possession 附身 53, 63, 69

priests, in Homer 荷马的祭司 22

prophet, in Clarus 克拉鲁斯先知 72

prophetess 女先知 74

Ptoios/Πτώιος 普托伊奥斯 55

purification 净化 10, 18—19, 94, 99

Pyanopsia/Πυανόψια 普亚诺普西昂节 107

Pythagoras/Πῡθαγόρᾱς 毕达哥拉斯 48—50, 85

Pythagoreans 毕达哥拉斯学派 113

Pythia, Delphian prophetess/Πυθία 德尔斐女祭司皮提亚

64—71, 77

    Pythia, festival/Πύθια　皮提亚节 36

    Pytho/Πυθώ　皮托 31, 68, 70

    Pythones see bellytalkers

ram　公羊 117

raven　乌鸦 48

Reshep　雷舍普 15, 141—142

Rilke, Rainer Maria　赖内·马利亚·里尔克 166—168

Rome　罗马 59, 88—90, 97

Ronsard, Pierre　彼埃尔·龙沙 164—165

Saccadas of Argus/Σακκαδας　阿尔戈斯的萨卡达斯 38

sacrifice, Delphi　德尔斐的献祭 32

sanctuary, oracular　神谕的庇护所 56

Saunder, Richard　理查德·桑德 160

Schliemann, Heinrich　海因里希·施里曼 21, 133

Scopas, sculptor/Σκόπας　雕刻家斯科帕斯 24

Seleucus I Nicator　塞琉古一世尼卡特 45, 62, 74, 125—126

Seneca　塞涅卡 126, 151

Service, Robert William　罗伯特·威廉·瑟维斯 176

Servius　塞尔维乌斯 123

shaman, shamanism　萨满教的道士 48—50, 56

Sibyl/Σίβυλλα　西比尔 50, 63, 64, 76—78

Sibylline books　西比尔神谕集 77, 89

Sicyon/Σικυών　西锡安 121, 122

Snake　蛇 97

song-dance　歌舞 34

Sourvinou Inwood, Christiane　克里斯蒂妮·索维诺尔·英伍德 3

Sparta/Σπάρτᾱ　斯巴达 113, 116, 125

Stoicism　斯多亚学派 149—150

Strabo/Στράβων　斯特拉波 70, 111

sun, and Apollo　太阳阿波罗 146, 149, 150, 151—153, 156

Tacitus　塔西佗 72, 90

Telepinu　特勒皮努 141

Telphusa/Τελφοῦσα　特尔弗萨 29

Teukros/Τεῦκρος　透克洛斯 14

Thaletas of Gortyn/Θαλήτας　高廷的萨勒塔斯 44, 100

Thargelia/Θαργήλια 萨格莉娅 93-94

Theodosius 狄奥多西 145

theophoric names 有字义为"神"的名字 86, 137

Theophrastus/Θεόφραστος 泰奥弗拉斯托斯 104

Theseus/Θησεύς 忒修斯 107—108, 109—110, 115

Thucydides/Θουκυδίδης 修昔底德 26

Timotheus, poet/Τῑμόθεος 诗人提莫忒乌斯 39

Tricca/Τρίκκη 特里卡 95

Tripod 三脚架 66, 71

Index 索引 159

Typhon/Τυφῶν 提丰 30—31

Ugarit 乌加里特 141

Updike, John 约翰·厄普代克 102

Veii 维爱 87

Velia/Ἐλέα 韦利亚 84—85

Ventris, Michael 麦克尔·文屈斯 133

Vernant, Jean-Pierre 韦尔南 4, 180

Virgil 维吉尔 77, 128

Water 水 74—75

and divination 与预言 67

Wilamowitz-Moellendorff, Ulrich von 维拉莫威茨 136, 139

Winckelmann, Johann Joachim 约翰·约阿希姆·温克尔曼 105, 146, 172—174

wolf 狼 120—122, 132, 155

Xanthus, Letoon 克珊托斯的莱顿 12, 47, 122, 136—137

Zeus/Ζεύς 宙斯 30—31, 32, 52, 54, 55—57, 83, 96, 126, 131, 148

and oracles 宙斯和神谕 52, 54—56

附录：古代世界的诸神与英雄译名表

（希腊语—拉丁语—英语—汉语）

A

Ἄβαι Abae Abae　阿拜

Ἀγαμέμνων Agamemnon Agamemnon　阿伽门农

Ἀγησίλαος Agesilaos Agesilaos　阿盖西劳斯

Ἀγλαΐα Aglaea/Aglaia Aglaea　阿格莱亚

Ἄγλαυρος Aglauros Aglauros　阿格劳洛斯

Ἀγχίσης Anchises Anchises　安喀塞斯

Ἅδης Hades Hades　哈得斯

Ἄδωνις Adonis Adonis　阿多尼斯

Ἀθάμας Athamas Athamas　阿塔马斯

Ἀθηνᾶ Minerva Athena　雅典娜 / 密涅瓦

Αἴας Aiax Aias/Ajax　埃阿斯

Αἴγιστος Aegisthus Aegisthus　埃吉斯托斯

Αἴθρα Aithra Aithra　埃特拉

Αἰνείας Aeneas/Aeneus Aeneas　埃涅阿斯

Ἀλφειός Alpheios Alpheios　阿尔费奥斯

Ἄμμων Ammon Ammon/Amun　阿蒙（古埃及太阳神）

Ἀμφιτρίτη Amphitrite Amphitrite　安菲特里忒

Anat　阿娜特（闪米特战争女神）

Anaïtis/Anahita　阿娜提斯/阿娜希塔（波斯–亚美尼亚女神）

Ἀνδρομάχη Andromache Andromache　安德洛玛克

Anu　阿努（赫梯天神）

Ἀπέσας Apesas Apesas　阿佩萨斯

Ἀπόλλων Apollo Apollo　阿波罗

Ἀργειφόντης Argeiphontes Argeiphontes　阿耳癸丰忒斯

Ἄρης Mars Ares　阿瑞斯

Ἀριάδνη Ariadne Ariadne　阿里阿德涅

Ἁρμονία Harmonia Harmonia　哈耳摩尼亚

Ἀρισταῖος Aristaeus Aristaeus　阿里斯泰奥斯

Ἄρτεμις Artemis,Diana Artemis　阿耳忒弥斯/狄安娜

Ἀσκληπιός Aesculapius Asclepius　阿斯克勒庇俄斯

Astarte　阿施塔忒（腓尼基女神）

Ἀστερία Asteria Asteria　阿斯忒里亚

Ἄτλας Atlas Atlas　阿特拉斯

Ἀτρεύς Atreus Atreus　阿特柔斯

Ἀφροδίτη Venus Aphrodite　阿芙洛狄忒/维纳斯

Ἀχιλλεύς Achilleus Achilles　阿喀琉斯

Ἄψυρτος Apsyrtus Apsyrtus　阿普绪耳托斯

B

Βελλεροφῶν Bellerophon Bellerophon　柏勒洛丰

Βοώτης Boutes Boutes　布特斯

Βριάρεως Briareos Briareos　布里阿瑞奥斯

Βρισηΐς Briseis Briseis　布里塞伊斯

Βρισῆος Briseus Briseus　布里修斯

Γ

Γαῖα Gaea Gaia　盖娅

Γανυμήδης Catamitus/Ganymedes Ganymede　伽努墨德斯

Γλαυκός Glaucus Glaukos　格劳科斯

Γῆρας Geras Geras　革剌斯

Γίγαντες Gigantes Gigantes　癸干忒斯

Γύγης Gyges Gyges　巨吉斯

Gula　古拉（美索不达米亚治愈女神）

Δ

Δαίδαλος Daedalus Daedalus　代达罗斯

Δαναός Danaus Danaus　达那奥斯

Δάφνη Daphne Daphne　达芙妮

Δελφύς Delphus Delphus　德尔福斯

Δευκαλίων Deucalion Deucalion　丢卡利翁

Δηίφοβος Deiphobos Deiphobos　得伊福玻斯

Δημήτηρ Demeter Demeter　德墨忒耳

Δημοφόων Demophoon Demophoon　德摩福翁

Δίκη Dike Dike　狄刻

Διοκλῆς Diocles Diokles　狄奥克勒斯

Διομήδης Diomedes Diomedes　狄奥墨德斯

Διόσκουροι Dioscuri Dioscuri　狄奥斯库里

Διώνη Dione Dione　狄奥涅

Δόλων Dolon Dolon　多伦

Dyáus Pitar　道斯·彼塔（印度教天父）

Dumuzi/Tammuz　杜穆兹/塔穆兹（苏美尔的英雄/神）

Δύναμις Dynamis Dynamis　丢纳弥斯

E

Εἰλείθυια Eileithyia Eileithyia　埃勒提雅

Εἰρήνη Eirene Eirene　埃瑞涅

Ἑκάτη Hekate Hekate　赫卡忒

Ἕκτωρ Hector Hector　赫克托耳

Ἕλενος Helenus Helenus　赫勒诺斯

Ἕλλη Helle Helle　赫勒

Enki　恩基（苏美尔欺诈之神）

Ἐνοδία Enodia Enodia　埃诺狄亚

Ἐνυώ Enyo Enyo　厄倪俄

Ἐρεχθεύς Erechtheus Erechtheus　厄瑞克透斯

Ἔρις Eris Eris　厄里斯

Ἐριχθόνιος Erichthonios Erichthonios　厄里克托尼奥斯

Ἑρμῆς Hermes Hermes　赫耳墨斯

Ἑρμιόνη Hermione Hermione　赫耳弥奥涅

Ἔρως Eros, Amor Eros　爱若斯 / 阿莫耳

Ἕσπερος Hesperos Hesperos　赫斯佩洛斯（昏星）

Ἑστία Hestia/Vesta Hestia　赫斯提亚 / 维斯塔

Εὐδόρος Eudoros Eudoros　欧多罗斯

Εὔμαιος Eumaeus Eumaeus　欧迈奥斯

Εὔμολπος Eumolpos Eumolpos　欧摩尔波斯

Εὐνομία Eunomia Eunomia　欧诺弥亚

Εὐρυνόμη Eurynome Eurynome　欧律诺墨

Εὐρώπη, Εὐρώπα Europa Europa　欧罗巴

Εὐφροσύνη Euphrosyne Euphrosyne　欧佛洛绪涅

Ἐπιμηθεύς Epimetheus Epimetheus　厄庇米修斯

Ἔως Eos Eos　厄俄斯

Εωσφόρος Eosphoros Eosphoros　厄俄斯珀洛斯（晨星）

Z
Ζεύς Zeus Zeus　宙斯

Ζέφυρος Zephyros Zephyros　泽费罗斯

Ζῆθος Zethus Zethus　泽托斯

H
Ἥβη Hebe Hebe　赫柏

Ἥλιος Helios Helios　赫利奥斯

Ἥρα Hera Hera　赫拉

Ἡρακλῆς Herakles Herakles　赫拉克勒斯

Ἥφαιστος Hephaestus Hephaestus　赫菲斯托斯

Θ
Θάλεια Thalia Thalia　塔利亚

Θάνατος Thanatus Thanatos　塔纳托斯

Θέμις Themis Themis　忒弥斯

Θέτις Thetis Thetis　忒提斯

Θησεύς Theseus Theseus　忒修斯

I

Ἰάλεμος Ialemus Ialemus　伊阿勒摩斯

Ἰάσων Jason Jason　伊阿宋

Ἱέρων Hieron Hieron　希耶罗

Ἵμερος Himeros Himeros　希墨洛斯

Inanna　伊南娜（苏美尔爱神）

Ἰξίων Ixion Ixion　伊克西翁

Ἰοδάμα Iodama Iodama　伊奥达玛

Ἰόλαος Iolaos Iolaos　伊俄拉俄斯

Ἱππόλυτος Hippolytus Hippolytus　希波吕托斯

Ἶρις Iris Iris　伊里斯

Ἶσις Isis Isis　伊西斯

Ishtar　伊诗塔

Ἰφιάνασσα Iphianassa Iphianassa　伊菲阿纳萨

Ἰφιγένεια Iphigeneia Iphigeneia　伊菲革涅亚

Ἰφιμέδη Iphimede Iphimedê　伊菲梅德

Ἰώ Io Io　伊娥

Ἴων Ion Ion　伊翁

K

Κάδμος Kadmos Kadmos　卡德摩斯

Καλλιόπη Calliope Calliope　卡利俄佩

Καλυψώ Calypso Calypso　卡吕普索

Καρνεῖος Carneius Carneius　卡内乌斯

Κασσάνδρα Kassandra Kassandra　卡珊德拉

Κάστωρ Castor Castor　卡斯托耳

Κέρβερος Cerberus Cerberus　刻耳贝洛斯

Κλυταιμνήστρα Klytaimnestra Klytaimnestra　克吕泰涅斯特拉

Κορωνίς Coronis Coronis　科洛尼斯

Κρεσφόντης Kresphontes Kresphontes　克瑞斯丰忒斯

Κρόνος Cronus Cronos　克罗诺斯

Κυβέλη,Κυβήβη Cybele Cybele　库柏勒

Κύκνος Kyknos Kyknos　库克诺斯

Κυρήνη Cyrene Cyrene　昔兰尼

Λ

Λάϊος Laius Laius　拉伊俄斯

Λαομέδων Laomedon Laomedon　拉俄墨冬

Λήδα Leda Leda　勒达

Λητώ Leto/Latona Leto　　勒托 / 拉托娜

Λῖνος Linus Linus　　利诺斯

Λύκτος Lyktos Lyktos　　吕克托斯

M

Μαῖα Maia Maia/Maea　　迈娅

Marduk　　马耳杜克（巴比伦主神）

Μάρπησσα Marpessa Marpessa　　玛耳佩萨

Μαρσύας Marsyas Marsyas　　玛耳绪阿斯

Μαχάων Machaon Machaon　　玛卡翁

Μεγακλῆς Megakles Megakles　　麦伽克勒斯

Μέδουσα Medusa Medusa　　美杜莎

Μελάνιππος Melanippos Melanippos　　美拉尼波斯

Μελίτη Melite Melite　　美利忒

Μελπομένη Melpomene Melpomene　　美尔波墨涅

Μετάνειρα Metaneira Metaneira　　美塔内拉

Μήδεια Medea Medea　　美狄亚

Μηριόνης Meriones Meriones　　美里奥涅斯

Μῆτις Metis Metis　　墨提斯

Μίλητος Miletus Miletus　　米勒托斯

Μίνως Minos Minos　　米诺斯

Μνημοσύνη Mnemosyne Mnemosyne　摩涅莫绪涅

Μοῖραι Moirai Moirai　莫依赖/命运三女神

Μοῦσα,Μοῦσαι Musa,Musae Muse,Muses　缪斯

Μουσαίος Musaeus Musaeus　缪塞奥斯

N

Nanaya　娜娜雅

Ναυσικᾶ Nausikaa Nausikaa　瑙西卡

Νέμεσις Nemesis Nemesis　涅美西斯

Νηρηῗδες Nereids Nereids　涅瑞伊得斯

Νέστωρ Nestor Nestor　涅斯托尔

Νηλεύς Neleus Neleus　涅琉斯

Νηρεύς Nereus Nereus　涅柔斯

Νιόβη Niobe Niobe　尼俄柏

Νύμφης Nymphs Nymphs　宁芙

O

Ὀδυσσεύς Odysseus,Ulixes,Ulysses Odysseus　奥德修斯/尤利克塞斯/尤利西斯

Οἴαγρος Oeagrus Oeagrus　奥厄阿革洛斯

Οἰδίπους Oedipus Oedipus　俄狄浦斯

Ὅμηρος Homerus Homer　　荷马

Ὀρέστης Orestes Orestes　　奥瑞斯忒斯

Ὀρφεύς Orpheus Orpheus　　俄耳甫斯

Ὄσιρις Osiris Osiris　　奥西里斯

Οὐρανός Ouranos Ouranos　　乌拉诺斯

Π

Παιών, Παιάν Paeon, Paean Paeon　　派翁

Πάλλας Pallas Pallas　　帕拉斯

Πάν Pan Pan　　潘

Πάνδαρος Pandarus Pandaros　　潘达罗斯

Πάνδροσος Pandrosos Pandrosos　　潘德罗索斯

Πανδώρα Pandora Pandora　　潘多拉

Παρθένος Parthenos Parthenos　　帕特诺斯（克里米亚神祇）

Πάρις Paris Paris　　帕里斯

Πάτροκλος Patroclus Patroclus　　帕特罗克洛斯

Πειρίθοος Peirithoos Peirithoos　　佩里图斯

Πέλευς Peleus Peleus　　佩琉斯

Πέλοψ Pelops Pelops　　佩罗普斯

Περσεύς Perseus Perseus　　佩耳修斯

Περσεφόνη Persephone/Proserpina Persephone　　佩耳塞福涅

Πήγασος Pegasus/Pegasos Pegasus　佩伽索斯

Πηνειός Peneius Peneius　佩纽斯

Πηνελόπη Penelope Penelope　佩涅洛佩

Πιερίδες Pierides Pierides　庇厄里得斯

Πλούιων Plouton Pluto　普鲁托

Ποδαλείριος Podalirius/Podaleirius Podalirios　波达勒里奥斯

Πολύφημος Polyphemus Polyphemus　波吕斐摩斯

Ποσειδῶν Poseidon/Neptunus Poseidon　波塞冬 / 尼普顿

Πρίαμος Priamos Priam　普里阿摩斯

Προμηθεύς Prometheus Prometheus　普罗米修斯

Πτώιος Ptoios Ptoios　普托伊奥斯

Πυθία Pythia Pythia　皮提亚

Πύθων Python Python　皮同

Ρ
Ῥέα Rhea Rhea　瑞娅

Σ
Σαρπηδών Sarpedon Sarpedon　萨耳佩冬

Σάτυρος Satyrus Satyr　萨蒂尔

Σειρήν Sirens Sirens　塞壬

Σεμέλη Semele Semele　塞墨勒

Σπερχειός Spercheius Spercheius　斯佩耳凯奥斯

Στερόπη Sterope Sterope　斯忒洛佩

Σφίγξ sphinx sphinx　斯芬克斯

T

Τάρταρος Tartarus Tartarus　塔耳塔罗斯

Τειρεσίας Teiresias Teiresias　忒瑞西阿斯

Τεῦκρος Teukros Teukros　透克洛斯

Τηλεμάχος Telemachos Telemachos　忒勒玛霍斯

Τήλεφος Telephus Telephos　忒勒福斯

Τηθύς Tethys Tethys　泰堤斯

Tiamat　提亚玛特（巴比伦混沌母神）

Τιθωνός Tithonus Tithonus　提托诺斯

Τιτᾶνες Titans Titans　提坦

Τιτυός Tityos Tityos　提图奥斯

Τρίτων Triton Triton　特里同

Τρώς Tros Tros　特洛斯

Τυδεύς Tydeus Tydeus　提丢斯

Turan　图兰（伊特鲁里亚爱神）

Τυνδάρεος Tyndareus Tyndareus　廷达瑞俄斯

Τυρώ Tyro Tyro　提洛

Τυφῶν Typhon Typhon　提丰

Y

Ὑάκινθος Hyacinthus Hyacinthus　许阿辛托斯

Ὕδρα Hydra Hydra　许德拉

Ὕλας Hylas Hylas　许拉斯

Ὑμέναιος Hymenaeus/Hymenaios Hymenaeus/Hymen 许墨奈奥斯 / 许门

Ὑπερίων Hyperion Hyperion　许佩里翁

Ushas　乌莎斯（吠陀黎明女神）

Φ

Φαέθων Phaeton Phaeton　法厄同

Φαίδρα Phaedra Phaedra　菲德拉

Φήμιος Phemius Phemius　费弥奥斯

Φιλάμμων Philammon Philammon　菲拉蒙

Φιλήμων Philemon/Philemo Philemon　菲勒蒙

Φινεύς Phineus Phineus　菲内乌斯

Φοίβη Phoibe Phoibe　福柏

X

Xάος Chaos Chaos　卡俄斯

Χάρις Charis Charis　卡里斯

Χάριτες Charites Graces　卡里忒斯 / 美惠三女神

Χείρων Chiron/Cheiron Chiron　喀戎

Χρυσάωρ Chrysaor Chrysaor　克律萨奥耳

Ω

Ωκεανός Oceanos Oceans　奥刻阿诺斯

Ὧραι Horae Horae　荷莱 / 时序三女神

Ὠρίων Orion Orion　奥里翁

（张鑫、玛赫更里　编）

跋 "古代世界的诸神与英雄"

"古代世界的诸神与英雄"主编苏珊（Susan Deacy）教授，欣然为中文版专文序介丛书缘起，她撰写的"前言"始于这样一个问题："什么是神？"说的是公元前 6 世纪古希腊抒情诗人西摩尼德斯（Simonides of Ceos），如何受命回答这个问题。故事源自西塞罗《论神性》（*De Natura Deorum*, 1.22）：对话中，学园派科塔（Gaius Cotta）愤而驳斥伊壁鸠鲁派维莱乌斯（Gaius Velleius）"愚蠢的"神性论说，认为就"神的存在或本质"（quid aut quale sit deus）而言，他首推西摩尼德斯；而向诗人提出"什么是神？"的人，正是叙拉古僭主希耶罗（tyrannus Hiero）；就此提问，诗人再三拖延，终于以"思考越久事情就越模糊"不了了之；按科塔的说法，"博学和有智慧"（doctus sapiensque）的诗人，对回答僭主的问题感到"绝望"（desperasse）。

启蒙哲人莱辛（Lessing）称抒情诗人西摩尼德斯为"希腊的伏尔泰"（griechischer Voltaire）：想必因为"西摩尼德斯与希耶罗"的关系有似于"伏尔泰与腓特烈大帝"。1736 年，伏尔泰与尚为王储的腓特烈首次书信往还：当年 8 月 8 日，腓特烈致信伏尔泰，说他正在将沃尔夫（Chr. Wolff）的文章《对上帝、世界和人类灵魂及万物的理性思考》("Vernünftige Gedanken von Gott, der Welt und der Seele des Menschen, und allen Dingen überhaupt")译成法语,一俟完成就立刻寄给伏尔泰阅正。如此,直至1777—1778年间最后一次书信往还,上帝或神学政治问题,一直是两者探讨的重要主题。

尤为值得一提的是,1739年王储腓特烈写成《反马基雅维利》(*Der Antimachiavell*),伏尔泰超常规全面修订,让这本书的作者成为"公开的秘密",其核心主题之一也是"神学政治论"。譬如,"第六章:君主建国靠的是他的勇气和武器"中,腓特烈或伏尔泰认为,马基雅维利将摩西(Moses)擢升到罗慕路斯(Romulus)、居鲁士(Cyrus)和忒修斯(Theseus)等君主之列,极不明智;因为,如果摩西没有上帝的默示,他就和悲剧诗人的"机械降神"没有两样;如果摩西真有上帝的默示,他无非只是神圣的绝对权力的盲目的奴仆。如果所有神学政治问题都可以还原到"什么是神",既然从古代城邦僭主到近代开明专制君主都关注这个问题,"什么是神"的问题必定攸关其僭政或专制主权。

中华儒学正宗扬雄《法言·问神》开篇"或问'神'。曰:'心'"。用今人的话说,就是"有人问'什么是神?'答曰:神就是'心'"。中国先哲就"什么是神"设问作答毫不含糊隐晦,与古希腊诗人西摩尼德斯"绝望"差别大矣哉!扬雄有见于"诸子各以其知舛驰,大氐诋訾圣人,即为怪迂","故人时有问雄者,常用法应之,撰以为十三卷,象《论语》,号曰《法言》。"(《汉书·扬雄传》)正因孔子"无隐尔乎"(《论语·述而》),扬雄效法圣人自然直言不讳:"潜天而天,潜地而地。天地,神明而不测者也。心之潜也,犹将测之,况于人乎?况于事伦乎?"就"问神"卷大旨,班固著目最为切要:"神心智恍,经纬万方,事系诸道德仁谊礼。"(《汉书·扬雄传》)可见,中国先哲认为,"神"就是可以潜测天地人伦的"心",这既不同于古希腊诸神,更不同于犹太基督教的上帝。

以现代学术眼光观之,无论《荷马史诗》还是《旧约全书》,西方文明的源始文献就是史诗或叙事,其要害就是"神话"(mythos)。虽然在《牛津古典词典》这样的西方古典学术巨著中竟然找不到"神话"词条(刘小枫《古希腊"神话"词条》),作为叙事的"神话"终究是西方文明正宗。西北大学出版社鼎力支持编译"古代世界的诸神与英雄"丛书,正是着眼全球文明互鉴,开拓古代神话研究的重要举措。

黄瑞成
癸卯春末于渝州九译馆
谷雨改定

著作权合同登记号：陕版出图字 25-2020-188
图书在版编目（CIP）数据

阿波罗/［瑞士］弗里茨·格拉夫著；沈琴译.—西安：西北大学出版社，2023.12
（古代世界的诸神与英雄/黄瑞成主编）
书名原文：Apollo
ISBN 978-7-5604-5312-5

Ⅰ.①阿… Ⅱ.①弗…②沈… Ⅲ.①神—研究—古希腊 Ⅳ.① B933

中国版本图书馆 CIP 数据核字（2023）第 254520 号

Apollo, 1 edition By Fritz Graf /9780415317115
Copyright © 2009 by Routledge
Authorized translation from English language edition published by Routledge, an imprint of Taylor & Francis Group LLC All Rights Reserved. 本书原版由 Taylor & Francis 出版集团旗下 Routledge 出版公司出版，并经其授权翻译出版。版权所有，侵权必究。
NORTHWEST UNIVERSITY PRESS Co.,Ltd. is authorized to publish and distribute exclusively the Chinese (Simplified Characters) language edition. This edition is authorized for sale throughout Mainland of China. No part of the publication may be reproduced or distributed by any means, or stored in a database or retrieval system, without the prior written permission of the publisher.
本书中文简体翻译版授权由西北大学出版社有限责任公司独家出版并在限在中国大陆地区销售。未经出版者书面许可，不得以任何方式复制或发行本书的任何部分。
Copies of this book sold without a Taylor & Francis sticker on the cover are unauthorized and illegal.
本书封面贴有 Taylor & Francis 公司防伪标签，无标签者不得销售。

阿波罗

［瑞士］弗里茨·格拉夫 著　沈琴 译
出版发行：西北大学出版社
（西北大学校内　邮编：710069　电话：029-88302621　88303593）

经　　销：	全国新华书店
印　　装：	陕西博文印务有限责任公司
开　　本：	787mm×1092mm　1/32
印　　张：	12.25
字　　数：	230 千字
版　　次：	2023 年 12 月第 1 版
印　　次：	2023 年 12 月第 1 次印刷
书　　号：	ISBN 978-7-5604-5312-5
定　　价：	88.00 元

本版图书如有印装质量问题，请拨打电话 029-88302966 予以调换。